JN446403

생태문학으로 읽는
자연과 인간

생태문학으로 읽는 자연과 인간

초판1쇄 발행 2025년 6월 30일
초판2쇄 발행 2026년 2월 27일

지 은 이 김향숙
펴 낸 이 신일희
펴 낸 곳 계명대학교 출판부
출판등록 제347-1998-1호(1970. 9. 1)
주 소 대구광역시 달서구 달구벌대로 1095
대표전화 053-580-6233
팩 스 053-580-6235
홈페이지 www.kmupress.com

ISBN 979-11-6516-256-6 93800 정가 17,000원

• 잘못된 책은 교환하여 드립니다.
• 이 책은 저작권법에 따라 보호받는 저작물이므로 책의 내용 및 이미지에 대하여 전부 또는 일부를 무단으로 복사, 복제, 배포하거나 전산장치에 저장할 수 없습니다.

불법복사는 지적재산권을 훔치는 범죄행위입니다.
저작권법 제136조(권리의 침해죄)에 따라 위반자는 5년 이하의 징역 또는 5천만 원 이하의 벌금에 처하거나 이를 병과할 수 있습니다.

이 연구는 2022년도 계명대학교 비사연구기금으로 이루어졌음(과제번호: 20220828)

생태문학으로 읽는
자연과 인간

김향숙

계명대학교 출판부

Prologue
머리글

2016년 대학인문역량강화사업(CORE)의 일환으로 계명대학교에서는 새로운 인문학 교양 교과목 개발을 공모하였다. 영문학을 전공한 필자는, 문학을 단순한 감상의 대상이 아닌 현실적이고 실용적인 방식으로 학생들에게 전달할 수 있는 방안을 고심하였다. 그렇게 탄생한 것이 바로 '생태문학의 이해'라는 교과목이다. 문학작품을 매개로 하여 오늘날 인류가 당면한 환경문제를 감성적으로 접근함으로써, 문제의 심각성을 인식시키고 인식의 전환을 이끌어내고자 하였다. 다행히 〈생태문학의 이해〉는 '문학과 예술' 영역의 균형교양 교과목으로 선정되어 2017년 2학기부터 개설되었고, 첫 학기 50여 명의 학생으로 시작하여 현재는 3개 분반으로 확대, 연간 500명 이상의 학생들이 수강하고 있다. 교재의 필요성을 느껴왔지만 여러 업무에 쫓겨 이제서야 수업에 활용한 강의노트를 바탕으로 이 책을 출간하게 되었다.

이 책은 총 6장으로 구성되어 있으며, 생태문학의 이론적 기초부터 대표 작품에 이르기까지 다층적인 관점을 제시하고자 했다. 1장에서는 생태문학의 성격과 정의, 발생 배경 및 유형을 간략히 소개하였다. 2장에서는 프레데릭 백의 『위대한 강』과 장 지오노의 『나무를 심은 사람』을 통해 생태복원의 희망을 이야기한다. 3장에서는 북아메리카 원주민들의 생태인식을 중심으로 '생태적 인디언'이라는 관점의 형성과정을 살펴보았다. 4장에서는 생태문학의 효시로 평가받는 헨리 데이비드 소로우의 『월든』을 중심으로, 법정스님의 「무소유」와 조슈아와 라이언의 『작은 생활을 권하다』와의 연계성을 탐색하며 생태적 삶의 실천적 의미를 고찰하고자 하였다. 5장에서는 레이첼 카슨의 『침묵의 봄』을 통해 화학물질의 위협과 생태계 파괴의 실태를 조명하고, 그 연장선상에서 베트남 전쟁과 고엽제로 인한 환경 및 인체 피해의 연관성을 다루고자 했다. 마지막 6장에서는 코로나19 팬데믹을 계기로 인간의 이기심과 전염병 간의 상관관계를 탐색하고자 하였으며, 이를 위해 과거의 전염병인 천연두와 페스트를 살펴보고, 영화 〈컨테이젼〉을 통해 현대 전염병에 대한 현실적 교훈을 도출하고자 하였다.

이 책의 일부 내용은 필자가 발표한 기존 논문, "생태문학의 고전 『월든』에 나타난 생태적 소비생활 미니멀리즘"(2019), "『침묵의 봄』에 나타난 유기론적 세계관"(2020), "북아메리카 원주민의 연설문에 내포된 인디언의 생태인식"(2022)을 바탕으로 수정·보완하였다.

'생태문학'이라는 주제를 처음 떠올릴 수 있었던 것은 내 부모님과 함께 했던 소중한 시간들 덕분이다. 장마철이 시작되면 어린 조카가 쪽대를 들고 논도랑에서 미꾸라지를 잡아왔고 어머니는 정성껏 추어탕을 끓여주셨다. 정원 곳곳에는 케일, 깻잎, 상추, 토마토, 가지, 오이, 고추, 심지어 수세미까지 다채로운 채소들이 자라났고 잘라낸 정구지(부추)가 어느새 다시 자라나는 광경은 놀랍고 신비로웠다. 지하실 앞에서는 마을 고양이들을 위해 음식을 챙겨주는 마음씨 고운 어머니로부터 생명의 소중함을 배웠다. 교회뒷산에서는 진달래, 개나리, 할미꽃, 돌나물, 쑥이 계절을 따라 피어났고, 잡초의 강인한 생명력도 관찰할 수 있었다. 이 시간들이 나에게는 자연학습이자 생태 감수성의 뿌리였다. 오늘의 나를 있게 해 주신 부모님께 감사드린다.

끝으로 이 책이 나오기까지 비사연구비를 지원해주신 계명대학교, 편집에 애써주신 출판부, 그리고 언제나 기도와 사랑으로 함께 해 주는 가족들에게 감사드린다. 이 책을 통해 학생들이 환경문제를 보다 진지하게 인식하고, 작은 실천이라도 시작하는 계기가 되기를 바란다.

2025. 6.

김향숙

Contents
목 차

Contents

목 차

I

생태문학이란

생태문학이란

생태문학은 생물학의 한 분야인 생태학(Ecology)과 문학(Literature)의 합성어이다. 생물을 연구 대상으로 삼는 자연과학과 언어와 글자를 사용하여 인간의 사상과 감정을 표현하는 문학이 만난 것이다. 생태문학이 생태학에서 출발하였으므로 생태문학을 논의하기에 앞서 생태인식의 출발점이 되는 생태학에 대해 먼저 살펴볼 필요가 있다. '생태학'이라는 용어는 일찍이 1866년에 독일의 동물학자인 에른스트 헤켈(Ernst Heinrich Haeckel)이 그 개념을 처음으로 사용하였다. 고대 그리스어의 '집' 또는 '살기 위한 공간' '사는 곳'이라는 의미의 오이코스(oikos)와 '연구' 또는 '학문'이라는 의미의 로고스(logos)를 결합시켜, 유기체가 그것을 둘러싼 외부세계와 맺고 있는 관계를 연구하는 종합학문 또는 자연이라는 가정을 연구하는 학문으로 정의하고 있다. 자연은 여러 구성원들이 모여서 하나의 일정한 체계를 이루는 공동체이기에 그 구성원 간의 상호연관관계를 연구하는 학문이 생태학이라는 것이다. 모든 생물체들이 자연이라는 하나의 커다란 집에 모여 살고 있는 존재이며 상호영향을 주고받는다는 생각은 생태인식의 출발점이 된다(Haekel, 286: 김용민, 2014, 14-15 재인용). 프리만(Jennifer Freeman)은 생태학의 개념에 대해 다음과 같이 밝힌 바 있다.

> "지구에서 일어나는 복잡 다양한 과정들의 신비를 밝히는 것, 즉 그것들이 무엇이고 어떻게 작동하는 지를 이해하는 것이 생태학의 모든 것이다" … 생태학은 궁극적으로 **자연세계**가 어떻게 움직이고 있는지 연구하는 학문으로 다소 새로운 과학이다. 이것은 포식자와 기생생물, 식물과 토양, 지리학과 유전학, 곤충과 세균 등이 서로 어떻게 조화롭게 살아가는지를 이해하는 것이다(프리만, 3).

자연세계에는 인간을 포함하여 대략 140만 종의 생물이 있다고 알려져 있다. 그러나 인구수의 증가와 함께 지구 대부분의 서식지는 인간 사회가 지배하며 기본적인 생태계 기능에 지대한 영향을 미치고 있다. 인간은 자신만이 유일한 지구의 중심이고 가장 중요한 생물이라고 여기고 있으나 수적인 면에서 지구상의 생물종들을 보면 인간은 다른 포유동물들과 더불어 그 수가 지극히 적은 편이다.[1] 즉, 지구 위에 존재하는 인간을 포함한 모든 생명체가 어떻게 서로 조화롭게 살아가는지를 이해하는 것이 생태학이며 이는 인간 역시 자연의 일부로서 다른 생물 및 무생물들과 상호작용 속에 존재한다는 인식이 기본적으로 전제되어야 한다는 뜻이다. 이에 대해 패트릭 머피(Patrick D, Murphy)도 생태학을 다음과 같이 정의하였다.

> "생태학이란 인간을 지구 생태계의 일부로 인식하면서, 상호관계로서

1 과학자들은 대략 140만 종의 생물이 있다고 말한다. 이는 세균에서부터 떡갈나무 사자에 이르기까지 모든 종류의 생물을 포함한 수다. 이 중 거의 3분의 2는 곤충이고, 다른 25만여 종은 식물이며 포유류는 대략 4000여종에 불과하다(프리만, 8). 나비 하나만 17,000여종이 넘는 것으로 알려져 있다.

의 환경 및 그 변화와 보전을 근본적으로 연구하는 학문이다. 그러므로 생태학은 외부적 환경에 대한 연구가 아니며 원재료를 우리 마음대로 부리기 위한 일종의 관리체계도 아니다. 그것은 사물 자체와 우리를 위한 사물을 구별하는 인식을 기초로 상호관계성, 장소, 그리고 기능을 다루는 학문이다"(Murphy, 4).

다시 말해, 인간을 포함하여 상호 연결되어있는 생태계[2]를 연구하는 학문이 생태학이다. 이와 같은 생태학은 생물학의 한 분야로 자리매김을 한 후 연구하는 생물군의 수준이나 생태계의 종류에 따라 점진적으로 세분화되고 또 타 학문과 연결되어 확장되었다. 토양학, 지질학, 화학, 기상학 등의 자연과학 영역에서부터 사회학, 정치학, 경제학 등의 사회과학과 인류학, 철학, 문학, 신학 등 인문학 분야에 이르기까지 거의 모든 학문 분야에서 다양한 형태로 중요한 역할을 맡게 되었다.

이렇게 다양한 영역으로 발전된 생태학은 생태계 파괴를 가져온 주요 원인을 어디에서 찾을 것인가에 따라 조금씩 입장을 달리하나 기본적으로 몇 가지 공통적 인식을 전제로 하고 있다. 이는 네스(Arne Naess, 1921-2009)가 1973년 최초로 사용하고 정립화한 용어인 심층생태주의

2 생태계(ecosystem)는 1935년 영국의 식물생태학자 아서 조지 탠슬리(Arthur George Tansley, 1871~1955)가 처음 언급했다. 상호작용하는 유기체들, 그리고 그들과 서로 영향을 주고받는 주변의 무생물 환경을 한데 묶어서 부르는 말이다. 그는 자연 생태계가 개방성, 다양성, 상호작용, 공진화를 통해 발전하였다고 주장했다. 생태계가 유지되려면 개방 상태에서 순환이 이루어져야 하고 다양한 생물이 상호작용을 통해 공진화하며 무생물 역시 상호의존적으로 연결되어 있다는 것이다(이명희, 28). 서로 다른 두 생물은 서로 밀접하게 연결된 삶으로 발전될 수 있고, 이 때 어느 한 생물의 변화는 다른 쪽 생물의 변화로 이어지게 된다. 공진화(coevolution)는 이러한 상호 의존하는 진화를 나타내는 말이다. 연결 상태는 부정적 포식자와 피식자일 수도, 긍정적 꽃과 수분매개자일 수도 있다. 잘 알려진 공진화로서 꿀벌과 꽃의 관계가 있다. 꽃식물들은 번식을 위해서 이 꽃에서 저 꽃으로 꽃가루를 옮겨야 한다. 벌들은 꿀을 얻기 위해 이 꽃에서 저 꽃으로 다니지만 그로 인해 마치 꽃의 시중을 드는 것처럼 꽃가루를 옮기게 된다. 꽃을 위한 수분활동으로 벌 역시도 아주 많은 꿀을 얻을 수 있다(프리만, 35).

에서 잘 드러나고 있다. 노르웨이의 철학자이자 환경실천주의자인 네스는 캘리포니아 록클린(Rocklin)의 시에라 대학교(Sierra College)에서 약 50년 동안 환경 철학을 가르쳤던 세션즈(George Sessions)와 1984년 심층생태주의의 8개의 강령을 공동으로 정리하여 발표하였다. 8개의 강령은 다음과 같다.

> 첫째, 지구상에 있는 인간과 인간을 제외한 생명의 건강과 번영은 그 자체로서 가치를 지닌다. 이 가치들은 자연계가 인간의 목적을 위해 유용한가, 아닌가 하는 문제와는 별개의 것이다.
>
> 둘째, 생명체의 형태가 지니는 풍부함과 다양성은 이러한 가치를 실현하는 데 이바지하며 또한 그 자체로서 가치를 가진다.
>
> 셋째, 인간은 자신의 생존을 위해 필요한 경우를 제외하고는 이러한 생명체의 풍부함과 다양성을 감소시킬 권리가 없다.
>
> 넷째, 인간의 생명과 문화의 번영은 인구의 실질적 감소에 달려 있다. 인간을 제외한 생명체의 번영을 위해서도 인구의 감소가 요구된다.
>
> 다섯째, 오늘날 인간의 자연계에 대한 간섭은 너무 과도하며, 그 상황은 점점 빠르게 악화되고 있다.
>
> 여섯째, 따라서 정책이 바뀌어야 한다. 변화된 정책은 기본적인 경제적, 기술적 그리고 이데올로기적 구조들에 영향을 미칠 것이다. 그 결과 발생할 상태는 현재와는 매우 달라질 것이다.
>
> 일곱째, 이데올로기의 변화는 더 높은 생활 수준에 집착하기보다는 삶의 질의 진가 인정과 내재적 가치를 지니는 상황에 대한 평가와 관련될 것이다. 그렇게 되면 단순히 큰 것과 꼭 필요한 위대한 것의 차이를 심오하게 인식하게 될 것이다.
>
> 여덟째, 이상 위에서 설명한 항목에 동의하는 사람은 직접적이든 간접적이든 필요한 변화를 실행하고자 하는 의무가 있다(Devall & Sessions, 70).

즉, 위의 강령은 인간과 자연, 기술과 사회와의 관계 및 인간의 생활양식과 제도를 생태학적 관점에서 다시 질문하고 비판하며 새로운 해결책을 모색한다는 점과, 지구의 모든 생명체는 그물망으로 연결되어 서로 영향을 주고받는다는 생태학적 인식을 바탕으로 하고 있다는 점에서 공통점을 지닌다(김용민, 2014, 19).

생태문학은 위와 같은 인식을 바탕으로 1970년에 환경문제가 대두되면서 독일을 포함한 유럽과 미국에서 환경운동이 고조되자 문학에서도 환경 이슈에 관심을 가지면서 생겨났다. 생태철학, 생태인류학, 생태 심리학, 생태윤리학, 생태 정치학, 에코페미니즘 등의 등장과 더불어 생태문학도 처음으로 생태계 문제에 접근을 시도하고자 했다. 생태문학이라는 용어는 조지 미커(Joseph W. Meeker)가 1974년 『생존의 희극』(*The Comedy of Survival*)에서 '문학생태학'(Literary Ecology)을 처음으로 사용하여 생태위기를 극복하는 데 있어 문학의 역할이 중요함을 언급하면서부터이다. 생태문학의 본격적인 논의는 문학장르 중 생태시를 통해 1980년대부터 집중적으로 진행되어 생태소설, 생태비평, 생태희곡, 생태영화, 생태동화 등 구체적으로 세분화되어 하나의 커다란 영역으로 자리잡게 되었다. 특히 일찍이 환경운동이 활발하게 벌어지고 생태의식이 고양된 독일에서도 70년대 이후 환경문제를 다룬 문학이 여러 편 출판되면서 새로운 조류를 형성하게 되었고 80년대에 처음 '생태시'라는 개념이 등장한다. 독일 뮌헨 대학의 정치학 교수이면서 생태학자이자 문학이론가인 마이어-타쉬(Peter Cornelius Mayer-tasch)가 『직선들의 뇌우 속에서 독일의 생태시』라는 1981년 엮은 사화집에서 처음으로 '생태시'라는 용어를 거명하였다. 이후 시는 물론 소설, 희곡, 에세이 등에서 생태문제를 중심테마로 삼는 작품이 늘어나면서 이들 모두를 포괄하는 개념으로서 '환경문학', '녹색문학', '생태문학'이라는 이름이 등장한다(김용민, 2014, 26).

이처럼 일찍이 생태의식이 고양된 독일에서 생태시로 논의가 본격화되면서 1990년대에 이르면 생태문학은 미국에서 더 활발한 양상을 띤다. 미국의 생태문학은 '문학과 환경학회'(The Association for the Study of Literature and Environment, ASLE) 가 결성된 1992년부터 본격적으로 조명을 받기 시작했다. 20세기 중반에 다양한 목소리로 등장하여 70년대부터 탁월한 작품들이 발표되지만, 학제적 관심은 이 학회의 결성을 통해 이루어진다. 학회의 공식저널인 『문학과 환경의 학제적 연구』(ISLE)가 패트릭 머피에 의해서 출간되면서 생태문학에 대한 연구는 활기를 띠게 되었고, 그 결과 기존의 작가들이 생태비평적인 관점에서 재평가되는 새로운 작가들이 대거 발굴되었다. 소로우(Henry David Thoreau)가 생태문학의 시원으로 확인되며 미국 조지아의 알려지지 않았던 수필작가 제니스 레이(Jenisse Ray)가 주목을 받는 현상은 바로 생태문학의 성장에 기인한다(최동오, 91). 이처럼 미국에서는 생태문학에 관한 대학 강좌 및 학술대회와 토론회 등이 활발하게 이어지고 있다.

1970년대부터 80년대에 이르기까지 산업화에 박차를 가하였던 우리나라의 경우, 1990년대부터 환경문제에 대해 관심을 가지기 시작하면서 생태문학에 대한 논의도 더불어 진행되었다. 1990년대 처음으로 독문학자 이동승과 영문학자 김성곤이 생태문학에 대한 논의를 시작하면서 영문학자 김욱동이 『문학생태학을 위하여』(1998), 독문학자 김용민이 『생태문학』(2003)에서 이론서로서 생태문학의 역사 및 개념 정의와 범위를 포함하여 본격적인 소개를 하였다. 이후에도 김욱동은 『한국의 녹색문화』(2000), 『녹색경전』(2001), 『생태학적 상상력』(2003), 『적색에서 녹색으로』(2011), 『인디언의 속삭임』(2016), 『환경인문학과 인류의 미래』(2021) 등과 김용민은 『문학생태학』(2014), 『생태주의자 괴테』(2019) 등 생태문학서를 지속적으로 출판하고 있다. 2000년대 이후에는 독문학과 영문학 뿐만 아니라 국문학에서도 대거 생태문학에 대한 연구가 활발해진다. 신두호, 신문수, 최동오 등 영문학자들 뿐 아니라 국문학자 문순홍, 신덕룡, 이남호, 이건청, 남송우, 김해옥, 송희복, 조규익, 김종성 등이 생태시, 생태소설, 생태희곡에 대해 광범위하게 논의했고 송명규, 이상헌, 이명희 등을 위시하여 사회과학이나 교육학 전공자들도 참여하였다. 특히 국문학, 영문학, 독문학, 불문학, 노문학, 일문학 등 전공문학 영역을 초월하여 생태문학에 대한 관심을 가진 연구자들이 모여 '문학과 환경학회'를 결성하고 생태문학 전문학술지인 『문학과 환경』을 2002년부터 발행하여 다양한 언어권 문학을 아우르는 학제 간 연구를 적극적으로 추진하고 있으며 연간 4회에 걸쳐 생태문학 관련 논문을 출판하고 있다. 2000년대 초반부터 한국생태문학에 대한 박사논문이 여러 편 발표된 후 환경문제로 발생한 COVID 19 팬데믹 이후 생태문학은 일반인에게도 주목을 받고 있다. 근래에는 『생태복원의 인문학적 상상력』(2017), 『모빌리티 생태인문학』(2020), 『생태비평의 이론과 실제』(2020), 『환경인문학과 인류의 미래』(2021), 『미국 원주민 문학의 생태주의』(2021), 『자연이 표정을 바꿀 때』(2023) 등 생태문학 관련 연구서들도 계속 출판이 이어지고 있다.

앞서 언급한 바대로, 1970년대 이후 환경문제가 세계적 관심이 되기 시작하면서 문학 작품을 통해 해결 방안을 모색하면서 출현한 생태문학은 환경문학, 녹색문학, 생명문학 등의 용어와 함께 평자의 관점에 따라 개념 정의와 범위에 대해 일관성 없이 각자 달리 설정했다. 이를테면 환경문학이란 인간을 둘러싸고 있는 자연적 조건이나 주위의 상태를 포함시키고 인간이 개발한 기술문명이 현재 처한 지구상의 환경파괴를 극복할 수 있다고 전망한다. '환경'(environment)이라는 용어 속에는 인간을 제외한 생물과 무생물의 조건을 의미하므로 자연을 대상화하고 인간의 기술로써 조종할 수 있다는 인간 중심적인 개념이 담겨 있다. 반면 생태문학은 자연을 인간의 관점에서 이용하고자 하는 어떠한 인간중심적인 사고도 거부한다. 인간과 마찬가지로 자연도 하나의 생명체라고 인식하며 서로 영향을 주고받는 상호 의존적 관계로 공존을 도모한다. 이같이 초기에는 환경문학과 생태문학을 구분지어 논의하고자 했다. 그러나 생태문학, 녹색문학, 생명문학, 환경문학이 공통적으로 지향하는 바는 자연환경 오염의 주원인이 인간임을 자각하도록 하여 독자의 비판의식과 개혁의지를 고양시키고자 한다는 것이다. 따라서 넓은 의미에서 이들을 구별할 필요가 없다는 것이다.

이에 대해 김용민은 『생태문학』에서 생태문학이 녹색문학, 생명문학, 환경문학을 아우르는 개념으로서 생태학적 인식을 바탕으로 삼고 있는 경우에만 해당한다고 정의하고 있다. 그는 바스대학(University of Bath)에서 독일환경문학과 생태비평론을 가르쳤던 굿바디(Axel Goodbody)가 『문학과 생태학』(*Ökologie und Literatur*, 1998)에서 정의한 '생태계의 현 상황을 불러일으킨 원인을 문제 삼거나 기술과 사회발전에 분명한 문제 제기를 하고 있지는 않더라도 자연에 대한 우리의 관계를 비판적으로 조망한다면 이것을 생태문학의 기본 특징으로 규정할 수 있다'를 언급하며 생태문학을 자연과의 관계로 국한시킴에도 범위를 넓게 보려는 굿바디의 관점에 동의하고 있다(김용민, 2014, 25-37). 또한 일찍이 생태문학을 연구하여 한국 대중에게 소개한 바 있는 영문학자 김욱동도 "생태의식을 일깨우고 생태학적 세계관을 보여주는 문학이라면 일단 문학생태학의 테두리에 넣을 수 있다"(김욱동, 1998, 32)며 동일한 관점을 제공하고 있다. 즉, 생태학적 인식을 바탕으로 쓰여진 문학작품의 경우라면 모두 생태문학에 해당된다는 의미이다. 환경 관련 문제가 문학작품 속에 굳이 직접적으로 드러나지 않더라도 독자들로 하여금 생태계에 관심을 갖게 하거나 생태의식을 불러일으키는 작품 또한 생태문학의 범주에 넣을 수 있다는 것이다.

이처럼 넓은 의미로 여러 생태문제를 다양한 관점에서 다루고 있는 문학작품을 모두 생태문학의 범주에 넣을 경우, 여타 문학과는 달리 생태문학만이 보여주는 주제적 특징이 있다. 최동오는 생태문학이 일반적으로 보여주는 주제적 특징에 대해 세 가지 특징을 정리한 바 있다. '자연을 향한 겸손', '생태중심주의', 그리고 '초합리성에 대한 회의'라는 3가지로 요약하고 있다. 첫 번째 특징인 자연을 향한 겸손은 인간이 지구상에 있는 생물 및 무생물과 공동체임을 인식할 때 생긴다. 인간과 비인간 자연이 한 공동체의 평등한 구성원임을 수용할 때 여타 구성원에 대한 겸손한 태도가 생긴다. 두 번째 특징은 생태중심주의는 이 공동체의 구성원들 사이에 상호 관계되어 있다는 인식에서 나온다. 만물이 상호 의존성에 의해 구성되어 유지되고 있다는 것을 깨닫는 것이 생태주의적 시각이기 때문이다. 셋째, 초합리성에 대한 회의는 기술화되고 과학화된 현대사회를 과도하게 신뢰하는 태도에 대하여 회의적인 시선을 보낸다는 것이다. 이 시선은 생태적 재난을 낳을 수 있는 기술과 과학 만능의 초합리적 세계관을 지향하는 자들에게는 경고의 시선일 수밖에 없다(최동오, 92).

일반적으로 '자연을 향한 겸손', '생태중심주의', 그리고 '초 합리성에 대한 회의'라는 주제적 특징을 띠는 생태문학은 다섯 가지 유형으로 분류할 수 있다.

첫째, 환경파괴와 생태계 위기문제를 직접적이며 사실적으로 서술하는 작품이다. 죽어가는 숲, 오염된 강물, 시멘트로 덮인 땅, 자동차와 소음공해 등의 환경문제를 분노와 걱정, 슬픔과 두려움을 가지고 묘사하고 고발하는 문학이다. 생태계의 현 상황에 대한 불만을 토로하지만, 아직 생태계의 문제를 전체적 관점에서 바라보는 생태적 인식을 보여주지 못하는 경우가 많다.

둘째, 생태적 인식을 바탕으로 생태계 위기 문제를 본격적으로 성찰하는 작품이다. 인간과 자연의 관계를 생태적 관점에서 서로 밀접한 연관을 지닌 유기체적 관점으로 보며 인간이 생태계에 가하는 폭력의 치명적 결과와 문제점을 지적한다. 생태계 파괴에 대한 묘사 자체가 주목적이 아니라 그 뒤에 도사리는 인간의 태도와 문명의 문제를 다룬다. 자연파괴의 현상을 직접적으로 비판하되 현대사회의 물질주의가 이러한 문제를 초래했음을 밝히는 문학이다.

셋째, 생태계 파괴를 가져온 근본 원인을 중점적으로 다루는 문학이다. 생태계 파괴의 현상을 직접 다루지 않고 대신 생태계 위기를 불러일으킨 원인을 중점적으로 다룬다. 환경문제와 생태계파괴의 문제, 그에 따른 인류의 멸종위기 지구 전체의 위기가 임박했다는 인식이 이들 작품의 출발점이지만 이 위기의 상황을 묘사하지 않고 그러한 생태계 위기를 가져온 원인 그 자체를 분석하고 성찰하는 작업이 주가 된다. 물질문명과 산업사회에 대한 비판, 기술 비판, 이성주의, 인간과 자연의 관계, 물질만능주의, 진보에 대한 믿음, 이원론적인 세계관, 목적 중심주의 같은 가치에 대해 근본적인 문제를 제기하고 그 문제점을 파헤치는 문학이다.

넷째, 페미니즘적 관점에서 생태계 위기문제를 바라보고 성찰하는 작품이다. 새로운 사조를 형성한 에코페미니즘이라는 유형의 작품이 독자적인 특징을 보여주며 작품의 양도 큰 비중을 차지하고 있어 독립된 유형으로 분류한다. 생태계 위기의 주원인을 남성중심주의 가부장적 사회에서 찾는다. 여성적 특성을 하위가치로 폄하하고 남성적 특성을 우위에 두는 사고방식이 어떻게 생태계의 파괴를 가져왔으며 지구의 위기를 불러왔는가를 분석하고 비판하는 작품이 이 유형에 속한다.

다섯째, 미래의 생태사회를 꿈꾸고 모색하는 작품이다. 사회제도와 인간의 의식 전반을 근본적으로 바꾸어야 현재의 생태계 위기를 극복할 수 있다는 전제하에 지금까지와는 질적으로 다른 생태사회를 이루기 위해 다양한 대안 프로그램을 모색한다. 생태사회를 어떻게 이룰 것인가에 대해 성찰하고 대안을 제시하는 작품과 에코토피아가 구현된 생태사회의 구체적 모습을 문학적으로 선취해서 생생하게 그려 보여주는 작품이 이 유형에 속한다(김용민, 2014, 45-48).

지금까지 생태문학의 개념 정의와 동향, 범위와 주제 그리고 분류에 대해 간략하게 정리하였다. 2장부터는 생태문학의 구체적인 적용 사례로서 생태소설을 포함하여 생태 시와 에세이 그리고 생태 애니메이션과 영화 등 다양한 장르의 텍스트를 분석하여 생태문학 속에 내포된 의미를 되짚어 봄으로써 독자들의 감정에 호소하여 성찰과 실천의 장으로 안내하고자 한다.

II

생태복원의 희망

Chapter

01

프레데릭 백의 『위대한 강』

1. 『위대한 강』의 무대 세인트로렌스 강

프레데릭 백(Frédéric Back, 1924-2013)의 애니메이션 작품 『위대한 강』(*The Mighty River*, 1993)의 중심 소재는 캐나다와 미국 사이를 흐르는 세인트로렌스 강이다. 잘 알려져 있듯이 강은 예로부터 수많은 생명을 품고 기르는 생명의 보고로, 인류에게 다양한 혜택을 제공해 왔다. 이는 고대 문명들이 대부분 큰 강을 중심으로 형성되었다는 사실에서도 확인할 수 있다. 실제로 이집트 문명은 나일강을, 메소포타미아 문명은 유

그림 1) 로렌시안 산맥을 배경으로 세인트로렌스 강 하류 전경: 퀘벡시티(좌), 세인트로렌스 강일들리앙(원경 중앙), 레비스(우)
출처: wikipedia public domain

프라테스 강과 티그리스 강을, 인도 문명은 인더스 강을, 중국의 황하 문명은 황하와 양쯔 강을 중심으로 발전하였다. 이처럼 강은 인류 문명의 요람이자 생존의 터전이었다. 강 유역은 물이 풍부하여 가뭄에도 농업에 안정적인 물 공급을 가능하게 하고, 상류에서 흘러온 기름진 토사가 땅을 비옥하게 만들어 풍요로운 수확을 가능하게 했다. 또, 풍부한 수중 생물은 인류에게 다양한 먹거리를 제공하였다. 더 나아가 교통수단이 발달하지 않았던 시절, 강은 교통, 통신, 교역의 주요 경로로 기능하며 인류 문화의 확산과 소통에도 중요한 역할을 했다. 나라와 나라, 지역과 지역, 민족과 민족 간의 연결 통로가 바로 강이었던 것이다. 이렇게 인류 문명과 생명의 근원이 되어 준 강이 그 생명력을 잃게 된다면, 그 피해는 결국 인간에게 되돌아오고, 인류 또한 함께 생명력을 잃고 쇠퇴하게 된다.

이와 같은 강이 생태계에 미치는 중요한 영향에 대해 프리만은 다음과 같이 언급했다.

> 담수호나 강은 매우 중요한 생태계다. 수많은 경계들을 가로지르는 이 거대한 지리적 공간을 따라 생물이 유지되기 때문이다. 호수와 강 주변에는 갈대에서부터 강도래, 인간에 이르기까지 수많은 생물들이 살고 있으며, 이들은 모두 호수와 강을 이용하고 있다. 담수계(freshwater system)가 건강하면, 그 물에는 플랑크톤, 곤충, 달팽이, 물고기뿐만 아니라 용존산소(dissolved oxygen)도 풍부하다. 강바닥이나 호수바닥에도 생물이 많다. 이런 담수계에는 이곳에 사는 생물들에게 유해한 화학물질이 없다(프리만, 45).

『위대한 강』은 인간이 자신들에게 수많은 혜택을 주던 강을 어떻게 훼손해 왔는지를, 실제 역사적 사건을 바탕으로 사실감 있게 고발하는 작품이다. 이 애니메이션을 만든 프레데릭 백은 독일 태생으로 프랑스에서 미술을 전공한 뒤, 1948년에 캐나다로 이주하여 몬트리올에서 생을 마감할 때까지 활동한 친자연주의 애니메이터다. 그는 '애니메이션의 성자'라 불릴 정도로 예술성과 메시지를 겸비한 세계적인 작가로 평가받는다. 그의 대표작 중 『크랙!』(*Crac!*, 1980)과 『나무를 심은 사람』(*L'homme qui plantait des arbres*, 1987)은 아카데미상을 비롯해 30여 개의 상을 수상하며 영상예술로서 애니메이션의 가능성을 크게 확장시킨 작품들이다.

그가 직접 각본을 쓰고 연출한 『위대한 강』(*Le Fleuve aux grandes eaux, The Mighty River*, 1993)은 조용하지만 위대한 자연의 힘에 경의를 표하는 동시에, 그 힘을 무시하고 훼손해 온 인간의 탐욕과 어리석음에 대한 성찰을 유도하는 한 편의 생태적 대 서사시라고 할 수 있다. 이 작품은 〈안시 국제애니메이션영화제〉(Annecy International Animated Film Festival), 〈히로시마 국제애니메이션영화제〉(Hiroshima International Animation Festival), 〈오타와 국제애니메이션영화제〉(Ottawa International Animation Festival) 등 세계 유수의 영화제에서 대상 및 최우수상을 수상하며 예술성과 사회적 메시지를 동시에 인정받았다.[3]

3 안시 영화제는 FIFA(Festival international du film d'animation d'Annecy)라고 불리기도 하며 매년 6월 프랑스 남부 사부아(Savoie)에 위치한 안시에서 개최되는 세계 최대 규모의 애니메이션 영화제이다. 국제 애니메이션 필름협회(ASIFA)공인 국제영화제로서 오타와, 히로시마 그리고 크로아티아 자그레브에서 개최되는 자그레브 영화제(Zagreb International Animation Festival)와 함께 4대 국제 애니메이션 영화제이다. 히로시마 영화제는 히로시마 원폭투하를 잊지 않기 위해 1985년부터 2년에 한번 8월 일본 히로시마 현 히로시마 시에서 개최되는 국제 애니메이션 영화제이다. 오타와 영화제는 OIAF라고 불리며 캐나다의 오타와에서 매년 9월에 개최되는 북아메리카 최대 규모의 애니메이션 페스티벌로서 전 세계 애니메이터들에게 만남과 작품 출전의 기회를 제공하고 있다.

2. 강줄기를 따라 기록한 자연과 역사

위 작품의 중심 소재인 세인트로렌스 강의 수원은 오대호(The Great Lakes) 중에서 가장 크고 세계 담수호 중에서 제일 큰 슈피리어 호(Lake Superior)이다. 강물은 슈피리어 호에서 시작하여 휴런 호(Lake Huron), 미시간 호(Lake Michigan), 이리 호(Lake Erie)를 거쳐 마지막 온타리오 호(Lake Ontario)에 이르고 온타리오 호에서 흘러나온 물이 바로 세인트로렌스 강의 시작이 된다. 미국의 미시간 주(Michigan)의 디트로이트(Détroit)와 오하이오 주(Ohio)의 클리브랜드(Cleveland)를 거쳐 캐나다의 킹스턴(Kingston)에서 시작하는 세인트로렌스 강은 몬트리얼(Montreal)과 퀘벡(Québec)을 지나는 전체 길이가 3,058Km에 이르는 장엄한 긴 강이다. 이 강을 중심으로 미국과 캐나다의 국경이 나누어지는데, 강 유역에 있는 미국의 도시들은 뉴욕(New York), 뉴햄프셔(New Hampshire), 메인(Maine)주가 있고 캐나다의 도시는 온타리오(Ontario), 퀘벡, 뉴브런즈윅(New Brunswick), 노바스코샤(Nova Scotia)가 해당되며 강은 하류로 갈수록 미국에서 완전히 벗어나 캐나다 영역으로만 흘러 퀘벡 주의 한적한 마을 타투삭(Tadoussac)을 거쳐 대서양과 합류하게 된다.

『위대한 강』의 시작 부분은 이러한 세인트로렌스 강이 처음 어떠한 경로로 형성되었는지 강의 기원과 시작에 대한 정보를 알려준다. 약 2만년 전, 빙하에 의해 만들어진 강은 처음에는 얼음으로 완전히 뒤덮여 있었다. 그러나 봄이 찾아오자, 이 꽁꽁 얼어붙은 강은 녹아 흐르기 시작하며, 북아메리카 대륙 한가운데 위치한 다섯 개의 거대한 호수인 오대호에서 그 기원을 드러낸다. 강은 장엄한 힘으로 흐르며 마침내 대서양과 만나, 바다를 풍요롭게 만드는 거대한 물줄기가 된다. 이 자연 그대로의 태초 강에는 새로운 생명들이 모습을 드러내기 시작한다. 물고기, 포유류, 조류 등 다양한 생명체들이 생겨나며, 아주 작은 생물로부터 시작해 폭발적으로 다양한 종들이 태어난다. 혹등고래, 북극고래, 청고래, 돌고래, 왕거북, 빙어, 연어, 넙치, 붉은 볼락, 청어, 대구, 고등어 떼, 불가사리, 개복치, 그리고 수많은 조개류까지—모두가 자연의 해초 숲 속에서 어우러져 살아간다. 새들은 이 강의 절벽에서 번성하고, 북극의 바다표범 떼는 이 강으로 내려와 생명을 잉태하고 성장시킨다. 세인트로렌스 강은 '최대의 장엄한 위력을 과시하며', '광활하고 풍성한 수중 방목지'로, '시작도 끝도 없이 무한한 신의 능력처럼 자애로운 신의 강물'로 묘사된다. 이곳은 다양한 생명체들이 평화롭게 어우러져 살아가는, 생명의 강으로 그려진다.

> 막토고엑,
> 위대한 강이라는 뜻이다.
> 원주민들이 지은 강의 이름이다
> 이들은 강둑에서 모여 살며 위대한 강과 조화를 이뤘다.
> 1천여 년 간 강물은 이들의 젖줄이었다.
> 고기로는 식량을
> 가죽으로는 옷을…
> 원주민들은 사는데 필요한 만큼만 얻어갔기에
> 식물과 동물들도 무수히 번성할 수 있었다.[4]

강의 이름은 '막토고엑'으로, 인디언 말로 '위대한 강'을 뜻한다. 이 이름은 장엄하고 풍요로운 강 유역에 가장 먼저 삶의 터전을 잡은 원주민

4 이 책에서 부분적으로 인용한 『위대한 강』은 베네딕도회 왜관수도원 소속의 베네딕도 미디어에서 2007년에 제작한 DVD2 〈라디오-캐나다 애니메이션: 프레데릭의 선물〉 (계명대학교 동산도서관 소장) 자막에서 가져왔음. 이하 인용부분의 출처는 동일함

인디언들과, 그들과 더불어 살아가던 평화로운 공동체의 모습을 잘 보여준다. 수천 년 전부터 아메리카의 인디언들은 자신들에게 입을 옷과 먹을 거리를 아낌없이 내어준 이 강에 감사를 표하며, 자연과 조화를 이루며 살아왔다. 그들은 생존에 꼭 필요한 만큼만 취했기에, 강의 생태계는 날이 갈수록 더욱 풍성해졌다. 인디언들에게 자연은 신이 창조한 위대한 질서였고, 동물 또한 인간의 소중한 형제자매라 여겼다. 따라서 먹거리를 얻는 일조차 절제와 존중의 태도 안에서 이루어졌다. 이처럼 자연을 경외하고 감사하는 삶의 방식은 단순한 생활 습관을 넘어, 수많은 세대를 거쳐 이어져 온 인디언 고유의 사고방식으로 깊이 자리 잡고 있었다.

풍요롭고 생명력 넘치는 위대한 자연과 더불어 평화롭게 살아가던 인디언들의 강 유역에, 어느 날부터인가 유럽의 백인들이 모습을 드러내기 시작했다. 유럽 열강들이 앞다투어 미지의 대륙에 식민지를 개척하기 위해 탐험가들을 파견하던 시기였다. 1534년, 프랑스 왕 프랑수아 1세의 후원을 받은 탐험가 자크 카르티에(Jacques Cartier, 1491~1557)는 세인트로렌스 강 유역에 첫발을 내디뎠다. 그는 프랑스 범선 '생말로'호의 선장이었으며, 비단과 향료, 금의 원산지인 동방 제국을 찾아 나선 항해 도중 이 위대한 강과 마주하게 된다. 카르티에는 생명이 넘실대는 신비로운 강의 풍경에 넋을 잃을 정도로 감격했다. 창공을 가득 메운 새 떼, 섬을 뒤덮은 쇠오리와 바다오리, 무리를 지어 이동하는 바다표범과 흰고래들— 그 장엄한 자연의 경관은 그의 눈과 마음을 사로잡았다. 그리고 그는 곧 이 강이 지닌 무한한 자원 가치를 간파하게 된다.

강가 곳곳에 흩어진 섬들과 육지는 사람의 발길이 거의 닿지 않은 듯, 자연 그대로의 풍광을 간직하고 있었다. 이 경이로운 모습에 감탄한 카르티에는 강을 따라 더 깊숙이 들어가 지금의 퀘벡 지역까지 이르게 된다. '퀘벡'(Québec)이라는 이름은 원주민 인디언의 말로 '세인트로렌스 강

그림 2) 엘리자베스 심코, 〈퀘벡의 세인트로렌스 강〉, 1792년경, 수채화, Archives of Ontario
출처: wikipedia public domain

그림 3) 테오필 하멜, 〈자크 카르티에〉, 1844년경, 캔버스에 유채, 프랑수아 리스의 그림 (1839년 제작, 유실)을 기반으로 제작, 190x140cm, 퀘벡 국립미술관
출처: wikipedia public domain

의 폭이 가장 좁아지는 지점'을 의미한다. 퀘벡에 도착한 카르티에는 원주민 추장을 만나 자신이 도착한 곳의 이름을 물었는데, 의사소통이 완전히 원활하지 않았던 당시, 추장은 손가락으로 마을을 가리키며 '카나타'(Kanata)라고 답했다. 이는 인디언 말로 '부락' 또는 '마을'을 뜻하는 말이었다. 하지만 카르티에는 그것을 이 지역 전체의 지명으로 오해했고, 훗날 이 말은 '캐나다'(Canada)라는 나라 이름의 기원이 되었다.

카르티에는 인디언들의 '위대한 강' 막토고액을 불어로 '생로랑 강'(fleuve Saint-Laurent)이라고 명명했는데 이는 성 라우렌시오의 이름을 따서 붙인 것이다. 라우렌시오 성인은 가난한 사람을 지극히 사랑하여 수도원의 보물마저 그들에게 나누어 주다가 화형당한 로마시대의 그리스도 순교자이다. 1534년 이 성인의 축일에 때마침 지금의 세인트로렌스만에 도착한 카르티에는 그날을 기념하여 이렇게 이름을 붙인 것이다(햇살과 나뭇꾼, 63). 그가 발견한 새로운 대륙을 본국 프랑스에 보고한 뒤 '프랑스 땅'이라고 선포해 버린다. 누벨 프랑스(Nouvelle-France, New

France)가 탄생한 것이다.

그동안 평화로웠던 강은 프랑스 이주민들이 하나둘 정착하기 시작하면서 점차 슬픈 역사의 길로 접어들게 된다. 원주민 인디언들과 백인들 사이에는 자연을 바라보는 근본적인 시각의 차이가 존재했다. 인디언들은 자연을 동반자로 여기고, 인간 역시 자연의 일부로서 조화를 이루며 살아가는 존재라고 믿었다. 그러나 백인들은 자연을 정복과 지배의 대상으로 인식했고, 마음대로 이용해도 된다는 태도를 가지고 있었다.

이처럼 인디언과 다른 가치관을 지닌 백인들이 강 유역에 자리를 잡으면서, 섬을 뒤덮고 있던 퍼핀 떼와 큰 바다오리, 바다표범과 흰고래들은 차례로 수난과 약탈의 대상이 되었고, 강은 점차 오염되기 시작했다. 인간의 탐욕이 아름답고도 풍요로웠던 자연의 흐름을 바꾸기 시작한 것이다.

> 자원이 무한한 줄만 알고
> 눈에 보이는 대로 사냥해 돈을 벌었다
> 상인들은 쇠오리기름에 눈독을 들였고
> 바다 새는 낚시의 미끼가 되었다
> 선원들은 새알을 숱하게 노략질했고
> 바다코끼리는 뭍으로 끌려나와 쓰러지고
> 집단적으로 질식해 죽었다.
> 남아있는 많은 것들도
> 땔감으로 사용돼 고래기름을 녹였다.
> 바다코끼리의 긴 송곳니는
> 무게에 따라 금값에 팔렸고
> 고래잡이는 산업이 되었다.

세인트로렌스 강의 수자원이 곧 수익이라는 사실을 간파한 백인 상인들은 쇠오리의 기름에 눈독을 들여, 불과 몇 년 만에 쇠오리를 모두 잡아

버렸다. 그들은 바닷새를 미끼로 이용하고, 새의 알마저 약탈했으며, 바다코끼리는 몽둥이로 잔인하게 때려 기름 가마로 몰아넣어 지방을 녹여냈다. 황금보다 값진 송곳니도 가차 없이 갈취했다. 또한 유럽의 집과 거리를 밝히기 위해 고래 사냥을 산업화하여, 고래의 등에 날카로운 작살을 꽂고 거대한 솥에 넣어 끓여 고래기름을 추출했다. 밤낮없이 타오르는 기름 가마의 불길은, 얼마나 많은 고래가 학살당했는지를 말해준다. 뿐만 아니라, 식욕을 멈출 줄 모르는 유럽 사람들을 위해 소금에 절인 대구가 강가를 따라 시렁에 가득 널려 있었다. 평화롭던 세인트로렌스 강 유역은 점차 백인들의 배로 북적이기 시작했고, 유럽 대륙에서의 수요가 늘어나면서 아메리카 최대의 무역항인 타두삭에는 수만 개의 모피를 실은 나무배들이 끊임없이 오갔다. 그 결과 프랑스의 모피회사는 막대한 이익을 거두게 되었다.

날이 갈수록 인디언들의 땅에는 낯선 이들이 점점 더 많이 들어와, 세인트로렌스 강가의 비옥한 땅에 정착하기 시작했다. 이들은 물을 대기 쉬운 강기슭에 밭을 일구고 마을을 형성하며 삶의 터전을 마련했다. 강 유역은 프랑스 영토로 선포되었고, 초창기 프랑스 개척민들에게는 강이 삶의 기반이자 큰 혜택이 되었다. 그 결과, 포르뇌프, 도나코나, 데샹보, 로비니에르 등 프랑스어로 지어진 이름의 마을과 농장들이 강을 따라 길게 늘어서기 시작했다.

가을이면 수 백 척의 배가
말린 생선을 싣고 떠났다.
만족할 줄 모르는 유럽을 향해…
짐승과 물고기를 왜 그리 한꺼번에 많이 잡아들였는지
원주민들은 이해할 수가 없었다.
창조주의 위대한 영감세계에선

인간도 동물과 다를 바 없었다.
형제 같은 관계였다.

동물도 인간과 다를 바 없는 형제라고 인식하는 인디언들과는 달리 백인들은 황금에 눈이 멀어 '흰 고래쯤이야 무한히 많겠거니' 하며 고래를 무차별적으로 사냥해 생명을 앗아갔다. 짐승과 물고기를 한꺼번에 그렇게 많이 잡아들이는 행태는, 자연과 더불어 살아온 원주민들에겐 도무지 이해할 수 없는 일이었다. 게다가 유럽에서 온 백인 상인들은 총과 칼, 값싼 모조보석을 미끼로 삼아 인디언들에게서 싼값에 모피를 얻어 막대한 이익을 챙기고자 했고, 이를 위해 내륙 깊숙이까지 침입해 수많은 비버를 무참히 희생시켰다.

수천 년 동안 조화롭게 자연과 공존해온 원주민들의 삶은, 백인들의 등장으로부터 균열을 맞는다. 그들의 고유한 전통과 생활양식은 무너져 내리기 시작했고, '야만인'이라는 낙인 아래 폄하되었다. 뛰어난 성능의 총과 칼로 제압당하고, 위스키로 정신이 흐려졌으며, 유럽에서 유입된 전염병으로 목숨마저 위태롭게 되었다.

동물 모피에 대한 수요가 급격히 증가하면서, 자연을 존중하던 인디언들의 전통적인 가치관에도 변화가 찾아왔다. 각 부족은 자신들의 주요 교역 상대국이나 무기 공급처에 따라 서로 다른 유럽 국가와 손을 잡기 시작했다. 오대호 주변에 거주하던 휴런족, 미시소가족, 오지브와족, 위네바고족, 포타와토미족은 프랑스와 동맹을 맺었고, 이로쿼이 연맹(Iroquois Confederacy)을 이루던 모호크족, 오네이다족, 오논다가족, 카유가족, 세네카족, 그리고 체로키족은 영국과 손을 잡았다. 그 결과 인디언 부족들 사이에는 갈등이 불거졌고, 마침내 전쟁이 일어나게 된다. 이제는 세인트로렌스 강의 소유권을 둘러싸고, 누가 더 많은 모피를 확보하고 유럽과 거래할 것인가를 놓고 부족 간의 다툼이 벌어졌다. 백인들의 도래 이후, 오랫동안 평화를 지켜오던 인디언 사회에 균열이 생기고 전쟁의 그림자가 드리우기 시작한 것이다.

1534년 자크 카르티에가 세인트로렌스 강을 탐험하기 시작한 이래, 1763년까지 '누벨프랑스'는 캐나다 퀘벡 일대를 중심으로 200년 이상 지속되었다. 즉, 세인트로렌스 강 유역은 또 하나의 프랑스 영토로 자리잡으며, 약 3세대에 걸쳐 프랑스 본국의 문화가 신대륙에 깊이 뿌리내린 셈이다. 그러나 시간이 흐르며 역사의 흐름도 달라졌다. 강이 품은 막대한 어족 자원과 생물 다양성을 눈여겨보던 영국은, 이 지역이 단순한 강이 아닌 무한한 자원과 부를 안겨주는 보물창고임을 간파했다. 결국 영국은 프랑스를 몰아내고 세인트로렌스 강 유역을 차지하기 위한 본격적인 시도를 시작한다. 1754년, 인디언 영토를 둘러싼 프랑스와 영국 간의 식민지 쟁탈 전쟁이 발발했다. 초기에는 프랑스가 전세를 유리하게 이끌었지만, 7년에 걸친 긴 전쟁 끝에 1759년부터 영국이 우위를 점하며 전세는 뒤집혔다. 결국 1763년, 전쟁은 영국의 승리로 막을 내리게 된다. 이 전쟁에서 프랑스와 영국은 각각 원주민 인디언들과 동맹을 맺었지만, 최종 승자인 영국의 시각에서는 프랑스를 '인디언과 함께 싸운 세력'으로 인식하였다. 이러한 이유로, 이 전쟁은 '프렌치 인디언 전쟁'(French and Indian War, 1754~1763)이라 불리게 되었다.

1759년에
영국은 퀘벡을 점령해
뉴 프랑스를 정복하기로 했다.
아메리카에 동원되었던 병력 중
전례 없는 최대의 함대병력이었다.

1759년, 영국은 퀘벡 시를 공격하여 뉴프랑스를 무너뜨리기로 결심했다. 당시 영국은 함선 173척, 병사 9천 명, 선원 3만 명이라는 전례 없는 규모의 함대를 동원하였고, 퀘벡 일대의 농장과 곡식창고를 불태웠다. 이로 인해 약 6천 명의 주민이 굶주림으로 목숨을 잃었고, 퀘벡 시는 포격으로 폐허가 되었다. 이 사건을 계기로 역사는 새로운 국면을 맞이한다. 퀘벡은 이제 영국의 땅이 된 것이다. 원주민 인디언들이 '막토고엑(Magtogoek)'이라 불렀던 이 위대한 강은 프랑스 식민지 시기에는 불어로 '생로랑 강(fleuve Saint-Laurent)'이라 불렸고, 영국의 지배 이후에는 영어식 표현인 '세인트로렌스 강(Saint Lawrence River)'으로 바뀌었다. 전쟁에서 승리한 영국은 1763년 파리조약을 통해 퀘벡 일대를 공식적으로 차지한다. 이후 영국은 세인트로렌스 강을 기준으로 영토를 두 지역으로 나눈다. 강의 상류 지역에는 영국계 이주민들이 거주하는 '상류 캐나다(Upper Canada)'가, 하류 지역에는 프랑스계 주민들이 주로 거주하는 '하류 캐나다(Lower Canada)'가 형성되었다. 흥미롭게도, 지리적으로는 하류 캐나다가 상류 캐나다보다 북쪽에 위치하지만, 세인트로렌스 강의 물줄기 흐름에 따라 상·하류가 결정되었기 때문에 이러한 명칭이 붙게 되었다.

> 영국과 스코틀랜드 선주들은 엄청난 부를 획득했다.
> 세인트로렌스의 원시림을 가차 없이 벌목하여
> 해마다 백 척 이상의 배에
> 장대한 떡갈나무와 백송을 선적해 영국으로 실어 날랐다.
> 퀘벡항으로 가기 위해
> 갓 벌목한 목재를 나란히 묶어 일시적인 거대한 뗏목을 만들었다.

전쟁에서 이긴 영국은 강 개발에 박차를 가하여 퀘벡을 세계적인 조선

산업의 중심지로 만들기 시작했다. 세인트로렌스 강의 수자원이 풍부한 퀘벡은 캐나다에서 가장 큰 항구도시로서 산업의 중심지로 떠올랐고 세인트로렌스의 골짜기에 있는 원시림들이 마구잡이로 개발되어, 참나무와 백송을 포함한 아름답기 그지없는 나무들이 베어져 갔고, 숲이 파헤쳐질수록 영국의 배 주인들은 떼돈을 벌어들였다. 뉴 프랑스 시절에는 이만큼 마구잡이 벌목이 행해지지는 않았다. 당시 프랑스 정착민들의 인구는 2,500여 명인데 비해 그 후 한 세기도 채 지나지 않아 5백만 여명 영국인들이 퀘벡으로 이주하면서 강변을 따라 더 많은 수의 견고한 석조가옥이 늘어섰고 부유한 농장과 마을들이 형성되어 커졌다.

> 맑은 샘가로 산책 나가다.
> 너무도 아름다운 물을 보고는
> 그 물에 몸을 담궜네.

여전히 사람들에게 많은 것을 주는 강은 이제 온천 명소가 되어 사람들의 병을 치유했다. 강물은 '모든 생명에 대한 축복이었다'.

백인들과의 모피교역 후, 원주민은 활 대신 총을 받아 사용하게 되었고 모피의 원료인 동물들을 빠른 속도로 사냥할 수 있었으므로 세인트로렌스 강 유역에 모피 동물의 자원을 고갈시키는 결과를 낳는다. 인디언들은 교역을 위해 더 많은 모피를 얻고자 타 지역의 원주민 정착마을을 침략하여 점령한 후 동일하게 모피 동물을 사냥하는 일을 반복하기도 했다. 따라서 백인의 모피 수요에 맞추어 더 많은 동물들이 죽어 갔다. 백인이 당도하기 전에는 이 같은 무분별한 동물 사냥은 인디언들에게 상상조차 할 수 없는 일이었다.

무차별적으로 동물을 포획하여 가공해서 큰 돈벌이로 삼았던 백인들은 때마침 영국에서 성공한 산업혁명으로 이제 세인트로렌스 강 유역의 산림 자원까지 탐낸다. 대륙에 종이를 공급하기 위해 나무가 필요해지자, 종이 공장을 세우기 위해 더 많은 백인들이 세인트로렌스 골짜기의 숲을 탐사하러 몰려들었고 그 지역에서 가장 아름다운 숲들을 차례대로 파괴하기 시작한다. 아름드리나무들이 베어져 강물에 던져졌고 나무가 떠내려가면서 물 속 생물들의 터전과 강둑이 파괴되었다. 숲이 황폐해질수록 숲의 새 주인들은 큰돈을 벌어들였다.

세인트로렌스 강 일대는 세계에서 몇 손에 꼽는 산업지대로 발전하였으나 상인들은 이동이 보다 손쉬운 수로가 필요했다. 이제 동물과 산림 자원을 넘어 운하와 수문이 필요했던 것이다. 대륙 중앙에 위치한 시카고, 디트로이트, 토론토는 바다로 곧장 나아갈 수 있는 뱃길을 만들기 위해 거대한 운하들과 수문을 건설하는 대규모 사업을 시작했다. 커다란 배들도 해발 180미터까지 올라갈 수 있도록 강물은 수백개의 터빈을 돌려 새로 건설된 주요 도시에 무한한 에너지를 후하게 선사했다. '길들지 않은 강물은 당당한 위용을 품어내고, 오대호는 위대한 강과 영원한 인연을 맺으며 지상에서 가장 큰 규모의 민물 저수지를 선사한다'.

세인트로렌스 강의 폭과 수심을 이용하여 강 인근에는 벌크선, 유조선, 컨테이너선 등 대형 화물선과 중대형 함정들을 정박해 있고 벌크 화물 터미널이 생겼으며, 선박들을 수리하거나 건조시키기 위한 조선소들과 강의 풍족한 수자원을 기반으로 원자력 발전소까지 지어졌다. 게다가 세인트로렌스 강 하구 유역에서 쉽게 찾을 수 있는 고래와 상어마저 이용하여 세인트로렌스 강 북부에는 웨일 워칭(whale watching) 관광업체로 수익을 늘렸다. 세인트로렌스강물이 건강에 효험이 있다는 소문이 돌자 휴양지로서 힐링의 효과까지 제공해 주던 이로운 강은 인간의 편의대로 이용될 수 있을 만큼 사용되었다. 내륙이 본격적으로 개발되면서 거대한 참나무와 백송이 잘려 영국으로 실려 갔고 공장이 세워졌고 오물과 폐수가 강으로 흘러들었고 거대한 운하와 수문이 만들어졌다. 그래도 거인과 같은 강은 그 찬란한 힘을 내뿜으며 힘차게 흐르는 듯했으나 오랫동안 뭇 생물들에게 생명이었던 강이 병들어 점차 생명력을 잃어 갔다.

> 그러나 위대한 강도 공장을 밀집시키는 인간 앞에선 굴복하고 만다.
> 인간은 배들로 강을 가로막고 도시건설로 제압했다.
> 수십 세대에 걸쳐 관대한 강물이 인간의 갈증을 해소해주고
> 수많은 이들을 갑부로 만들어주었건만
> 인간에게서 보상받은 거라곤 치욕스런 경멸뿐
> 공장과 하수도에선 독이 흘러나와 최대의 민물 저수지를 공격한다.
> 서서히 질병이 퍼져나갔다.
> 수백km 이어진 하류에서도 생태계 삶이 위태롭게 됐다.
> 건설과 부에 대한 광기 때문에 강이 나약하다는 사실을 잊고만 인간들
> 강철과 기름, 밀, 펄프, 화학약품, 콘크리트
> 위대한 강의 운명은 이렇게 전락했다.
> 놀라운 기운과 숭고한 생명력이 모욕당하고 오염되었고
> 혼란과 파괴가 득세하자 조화는 길을 잃었다.
> 화해가 필요한 시기이다.
> 막토고엑은 우리를 기다린다.
> 강의 부름에 호응할 때가 왔다.
> 모든 요구에
> 완전하게
> 아낌없이…

그러나 여러 세대의 갈증을 풀어주고 많은 혜택을 베풀었던 거룩한 강에게 돌아온 것은 산업문명의 결과물들이었다. 멸종위기에 처한 동물, 벌목으로 인한 산림 훼손, 거대한 운하와 수문 건설로 발생한 오염, 그리고 번성하는 공업시설산업과 인구가 집중되면서 공장과 도시의 각 가정에서 나오는 폐수와 독극물, 생활하수와 쓰레기 더미가 그것이다. 게다가 강과 연결된

삼림 자원 그리고 도시 구조와 무관하게 되는 대로 분별하게 개발하는 난개발과 축산폐수를 양산하는 집단 축산의 발달은 강의 오염을 더욱 재촉했다.

아무리 막강한 힘을 가진 거인이라 할지라도 오랜 기간에 걸쳐 시달리고 숨통이 조일 경우 지탱하기에는 역부족이다. 오랫동안 인류에게 은총을 베풀었던 강은 이제 오염되고 노예가 되어 생명력을 잃어버린 것일까? 그러나 화자는 강이 되살아날 수 있으니 인간에게 새로운 봄을 맞이하라고 촉구한다. 강으로 오염물질을 더 이상 보내지 말고 강을 존중하고 화해하여 생명력으로 약동하던 최초의 강 막토고엑이 생겨나던 그 시절처럼 복원시키기를 희망하고 있다. 여태껏 강에게 진 인간의 부채의식을 각성시키면서 생명공동체로서의 인간이 강에게 취해야 할 책임과 의무를 호소하고 있다.

그림 4) 캐나다를 방문하는 웨일즈 왕자를 맞이하는 세인트로렌스강 그랜드 카누 리셉션
1860년 10월 13일자 Lonon News에 실린 삽화
출처: wikipedia public domain

3. 강의 오염과 복원 가능성

『위대한 강』은 프레데릭 백이 4년 동안 역사 자료와 실증조사를 거쳐 만든 애니메이션과 다큐멘터리가 융합된 형태인 애니매이티드 다큐멘터

리(Animated Documentary)[5]이다. 자연친화주의 작가 백은 캐나다의 과거 역사적인 사실들과 연결하여 살아 있는 강이 인간들의 욕심에 의해 어떻게 죽어가고 있는가를 고발하고 강의 복원을 강렬하게 염원하고 있다. 이는 작가 백이 〈녹색주간〉과의 인터뷰에서 세인트로렌스 강을 되살리는 운동에 나서게 된 계기에서도 밝힌 바 있다.

> … 강 자체는 그저 물질이나 사물이 아니라 살아있는 존재로 무수한 세월동안 놀라운 방식으로 삶을 소통해 왔습니다. … 경각심을 불러 일으켜서 정부 당국과 시민, 강가에 사는 사람들, 강의 혜택을 누리는 사람들이 자각하고 강을 맡아 책임지게 하는데 공헌하기 바랍니다. 강을 존중하고 보호하며 사랑하기를 바라고 강 주변을 재건하는 모든 일을 하며 강이 치유되도록 시간이 주어지기 바랍니다. 생로랑 강에서 놀라운 것은, 최소한의 독성물도 방출하지 않고 치유할 시간을 준다면 새로운 퇴적층이 덮여 강에 사는 생명체가 접근할 수 있을 것이라는 점입니다. 그러면 20년, 30년, 50년쯤 후엔 강이 부분적으로 건강을 찾을 것입니다. … 강을 오염시키는 행위를 완전히 중단해야 합니다. 모든 것을 멈추고 강에게 치유될 기회를 줘야 합니다.[6]

백은 실제 존재하는 강을 소재로 삼아, 살아 있는 강이 점차 죽음의 강으로 변해가는 과정과 캐나다 역사의 변화 과정을 연결시켜 독자들에게 사실감을 더한다. 작품의 초반부에서는 태초의 강의 기원과 강물 속에서

---

5 애니메이티드 다큐멘터리는 실사 기록 영상만으로 구성되는 다큐멘터리에 진실을 위한 사유의 확장과 새로운 해석의 관점을 제시한다. 애니메이티드 다큐멘터리의 리얼리즘은 창조된 시각이미지의 배치와 구성으로 관객들에게 보다 풍부한 정보를 제공한다(전승일, "사유의 확장과 상상력을 위하여- 애니메이티드 다큐멘터리의 세계". https://www.filmmakers.co.kr/?document_srl=17982510&mid=pr&act=dispBoardContent, 검색일: 2025년 1월 30일)

6 베네딕도 미디어. DVD2〈라디오-캐나다 애니메이션: 프레데릭의 선물〉 2007. 베네딕도회 왜관수도원.

수많은 생명이 잉태되고 성장하며 번성하는 생명력 넘치는 강의 모습을 보여준다. 또한, 음식과 생계 수단을 제공하는 풍요로운 강이 초기 정착민인 인디언들의 삶의 터전이자, 인간과 자연이 조화를 이루는 평화로운 공동체 공간으로 기능했음을 설명한다.

본론에서는 인간의 탐욕과 문명의 발전에 따라 강이 점차 파괴되고 오염되면서 생명력을 잃어가는 과정을 묘사한다. 이와 함께 실제로 인간이 강에 가한 다양한 피해 사례들을 제시함으로써 강이 입은 타격을 강조한다. 결론에서는 강의 재생 가능성에 대해 의문을 던지면서도, 동시에 복원이 가능하다는 희망적인 메시지를 제시한다.

캐나다 역사 변화의 측면에서는, 원주민 인디언들의 터전이었던 막토고엑이 백인의 도래와 함께 '신대륙의 발견'이라는 이름으로 공표되고, '뉴 프랑스'가 성립되면서 강의 이름은 생로랑 강으로 바뀐다. 이후 유럽 열강의 쟁탈전 속에서 영국이 승리하면서 강은 다시 세인트로렌스 강으로 불리게 되고, 결국 독립국가인 캐나다가 탄생하는 역사적 과정을 겪는다. 이 과정에서 인간이 강에 저질러온 여러 행위들을 드러내며, 강이 우리에게 주는 혜택과 생명공동체로서의 본질을 상기시킨다. 동시에 인간의 무분별한 자연 개발과 착취에 대해 깊은 성찰을 유도하고 있다. 이처럼 작품은 강의 과거와 역사성, 그리고 현재 모습을 통해 독자들에게 강의 미래에 대한 경각심과 생명공동체 의식의 중요성을 환기시킨다(최돈일, 222).

세인트로렌스 강은 퀘벡으로 들어가는 중요한 전략적 진입로로, 이 강을 사이에 두고 영국과 프랑스 간에 기나긴 전투가 벌어진 곳이다. 세인트로렌스 강 하구에 강폭이 좁아지는 지점에 자리한 퀘벡 주의 수도 퀘벡시는 캐나다에서 가장 오래된 도시로, 유럽 열강인 프랑스와 영국의 치열한 세력 다툼의 격전지였음을 보여주듯 오늘날까지도 성벽, 군사 요새,

도시를 둘러싼 성곽이 그대로 보존되어 있다. 지역 주민의 약 95%가 불어를 사용하며, 프랑스 전통이 살아 있는 독특한 문화를 이어가고 있다.[7] 퀘벡의 구도심 지역은 프랑스의 영향을 깊이 간직하고 있으며, 이러한 독특한 문화적 정체성 덕분에 많은 관광객들이 찾는다. 특히 1985년에는 유네스코로부터 세계문화유산으로 지정되어 그 역사적 가치를 국제적으로 인정받았다.

하지만 퀘벡이 프랑스의 영토에서 영국령 캐나다로 바뀐 역사적 사건은 퀘벡의 프랑스계 주민들에게 국권 침탈로 인식되며, 이는 오늘날까지도 민족적 한(恨)으로 남아 있다. 이러한 인식은 퀘벡 주 자동차 번호판 하단에 새겨진 "나는 기억하노라(Je me souviens)"라는 문구에서 명확히 드러난다. 이 글귀는 자신들의 프랑스인 조상과 전통, 그리고 그들이 겪었던 차별의 역사와 고통을 잊지 않고 영원히 기억하겠다는 의지를 담고 있다. 퀘벡 곳곳에는 초기 프랑스인들을 기념하는 명칭도 쉽게 찾아볼 수 있다. 예를 들어, 세인트로렌스 강을 처음 탐험한 자크 카르티에의 이름을 딴 자크 카르티에 다리(Jacques Cartier Bridge), 몬트리올 구시가지 중심의 자크 카르티에 광장(Place Jacques-Cartier), 퀘벡시에 위치한 자크 카르티에 국립공원(Jacques-Cartier National Park) 등이 있다. 그러나 아이러니하게도, 이 땅에서 오랜 세월 살아온 원주민 인디언들을 기념하는 명칭은 극히 드물다. 일부 지명에 원주민 언어나 이름이 반영되어 있을 뿐, 그들의 문화를 기억하고 존중하는 표식은 부족하다.

원주민의 시각에서 보면, 퀘벡이 프랑스의 영토였다는 주장 자체에 의

7 1774년 파리 강화조약 체결 이후, 퀘벡에 거주하던 프랑스계 주민들은 불어 사용 권리를 인정받아 언어와 문화, 가톨릭 신앙을 계속 유지할 수 있게 되었고, 그 결과 퀘벡은 오늘날까지 프랑스풍의 전통을 지켜오고 있으며 '북미의 프랑스'로 불린다. 캐나다 전체가 영어 사용 국가인데 반해, 퀘벡만은 유일하게 불어를 사용하는 지역이다.

문을 제기할 수 있다. 수천 년 동안 이 땅을 삶의 터전으로 삼고 자연의 혜택을 누리며 살아온 인디언들은, 백인들에 의해 밀려나며 주류 사회에서 소외되었다. 백인들은 그들의 삶의 방식을 억압하고, 인디언 자녀들을 가족과 분리해 강제로 기숙학교에 보내는 레지덴셜 스쿨 제도 등을 통해 그들의 정체성과 문화를 말살하려 했다. 특히 1840년대부터 1997년까지 100년 이상 지속된 레지덴셜 스쿨 제도는 국내외적으로 큰 비판을 받았으며, 2000년대 들어 캐나다 정부는 과거 원주민에 대한 탄압에 대해 공식적으로 사과하기에 이르렀다.

이처럼 퀘벡은 프랑스계 주민들의 민족 정체성과 문화가 깊게 뿌리내린 도시이면서도, 동시에 원주민 인디언들이 겪은 고통의 역사를 함께 품고 있는 복합적인 공간이다.

그림 5) 사우전드 아일랜드
2024년 7월 9일 필자 촬영

그림 6) 볼트 성, 사우전드 아일랜드
출처: wikipedia public domain

『위대한 강』에서 주장하듯, 살아 숨 쉬는 강은 도시와 공장이 번창함에 따라 점차 오염되어 생명력을 잃어갔다. 그럼에도 불구하고 세인트로렌스 강 주변에는 여전히 아름답고 놀라운 경관들이 남아 있다. 그중 대표적인 것이 바로 천섬(Thousand Islands) 으로, 세인트로렌스 강 위에 약

1,865개의 크고 작은 섬들이 흩어져 있는 독특한 지역이다. 천섬의 아름답고 신비로운 풍경에 감탄한 인디언들은 이곳을 '신의 정원(Garden of the Great Spirit)'이라 불렀다고 전해진다. 전설에 따르면, 하나님이 이곳을 바라보던 중 그 아름다움에 감탄하여 손바닥으로 탁 쳤고, 그 순간 부서진 조각들이 흩어져 지금의 수많은 섬들이 생겨났다고 한다.

그러나 이처럼 신성하고도 아름다운 섬들조차 인간에 의해 하나둘씩 사들여졌고, 별장으로 개발되었다. 배를 타고 천섬을 둘러보면, 단 한 채의 집만 겨우 들어설 수 있는 작은 섬에도 별장이 지어져 있으며, 섬과 육지를 오가는 요트와 보트들이 분주히 오간다. 이 수많은 별장 가운데에서도 가장 아름답다고 알려진 곳은 볼트 성(Boldt Castle) 이다. 이 성은 '호텔왕'으로 불렸던 조지 볼트(George Boldt)[8]가 사랑하는 아내를 위해 지은 건축물이다. 아울러 조지 볼트가 아내의 입맛을 돋우기 위해 요리사에게 특별히 부탁해 만든 소스가, 훗날 전 세계적으로 알려진 사우전드 아일랜드 드레싱(Thousand Island Dressing) 의 유래가 되었다는 이야기도 전해진다.

이처럼 긴 시간과 깊은 사연을 간직한 세인트로렌스 강의 복원은 단지 강에 서식하는 생물만을 위한 일이 아니다. 그것은 인간에게도 큰 축복이 될 것이며, 그 성패는 바로 우리 인간이 얼마나 책임감을 가지고 강을 돌보느냐에 달려 있다.

---

8 볼트는 뉴욕의 세계적인 호텔인 월도프 아스토리아(Waldorf Astoria) 의 회장을 역임한 호텔업계의 입지전적 인물이다. 그의 성공담만큼이나 유명한 이 볼트 성은, 안타깝게도 완공을 앞두고 아내 루이스(Louise Augusta Kehrer) 가 세상을 떠나면서 건설이 중단되었다. 이후 무려 73년이 지나서야 복원되어 오늘날의 모습을 갖추게 되었다. 하트 모양의 섬 위에 세워진 이 성은 총 6층, 11채의 건물, 120개의 방을 갖추고 있으며, 지금도 많은 이들이 이곳을 찾아 그의 사랑 이야기를 되새긴다.

Chapter

02

장 지오노의 『나무를 심은 사람』

1. 작가 지오노와 작품의 저술 배경

『나무를 심은 사람』(*The Man Who Planted Trees*, 1952)의 작가 장 지오노(Jean Giono, 1895~1970)는 프랑스 프로방스 지방의 마노스크에서 구두수선공인 아버지와 세탁 일을 하던 어머니 사이에서 태어났다. 가난한 집안 형편으로 인해 학업을 중단하고 16세에 은행에 취직했으며, 이후 대부분의 삶을 마노스크에서 보냈다. 그의 소설 대다수는 프로방스를 배경으로 하고 있으며, 그 속에서 농부를 주인공으로 내세워 자연에 대한 범신론적 세계관을 드러낸다.

지오노는 독학으로 다양한 고전문학을 탐독했고, 제1차 세계대전에 참전하기 전까지 은행에서 일하며 틈틈이 글을 쓰는 습작 활동을 이어갔다. 1929년 발표한 첫 소설 『콜린』(*Colline*)이 큰 성공을 거두자, 이듬해 『연인은 결코 패배자가 아니다』(*Lovers Are Never Losers*, 1930)와 『세컨드 하베스트』(*Second Harvest*, 1930)를 연이어 출간했다. 이들 작품은 모두 마노스크 은행 근무 시절에 집필된 것이며, 1930년 그는 은행을 그

만두고 전업 작가의 길에 들어섰다.

사회주의자였던 지오노는 제1차 세계대전에서 참전한 경험을 통해 전쟁의 참상을 몸소 겪은 뒤, 이후 평생을 평화주의자로 살아갔다. 『유쾌하지 않은 왕』(*A King Alone*, 1947), 『열린 길』(*The Open Road*, 1951), 『앙젤로』(*Angelo*, 1958) 등 여러 작품을 남겼고, 심장마비로 사망하기 전까지 총 30여 편의 소설, 에세이, 시나리오를 집필했다. 그중 가장 널리 알려진 작품이 바로 『나무를 심은 사람』이다.

그림 7) 외젠 마르텔, 〈장 지오노의 초상〉, 1937
출처: wikipedia public domain

그는 1953년 평생의 문학적 업적을 인정받아 모나코의 레니에 왕자 문학상을 수상했으며, 1954년 아카데미 공쿠르 회원, 1963년에는 모나코 문학 콩세유의 회원으로 활동했다. 장 지오노는 20세기 프랑스를 대표하는 가장 뛰어난 작가 중 한 사람으로 평가받는다.

지오노의 단편소설 『나무를 심은 사람』은 1953년 미국 잡지 『리더스 다이제스트』(*Reader`s Digest*)에 처음 소개된 뒤, 1954년 3월에는 『보그』(*Vogue*)지에 『희망을 심고 행복을 가꾼 사람』(*The Man Who Planted Hope and Grew Happiness*)이라는 제목으로 출판되었으며, 이후 13개국의 언어로 번역되어 오랜 시간 동안 전 세계에서 널리 읽히고 있다.

이 작품은 1인칭 관찰자 시점의 '나'를 통해, 황폐한 땅에 묵묵히 나무를 심으며 생명을 되살리는 주인공 엘제아르 부피에(Elzéard Bouffier)

의 숭고한 삶과 자연의 변화를 감동적으로 그려낸다. 내레이터는 작가 자신으로 볼 수 있으며, 부피에는 지오노가 꿈꾸는 이상적인 인간상을 상징하는 인물이다. 작품 속에서 내레이터는 해발 1200-1300미터에 이르는 황량한 산악지대를 도보 여행하던 중 부피에를 만나게 되는데, 이는 실제로 지오노가 고산지대를 여행하다 만난 양치기에게서 영감을 얻은 경험에 바탕을 두고 있다. 소설의 배경인 프랑스 남부 오트 프로방스 지역은 지오노의 고향 마노스크가 위치한 곳이며, 작품에 등장하는 '베르공 마을' 역시 실제로 존재하는 지명이다. 작품 속에 언급되는 제1차 및 제2차 세계대전은 작가와 동시대에 일어난 실제 사건으로, 특히 1차 대전은 지오노가 직접 참전하여 전쟁의 참혹함을 겪은 계기로, 그를 사회주의자에서 평화주의자로 변화시키는 결정적인 전환점이 되었다.

『나무를 심은 사람』은 책의 서문에서 아무런 대가도 바라지 않고 오랜 세월 동안 한결같이 나무를 심어 온 엘제아르 부피에가 어떤 인물인지에 대한 작가의 설명으로 이야기를 시작한다.

> 한 사람이 진정으로 보기 드문 인격을 지녔는지를 알아보려면, 오랜 세월에 걸쳐 그의 행동을 관찰할 수 있어야만 한다. 그 사람의 행동이 철저히 이기심에서 벗어나 있으며, 그 행동을 이끄는 생각이 더없이 고결하고, 어떤 보상을 바라지 않는데도 불구하고, 세상에 분명한 흔적을 남겼다면 - 우리는 그런 사람을 결코 잊을 수 없는 참된 인격을 지닌 사람이라 말할 수 있을 것이다.[9]

위와 같이 부피에의 인품을 조명하면서, 지오노는 이 작품을 쓴 목적에 대해 "나는 사람들로 하여금 나무를 사랑하게 하기 위해, 더 정확히 말하

---

9 Jean Giono. *The Man Who Planted Trees*. Dublin: Penguin Random House UK, 2022. 9쪽. 이후 본문 인용은 괄호 안에 쪽수만 표기함

면 나무 심는 것을 장려하기 위해 이 글을 썼다"(Giono, xii)라고 밝히고 있다.

오늘날에도 장 지오노의 『나무를 심은 사람』이 꾸준히 독자들의 사랑을 받는 이유 중 하나는 이 작품을 바탕으로 제작된 애니메이션의 영향이 크다. 이 소설에 감명을 깊이 받은 세계적인 화가 프레데릭 백(Frédéric Back)은 무려 5년에 걸쳐, 한쪽 눈의 시력을 잃을 만큼 온 힘을 기울여 2만 장이 넘는 그림을 통해 이 작품을 시각적으로 재탄생시켰다. 해당 애니메이션은 캐나다 국영방송 CBC(The Canadian Broadcasting Corporation)에 의해 1987년에 제작되었다.[10] 이 애니메이션이 방영되자 세계 각지에서 큰 반향을 불러일으켰고, 특히 캐나다에서는 전국적인 나무심기 운동으로 확산되어 총 2억 5천만 그루의 나무가 심어지는 성과를 낳았다. 이 작품은 『위대한 강』과 함께 환경보호운동을 위한 대표적인 생태교육 자료로 널리 활용되고 있으며, 우리나라에서도 초·중·고 학생은 물론 대학생과 일반 성인에 이르기까지 폭넓게 교육 자료로 사용되고 있다. 이는 어떤 보상도 바라지 않고 묵묵히 나무를 심은 한 사람의 작은 실천이 자연환경과 사람들의 마음에 기적 같은 변화를 가져오는, 감동적인 메시지를 전달하기 때문이다.

2. 산림 자연의 복구와 생활 터의 회복

『나무를 심은 사람』은 화자가 프로방스 지방의 오래된 고산지대를 도

10 프레데릭 백의 애니메이션 『나무를 심은 사람』은 1987년 안시 국제 애니메이션 영화제에서 대상을 수상했으며, 제2회 국제 애니메이션 페스티벌 대상, 제60회 아카데미 시상식 단편 애니메이션상까지 받으며 세계적인 명성을 얻게 되었다.

보여행하며, 40년 전의 기억을 회상하는 것으로 이야기를 시작한다. 당시 그는 헐벗고 단조로운 황무지를 지나며, 뼈대만 남은 폐허 같은 마을 옆에 텐트를 치고 하룻밤을 보내게 된다. 마실 물이 다 떨어진 그는 우물을 찾아 나서지만, 발견한 우물은 이미 바짝 말라 있었다. 6월의 햇살은 눈부시게 내리쬐었지만, 그와는 대조적으로 주변 풍경은 철저히 메말라 있었고, 거친 풀들만이 겨우 생존해 있을 뿐이었다. 나무 한 그루 찾아볼 수 없는 이곳에는 지붕이 날아가 뼈대만 남은 여섯 채의 집과 종탑이 무너져 내린 작은 교회만이 을씨년스럽게 남아 있었다. 그 틈 사이로는 짐승이 먹이를 빼앗길 때 내지르는 듯한 바람소리가 으르렁거리며 집 안으로 몰아치고 있었고, 살아 있는 것이라고는 단 하나도 찾아볼 수 없는 완전한 황무지였다. 이 척박한 땅에서 화자는 우연히 한 양치기를 만나게 된다. 그는 물병을 건네주며 따뜻하게 맞이하고, 자신의 집에서 하룻밤을 묵게 해준다. 화자는 이 양치기를 통해 아주 특별한 인상을 받게 된다.

> … 그는 자신감과 확신, 자부심을 지닌 사람처럼 느껴졌다. 이런 황량한 땅에서 그런 사람이 살고 있다는 사실이 뜻밖이었다. 그 양치기는 오두막이 아닌 돌로 지어진 단단한 집에서 살고 있었다. … 지붕은 튼튼했고 비가 새는 곳도 없었다. … 집안의 살림살이는 정돈되어 있었다. 그릇은 깨끗했고 마루는 잘 닦여 있었으며 총 또한 잘 손질되어 있었다. 나는 그가 산뜻하게 면도했음을 눈치챘고 그의 옷의 모든 단추가 단단히 달려 있으며 군데군데 세심하게 기운 흔적이 있다는 것도 알아차릴 수 있었다. … 그의 개 역시 주인처럼 조용했으며 알랑거리지도 않고 다정했다(Giono, 7).

그는 자신감과 확신, 자부심을 지닌 사람이었다. 물 한 방울 새지 않는 지붕 아래 가지런히 정돈된 살림살이, 단추 하나 달랑거리지 않는 단정한 옷차림, 깔끔하게 면도한 얼굴은 그의 강인한 의지와 성실함, 그리고 삶을 향한 깊은 열정을 고스란히 드러낸다.

한편, 나무 한 그루 없는 황량하고 거친 자연환경 속에서는 숯을 만들어 생계를 잇는 나무꾼들이 고된 삶을 이어가고 있다. 숲이 없는 삭막한 이곳에는 여름이든 겨울이든 날카롭게 신경을 자극하는 바람이 쉬지 않고 불며, 사람들은 점점 견디기 어려워진다. 벗어날 출구를 찾지 못한 채, 황폐한 공간에서 사람들은 서로를 밀쳐내고 이기심만을 키워가고 있었다. 이들은 끊임없이 지금의 삶에서 벗어나고자 했지만, 그 욕망은 결국 허망한 환상일 뿐이었다.

> 남자들은 마차에 숯을 싣고 도시로 갔다가 돌아오곤 했다. 그러나 아무리 굳센 사람일지라도, 끊임없이 반복되는 좌절 앞에서는 결국 무너지고 말았다. 여인들 역시 마음속에 불만을 품고 있었다. 사람들은 모든 것을 두고 경쟁했다. 숯을 팔기 위해, 교회에서 앉을 자리를 차지하기 위해 다투었고, 심지어 선한 일과 악한 일, 그리고 선과 악이 섞여 있는 것들을 놓고도 서로 싸웠다. 바람은 늘 거세게 불어와 사람들의 신경을 쉴 새 없이 자극했다. 그렇게 자살이 마치 전염병처럼 퍼졌고, 각종 정신병이 유행하면서 자살을 시도했다(Giono, 8).

헐벗은 대지 위, 거센 바람을 막아줄 것 하나 없는 황량한 마을은 그 속에 살아가는 사람들의 심리적 상태와도 닮아 있다. 좌절을 견디지 못하고, 사소한 일에도 분노와 경쟁심이 들끓으며, 불만과 불신, 정신질환과 자살로 얼룩진 삶들이 이어지고 있다. 이처럼 황폐한 대지를 바라보며, 당시 55세였던 엘제아르 부피에는 나무가 없기에 이 땅이 죽어가고 있다고 진단했고, 이를 바꾸기로 결심한 후, 3년 전부터 황무지에 홀로 나무를 심어 오고 있었다. 땅의 소유주와 무관하게 그저 묵묵히, 묘목을 손에 들고 오로지 죽어가는 땅을 다시 살리겠다는 일념으로, 이미 10만개에 달하는 도토리를 심었던 것이다.

그의 행동은 즉흥적이거나 감정적인 것이 아니라, 계획적이고 과학적이었다. 그는 오래전부터 너도밤나무 재배법을 연구했고, 집 근처에서는 어린 묘목을 직접 기르며 정성을 다했다. 나무 선택 역시 다양하고 정교했다. 너도밤나무, 떡갈나무, 자작나무 등 각기 다른 나무들을 토양과 지형에 따라 알맞게 선택하여 심었다. 예를 들어, 자작나무는 습기가 머물러 있을 법한 골짜기 쪽에 심는 식이었다. 그의 이러한 식생에 대한 전문성을 화자의 친구인 삼림 전문가도 인정하며 이렇게 말한다. "그는 나무에 대해 나보다 더 많이 알고 있어. 그는 나무에 관해 그 누구보다 많이 알아. 그는 행복해질 수 있는 완벽한 방법을 발견한 사람이야"(25).

1914년, 화자가 5년간 제1차 세계대전에 참전한 후 다시 황무지를 찾았을 때, 그는 그곳에 자란 떡갈나무들이 자신보다 훨씬 높이 자란 모습을 보고 감탄하며 말문을 잃는다. 전쟁의 참화 속에서도 부피에는 흔들림 없이 예전과 다름없이 조용히 나무를 심고 있었던 것이다.

> 예상과 반대로 그는 더 원기 왕성해 보였다. 생업도 바꾸었다. 양들을 네 마리만 남기고 이제 100 통의 벌을 치고 있었다. 양들이 그의 나무들에게 해가 되었기 때문에 팔아 버렸던 것이다. 그는 전쟁에 신경 쓰지 않았고 그리고 흔들림 없이 계속 나무를 심어 왔던 것을 나는 확인할 수 있었다(Giono, 17).

부피에가 자신의 신념을 한결같이 실천한 결과는 마침내 서서히 모습을 드러내기 시작했다. 하늘 높이 자란 떡갈나무들, 끝없이 펼쳐진 너도밤나무 숲, 부드럽게 뻗어 나가는 자작나무 군락들, 그리고 늘 말라 있던 개울에서는 이제 맑은 물이 흐르고 있었다. 오직 한 사람이, 아무런 보상도 바라지 않고 고집스럽게 자기 몫의 일을 묵묵히 이어온 덕분에, 자연은 눈부시게 회복되기 시작한 것이다.

이 모든 변화는 기술 장비 하나 없이, 오직 한 사람의 손과 영혼에서 비롯되었지만, 사람들은 그저 '대지가 스스로 만든 변화', 혹은 '저절로 자란 천연 숲'으로 여긴다. 그러나 실제로는 생명의 씨앗을 품은 바람이 불고, 황무지에 죽음처럼 스며들던 거센 바람은 사라졌다. 물이 다시 흐르자 버드나무와 갈대, 풀밭과 비옥한 땅, 꽃들이 되살아났고, 더불어 인간이 살아가는 이유, 삶의 의미마저도 이 땅에 돌아온 것이다.

공들여 심은 나무가 죽기도 했고, 단풍나무가 이 지역과 맞지 않아 너도밤나무로 바꾸는 일도 있었지만, 그는 결코 좌절하지 않았다. "실의에 빠지거나 자신이 하는 일에 대해 의심을 품는 모습을 본 적이 없었다"(21). 그는 철저한 고독 속에서 일했고, 말년에는 말하는 습관마저 잃었지만 마음은 평온했고 건강도 놀라울 정도로 잘 유지되고 있었다. 1939년에 제2차 세계대전이 발발했을 때에도, 제1차 세계대전 때와 마찬가지로 부피에는 전쟁에 마음을 빼앗기지 않고 묵묵히 자신의 일을 계속해 나갔다.

화자가 그를 마지막으로 만난 것은 1945년 6월, 그때 부피에는 87세였다. 전쟁으로 나라가 황폐해졌음에도 불구하고 이제는 산 속까지 버스가 다니고, 화자조차 처음 보는 곳처럼 변해 버렸다. '베르공 마을'이라는 이름을 듣고서야, 이곳이 옛날의 그 황량했던 땅이라는 것을 비로소 알아차리게 된다.

> 하지만 모든 것이 달라져 있었다. 공기마저도 그랬다. 옛날의 메마르고 세찬 바람 대신에 향긋한 향기를 품은 부드러운 산들바람이 불어오고 있었다. 저 높은 언덕에서 물 흐르는 소리 같은 것이 들려오고 있었다. 숲 속에서 이는 바람소리였다. 그런데 가장 놀라운 것은 못 속으로 흘러 들어오는 진짜 물소리였다. 나는 마을 사람들이 만든 샘에서 물이 넘쳐흐르는 것을 보았다. 그리고 나를 가장 감동시킨 것은 그 샘 곁의 분명 네 살은 되어 보이는 보리수가 심겨 있는 것이었다. 벌써 잎이 무

> 성하게 자란 이 나무는 분명 부활의 상징이었다(Giono, 28).

마을이 나무와 숲이 어우러져 생명력 넘치는 자연환경으로 바뀌자, 1913년에 보였던 시기와 질투, 경쟁으로 가득 찼던 흉흉한 이웃들의 모습은 사라지고, 이제는 사람들 사이에 희망을 바탕으로 한 공동작업의 흔적이 뚜렷하게 드러난다. 희망이 이 마을에 다시 돌아온 것이다. 무너졌던 집들과 담장 대신 벽을 새롭게 바른 산뜻한 집들이 들어섰다. 그 집들 주변에는 양배추, 장미, 파, 금어초, 셀러리, 아네모네 등 다양한 채소와 꽃이 가지런히 조화를 이루고 있다. 산기슭에는 보리와 호밀이 자라고 있어 풍요로움이 더해졌다. 이 마을은 이제 누구나 살고 싶어 할 만큼 쾌적하고 따뜻한 주거지로 변모해 있었다.

그로부터 8년 후, 이 고장 전체는 건강과 번영이 넘쳐났고, 잘 단장된 아담하고 깨끗한 농가들이 행복과 안락함을 간직한 채 자리하고 있었다. 한때는 물 한 방울 구경하기 어려웠던 메마른 땅 위에 세워진 농장들에는 이제 각각 개인 샘이 생겨났다. 끈질기게 나무를 심고 돌보아 온 부피에의 헌신적인 노력 덕분에 새로운 숲이 태어났고, 수자원이 회복되었으며, 땅과 사람 모두가 함께 희망과 행복의 부활을 실감할 수 있게 된 것이다.

> 마을들이 점차 재건되고 있었다. 땅 가격이 비싼 평야지대의 사람들이 이곳으로 이주하여 정착하고 젊음과 활력과 모험 정신을 가져다 주었다. 오솔길과 길에서는 건강한 남자와 여자들과 웃음을 터뜨리며 오래된 시골 스포츠와 오락의 즐거움을 다시 찾은 소년소녀들을 만날 수 있었다. 즐겁게 살아가게 된 뒤로 알아볼 수 없을 만큼 달라진 옛 주민들과 새로 이사해 온 사람들을 합쳐 1만 명이 넘은 사람들이 엘제아르 부피에 덕분에 행복하게 살아가고 있었다(Giono, 31).

활기찬 마을로 변화된 지금의 모습은, 작품 초반 쐐기풀만 무성하게 덮여 있던 버려진 집들 사이에서 덫을 놓아 사냥하며 연명하던, 희망이라고는 찾아볼 수 없었던 야만적인 생활 조건의 마을과 극명하게 대조된다. 부피에의 끈질기고도 헌신적인 노력은 헐벗은 산을 울창한 숲으로, 메마른 마을을 물이 풍부한 땅으로, 버림받은 곳을 사람들이 살고 싶어 하는 터전으로, 절망의 땅을 희망의 공간으로 바꾸어 놓았다.

과거엔 바람만 휘몰아치던 황무지가, 이제는 태풍이나 지진에도 흔들리지 않을 만큼 깊이 뿌리내린 든든한 나무들 덕분에 생명이 넘치는 아름다운 숲속 마을로 다시 태어난 것이다.

> 오직 한 사람의 단순한 육체적·정신적 힘만으로 황무지에 이처럼 풍요로운 가나안 땅을 일구어낼 수 있었다는 사실을 떠올릴 때마다, 나는 인간에게 주어진 힘이 얼마나 놀라운 것인지를 새삼 깨닫게 된다. 위대한 영혼과 고결한 인격을 지닌 한 사람의 끈질긴 노력과 열정이 없었다면, 이러한 결과는 결코 가능하지 않았을 것이다. 엘제아르 부피에. 그를 떠올릴 때마다, 나는 신조차도 감탄할 만한 일을 묵묵히 해낸, 배움 없는 한 늙은 농부에게 깊은 존경심을 품게 된다(Giono, 31-2).

1947년, 부피에는 89세의 나이로 바농 요양원에서 평화롭게 눈을 감았다. 그는 '젖과 꿀이 흐르는 가나안 땅을 만든 사람', '신에게나 어울리는 일을 해낸 사람', '신이 내린 창조자', '하느님이 보내준 일꾼' 등으로 표현되며, 성자의 이미지를 지닌 숭고한 인물로 그려진다. 이러한 인물상을 통해 우리는 부피에처럼 특별한 능력을 지니지 않은 평범한 사람이라도 위대한 일을 이룰 수 있다는 가능성과, 한 사람의 꾸준한 노력이 얼마나 큰 변화를 만들어낼 수 있는지를 깨닫게 된다. 그는 우리에게 '한 사람의 힘'이 얼마나 깊고 넓은 영향을 미칠 수 있는지를 보여주며 희망의 메시지를 전한다.

장 지오노의 『나무를 심은 사람』에 깊은 감동을 받은 프레데릭 백은 이

이야기를 애니메이션으로 제작하였고, 이 작품은 캐나다를 비롯해 뉴질랜드, 케냐, 핀란드, 미국 등 전 세계적으로 나무 심기 운동에 큰 영향을 끼쳤다. 그는 이 영화를 통해 "무엇을 해야 할지 몰라 방황하거나 절망에 빠진 사람들에게 이 작품이 작은 격려가 되기를 바란다"(지오노, 101 재인용)고 밝히며, 이야기의 메시지가 널리 퍼지기를 소망했다

아무런 기술 장비도 없이, 오직 자신의 신념만으로 그것을 묵묵히 실천해 낸 단 한 사람의 영혼과 손에서 이러한 놀라운 변화가 비롯되었다는 점은 "인간이란 파괴가 아닌 다른 분야에서는 하나님처럼 유능할 수 있다는 생각이 들었다"(Giono, 18)는 희망의 메시지를 강하게 전하고 있다. 이 메시지는 인간이 자신의 삶도 개선할 수 있다는 믿음을 불러일으킨다. 작가는 미약한 한 사람의 꾸준한 노력이 숲과 마을을 되살렸듯이, 평범한 우리 각자도 일상 속에서 환경 정화를 위해 조금씩 실천해 나간다면 오염으로 얼룩진 우리의 환경 역시 변화시킬 수 있다는 희망을 전하고 있다. 한 외로운 양치기가 아무런 보상도 바라지 않은 채 불굴의 의지로 나무를 심은 결과, 아름다운 생명의 숲이 조성되었고, 그로 인해 복원된 산림은 황무지였던 마을을 행복과 희망이 넘치는 삶의 터전으로 변화시켰다.

3. 부피에가 만든 기적, 황무지에서 숲으로

주인공 부피에는 하나뿐인 아들과 아내를 잃은 뒤 고독 속으로 물러나 양들과 개와 함께 조용하고 한가로운 삶을 살아가며, 그 속에서 진정한 기쁨을 느꼈다. 그는 결코 좌절하거나 삶을 비관하지 않았다. 그의 삶은 매우 세심하고 정갈하게 유지되었다. 정돈된 살림살이, 깨끗한 그릇과 반짝이는 마룻바닥, 정성껏 기워진 옷차림은 개와 함께 홀로 살아가는 남성

임에도 불구하고 그의 성실하고 단정한 성품을 여실히 보여준다. 부피에는 자기 삶에 대한 확신과 자부심으로 가득 찬 인물이다. 그는 실의에 빠지지 않았고, 자신이 하는 일에 대해 의심하지도 않았다. 전쟁이라는 거대한 혼란 속에서도 흔들림 없이 나무를 심는 일을 변함없이 이어갔으며, 무엇보다 그의 마음은 언제나 평화로웠다. 노년에도 그는 정신적으로나 신체적으로 모두 매우 건강한 모습으로 그려진다. 60대에도 오히려 더 활력 넘치는 모습을 보였으며, 75세임에도 불구하고 집에서 12킬로미터 떨어진 곳에 나무를 심기 위해 돌집을 짓고 성실하게 노동을 계속했다. 화자는 그의 건강 비결을 다음과 같이 설명한다. "평화롭고 규칙적인 일, 고산지대의 살아 있는 공기, 소박한 음식, 그리고 무엇보다도 마음의 평화가 이 노인에게 놀라우리만큼 훌륭한 건강을 가져다 주었다"(Giono, 25). 즉, 고산지대의 맑은 공기와 소박한 식사, 규칙적인 노동이라는 절제된 생활방식이 그의 건강을 지탱해 준 요인이었음을 알 수 있다. 이는 풍족한 육류 위주의 식사나 과식으로 인한 비만과는 거리가 먼, 건강한 삶의 방식이라 할 수 있다.

그림 8) 데니스 자비스, 〈나무를 심은 사람〉, 2018
출처: wikipedia public domain

그림 9) 캐나다 런던 교외의 숲, 온타리오 주

그렇다면 이제 부피에가 죽어가는 산을 살려야겠다고 결심한 후, 실제로 어떤 방식으로 나무를 심었는지, 그리고 그 나무가 어떤 역할을 했는지에 대해 알아보자.

첫째, 『나무를 심은 사람』의 첫 장면에서, 화자는 고산지대를 여행하던 중 물이 떨어져 갈증을 느끼며 물을 찾아 헤매지만, 사방은 메말라 있고 물 한 방울 찾아볼 수 없는 황량한 풍경이 펼쳐진다. 물은 인간과 동식물을 포함한 모든 생명의 생존에 필수적인 요소이다. 따라서 물이 없다는 것은 생명체가 존재할 수 없는, 즉 삶의 터전이 사라진다는 것을 의미한다. 이런 곳은 결국 사람이 떠나고 버림받은 땅이 될 수밖에 없다. 그러나 나무와 숲이 있을 때 물은 되살아난다. 숲은 흔히 '거대한 녹색 댐'이라 불리는데, 이는 숲이 빗물을 저장하고 천천히 흘려보내는 정화 기능을 하기 때문이다. 숲속의 나무와 흙은 비와 눈을 흡수하여 서서히 방출하며, 이 과정을 통해 맑고 깨끗한 물이 생겨난다. 즉, 숲은 물을 여과하고 저장하는 자연의 댐 역할을 하며, 이는 곧 생명을 회복시키는 힘으로 작용한다. 작품 초반, 생명이 살 수 없을 정도로 메말라 있던 황무지에 어린 묘목이 자라나고 숲이 울창해지면서, 화자의 눈을 의심하게 만들 정도로 샘물이 흐르게 되는 장면이 등장한다. 이 변화는 부피에가 단순히 나무를 심은 것이 아니라, 물과 생명을 회복시키는 위대한 일을 했다는 것을 의미한다.

둘째, 이 황무지는 단지 물이 메말라 있을 뿐 아니라, 여름에도 겨울에도 거칠고 매서운 바람이 쉴 새 없이 불어대어 사람들이 살기 어려운 환경을 만들어내고 있다. 이 역시 숲이 없기 때문이며, 숲은 온도를 조절하고 강한 바람을 막아주는 효과가 있어 사람이 살기에 알맞은 기후 조건을 만들어 준다. 특히 잘 가꿔진 방풍림은 나무 높이의 35배에 달하는 거리까지 바람의 영향을 줄여주는 효과가 있다. 하지만 나무가 전혀 없는 마을은 바람을 막을 수 없어 계속해서 황량한 기후에 노출될 수밖에 없다.

뿐만 아니라 숲은 바람소리를 흡수하는 방음벽 역할도 한다. 숲속에 들어가면 조용함이 느껴지는 이유는 나뭇가지와 줄기, 잎의 구멍이나 틈들이 방음판 역할을 하기 때문이다. 특히 나뭇잎이 크면 클수록 소리를 더 효과적으로 흡수한다. 이 외에도 숲은 흙을 보호해 토사 유출을 막고, 산사태나 낙석, 홍수와 같은 자연재해를 예방하는 중요한 역할을 한다. 울창한 숲일수록 이러한 재해를 막는 힘은 더욱 커진다. 부피에는 이러한 숲의 역할을 알고 몸소 실천하여 메마르고 거칠던 바람을 향긋한 냄새를 실어 나르는 부드러운 바람으로 바꾸어 놓았다. 황무지를 숲으로 다시 태어나게 한 그의 노력은 자연뿐 아니라 인간의 삶의 조건까지도 변화시킨 것이다.

셋째, 1913년 당시 30마리의 양을 치던 부피에는 제1차 세계대전 이후 직업을 양봉업으로 바꾼다. 이는 양들이 어린 나무의 새싹과 가지까지 갉아먹어 나무가 자라지 못하게 하기 때문이었다. 부피에는 나무를 보호하고 더 잘 자라게 하기 위해 양을 팔고, 대신 식물의 수분을 도와주는 벌을 기르는 양봉으로 전환한 것이다. 벌이 생태계에 미치는 이로운 영향은 잘 알려져 있다. 특히 꿀벌은 암꽃과 수꽃이 따로 피는 식물들의 수분을 도와, 식물의 번식과 생존에 핵심적인 역할을 한다. 부지런히 넓은 지역을 날아다니는 꿀벌은 다양한 식물들의 수분을 매개함으로써 생태계의 순환을 가능하게 한다. 실제로 양봉이 이루어지는 지역은 그렇지 않은 지역보다 식물의 생장이 더 활발하게 나타난다는 연구 결과도 있다. 꿀벌이 식물로부터 꿀을 수집하면, 자연은 더 열심히 일해 과일을 더 많이 맺는다는 분석도 있다.[11] 따라서 부피에가 나무를 건강하게 키우기 위해 양을

11 조서형. "꿀벌이 차린 식탁, 그 밥상을 걷어 찬 인간", http://105orless.com/4-9/(검색일:

포기하고 양봉을 선택한 것은 매우 현명하고 생태적인 결정이라 할 수 있다. 이는 그가 단순히 나무를 심는 데 그치지 않고, 생태계를 깊이 이해하고 자연의 순환 원리에 맞춰 행동한 인물임을 보여준다.

넷째, 부피에는 한 종류의 나무만 심지 않았다. 그는 나무에 대해 공부한 뒤, 너도밤나무, 떡갈나무, 자작나무, 은행나무 등 다양한 나무를 토양의 특성과 환경에 따라 적절히 분별하여 장소에 맞게 심었다. 실제로 나무는 종류에 따라 탄소 흡수량에 큰 차이가 있다. 특히 다양한 수종을 함께 심는 혼합조림은 가장 성능이 뛰어난 단일 품종의 조림보다도 더 많은 탄소를 저장할 수 있는 것으로 알려져 있다. 반면, 단일 수종만을 심을 경우 생태계에 해로운 영향을 미칠 수 있다. 생물 다양성이 저하되고, 특정 나무에 특화된 해충이 급증할 위험이 있으며, 토양과 생물군계의 균형이 깨질 수 있기 때문이다. 따라서 부피에처럼 다양한 나무를 심는 방식은 생태학적으로도 훨씬 더 바람직하고 지속 가능한 선택이다. 이는 단순한 조림을 넘어 생태계의 회복력과 건강을 고려한 지혜로운 실천이라 할 수 있다.

이처럼 미약한 한 사람이 40년에 걸쳐 끈질기게 지속한 노력은, 황량했던 땅을 인간이 살기 좋은 풍요로운 마을로 재건시켰다. 과거에는 서로를 시기하고 사소한 일에도 경쟁하던 사람들이, 이제는 나무가 주는 정서적 안정과 풍부한 감수성 덕분에 서로를 공감하고 배려하며 협력하는 공동체로 변화했다. 복원된 마을은 벽을 산뜻하게 칠한 새 집들과, 채소와 꽃들이 가지런히 심긴 정갈한 채소밭으로 둘러싸여 있다. 도시 생활에 지친 젊은이들이 이곳에서 다시 활력을 찾고, 거리에는 아이들의 웃음소리와 축제가 가득하다. 아름다운 자연과 평화로운 인간이 조화를 이루며 진

2025년 1월 30일)

정한 공존의 공간을 만들어낸 것이다. 울창한 숲이 들어서자 맑은 물이 자연스럽게 흐르게 되었고, 그 결과 베르농 마을에는 각 가정마다 샘이 생기며, 예전의 메마른 계곡은 더 이상 존재하지 않는다. 물이 풍부해진 이 마을은 다시 생명을 품은 땅이 되었고, 그 숲은 들짐승과 곤충, 새, 미생물까지 다양한 생명체의 보금자리가 되었다. 이들은 서로 영양분을 주고받으며 생명의 연결고리를 이루며 살아간다. 폐허로 남아 있던 황무지는 숲 덕분에 활기와 건강이 넘치는 마을로 다시 태어났다.

울창한 숲속에 사는 사람들은 공기가 오염된 대도시에서 생활하는 이들보다 더 건강하게 살아갈 수 있다. 이는 숲이 '산소 공장', 혹은 '자연의 공기 정화기'로 불리는 이유와도 맞닿아 있다. 숲은 사람에게 필요한 산소를 공급하고, 이산화탄소, 먼지, 아황산가스, 질소화합물 등을 흡수하거나 잎에 붙잡아 공기를 정화한다. 예를 들어, 1헥타르의 침엽수는 1년 동안 약 30~40톤, 활엽수는 무려 68톤의 먼지를 걸러낸다고 한다. 또한 숲의 공기는 산소가 풍부할 뿐 아니라, 피톤치드라는 천연 식물 향이 포함되어 있어 인체의 면역력과 건강을 증진시킨다. 그래서 건강이 악화된 사람들이 산골 숲에 들어가 생활하면서 호전되는 사례도 종종 나타나는 것이다.

앞서 언급했듯, 『나무를 심은 사람』은 생태문학 작품으로서의 문학적 가치뿐 아니라, 생태교육 자료로도 널리 활용되고 있다. 이는 작품 속에서 강조되는 나무의 기능과 지구 생태계의 깊은 연관성 때문이다. 오늘날 숲의 남벌은 그 어느 때보다 심각한 수준에 이르렀다. 특히 '지구의 허파'라고 불리는 아마존 강 유역의 열대우림이 무분별한 벌채로 빠르게 사라지고 있다. 숲이 파괴되면 사막화 현상이 발생해 동식물이 살아갈 수 없는 환경이 되고, 나무가 제공하던 그늘과 수분 유지 기능이 사라져 지구 기온이 상승하게 된다. 우리가 지금 겪고 있는 지구 온난화는 대기 중에

과도하게 배출된 이산화탄소로 인해 발생한다. 이산화탄소는 대기의 열이 우주로 빠져나가는 것을 막아, 지구를 거대한 온실처럼 만들어 기온을 상승시키는 온실효과를 유발한다. 이러한 문제에 대응하기 위해서는, 산소를 생산하고 이산화탄소를 흡수하는 나무를 적극적으로 심는 일이 반드시 필요하다. 숲이 사라진다는 것은 단순히 일부 지역의 문제에 그치지 않는다. 사막화, 동식물의 멸종, 생물 다양성의 파괴, 지구 온난화 등 서로 밀접하게 연결된 생태계 전체가 연쇄적으로 위협을 받게 되는 것이다. 이러한 점을 감안할 때, 『나무를 심은 사람』의 주인공 엘제아르 부피에가 보여준 자연 인식과 실천은 오늘날 우리가 직면한 환경 문제의 본질을 꿰뚫은 선각자적 행동이라 할 수 있다. 그는 이미 20세기 초반에 나무와 숲의 중요성을 깊이 깨닫고, 이를 통해 생태계 회복의 길을 실천으로 보여준 것이다.

Ⅲ

인디언 다시 읽기;
야만인에서 생태주의자로

Chapter

01

'인디언'의 재평가

서부 영화를 언급할 때마다 빠지지 않는 존 포드 감독이 만든 영화 〈수색자〉(*The Searchers*, 1956)는 스티븐 스필버그를 위시하여 데이비드 린, 마틴 스콜세지, 빔 벤더스, 장 뤽 고다르, 조지 루카스 등 감독들이 공통적으로 영향을 크게 받았다고 밝힌 바 있는 역대 최고의 영화 중 한 편으로 꼽히고 있다. 남북전쟁 참전 후 귀향한 주인공 존 웨인(이든 에드워즈 역)의 눈앞에서 인디언들이 마을을 습격하여 자신의 가족을 몰살하고 동생의 어린 딸 루시와 데비를 납치해 버린다. 인디언에게 납치당한 질녀를 찾기 위해, 존 웨인은 입양된 조카 제프리 헌터(마틴 폴리 역)와 함께 수년간 유괴당한 질녀를 쫓아 수색을 벌이는 이야기이다. 이처럼 서부영화에 등장하는 대부분의 인디언은 백인과의 대립관계에서 백인가족을 몰살하고 어린아이의 목숨도 무참히 빼앗는 잔인한 성격을 지니고 있으며, 외모는 천 조각이나 나뭇잎과 허리띠만 걸치고 햇볕에 검게 탄 얼굴로 몸에 붉은색 점토를 칠한 채 활과 창을 들고 말을 타고 원시인처럼 소리 지르는 야만인의 모습이다. 뿐만 아니라 총을 들고 백인들의 짐마차나 열차를 습격하는 무법의 떼강도로 등장하거나 문명을 전파하는 무고한 백인에게 위해를 가하는 침입자로, 그리고 이들을 지켜보는 이들에게 미개하다는 인식이 강화되도록 백인을 처치할 때도 잔인한 방법을 사용하는 것으로 묘사되고 있다.[12]

이와 같이 서부개척사를 다룬 할리우드 영화가 시청자들에게 미친 영향에 대해 브리티시 콜롬비아 주의 추장이었던 레 도 조지는 인디언들에 대한 세 가지 탄압 중의 하나가 할리우드라고 지적한 바 있다. 그는 할리우드가 인디언에 대해 끔찍한 이미지를 심어 놓았고 그 이미지에 따르면 "우리(인디언)는 야만인이고 더럽고, 믿음이 안 가는 존재들이다. 모두 부정적인 이미지 일색이다"(시애틀추장 외, 305)라고 했다. TV에서 널리 방영되어 인기를 끌었던 서부영화들 대부분이 인디언을 호전적인 야만인, 미개인, 축출되어야 할 대상으로 묘사함으로써 어린이와 청소년을 포함한 일반 시청자들 뇌리 속에 무지한 인디언에 대한 이미지를 구축하는 데 기여했다는 것이다.

그러나 실제 인디언의 입장에서 볼 때 대대로 땅의 주인으로 자리매김해 왔던 자신들이었지만, 1850년대부터 1890년대까지 서부의 골드 러시로 몰려온 유럽 백인들의 숫자가 인디언의 인구를 능가하고, 인디언이 사용해 본 적도 없는 성능이 월등한 신무기를 장착한 백인들을 인디언이 상대하기에는 역부족이었다. 금광 채굴자들, 소몰이꾼들과 대륙 횡단 철도의 건설과 개통이라는 문명으로 토박이의 땅과 금광을 빼앗은 수탈자들이 오히려 거친 황야를 개척하고 개발해 주어 수혜를 베푸는 계몽자가

---

12 일관되게 그려진 인디언의 부정적인 이미지에 대해 1960년대 이후 할리우드에서 서부개척사를 다룬 영화에 대한 비판 및 자기반성과 함께 인디언에 대해 객관적인 평가의 목소리가 대두되었다. 1970년 랠프 넬슨 감독의 〈솔저 블루〉(*Soldier Blue*)를 시작으로 하여 〈늑대와 함께 춤을〉(*Dances with Wolves*, 1990), 〈라스트 모히칸〉(*The Last of the Mohicans*, 1992)등 인디언과 백인의 관계를 기존 이미지와 역으로 또는 경우에 따라 지나치게 평화롭고 이상적인 부족사회로 그려 비현실적으로 그렸다는 비판을 받기도 했다.

된 것이다. 인디언은 이 백인 수혜자를 공격하는 침입자로 탈바꿈하여 서부영화에서 드러나는 바대로 배은망덕하게도 도움을 주는 백인의 가정과 문명 그리고 사회적 약자인 여성과 아이를 위협하고 정의의 백인 보안관에게 대항하는 악인 인디언이라는 프레임에 시달려야 했다.

이같이 인디언에 대한 부정적 이미지는 헐리우드에서 만든 서부 영화가 널리 퍼지기 훨씬 이전부터 존재해 왔다. 미국의 초대 대통령 워싱턴(Geroge Washington)을 위시하여 자수성가한 미국인의 상징이자 100달러 지폐의 주인공인 프랭클린(Benjamin Franklin), 19세기 후반 대표적인 미국의 역사학자 터너(Fredrik Jackson Turner), 20세기 정치 과학자 로긴(Michael Paul Rogin) 등이 일찍이 그리고 오랫동안 주장했던 바로서, '야만인' '미개인' 또는 '축출되어야 할 대상'으로서 인디언이라는 선입견을 긴 세월 동안 백인들에게 굳혀 놓았다. 그러나 1960년대 이후, 미국 사회는 과학과 기술문명의 눈부신 발전을 이루었지만, 그 이면에서는 환경오염과 자연 파괴라는 심각한 문제에 직면하게 되었다. 이러한 위기 속에서 미국인들은 해결책을 모색하는 과정에서 북아메리카 원주민(Native Americans)의 삶의 방식에 주목하기 시작했다. 원주민들이 오랜 세월에 걸쳐 보여준 자연에 대한 태도는, 환경 위기에 대한 대안이 될 수 있는 귀중한 통찰을 제공한다고 본 것이다. 이스트먼(Charles Eastman), 시튼(Ernest Thompson Seton), 스트릭랜드(Rennard Strickland), 우덜(Stewart L. Udall)과 그리더(Terence Grieder), 그리고 '생태학적 인디언(Ecological Indians)'이라는 개념을 더욱 굳건히 만든 델로리오 주니어(Vine Deloria Jr.), 퓰리처상을 수상한 인디언 작가 모머데이(N. Scott Momaday), 루크(Kate Luke) 등은 공통적으로, 인디언의 자연관이 오늘날 인류가 직면한 생태 위기를 극복할 수 있는 단초를 제공한다고 주장한다. 이들이 말하는 인디언의 자연관은, 서구 문명인들에게서 보기 어려운 생태 중심적 가치관이다. 인디언에게 자연은 인간의 경제적 착취 대상이 아니라, 경외와 존중의 대상이며, 인간 역시 자연의 일부로서 자연과 분리되지 않는 존재라는 인식이 바탕에 있다. 이처럼 조화와 상생을 중시하는 인디언의 삶의 방식은, 인간 중심주의에 기초한 서구 유럽의 자연관과 뚜렷이 대조되며, 오늘날 우리가 직면한 환경 위기 속에서 배워야 할 중요한 교훈을 제시해준다.

인디언의 생태인식에 대해 미국의 일반대중들이 주목하게 된 계기를 김욱동 교수는 1970년에 방송되었던 미국 텔레비전 광고가 일조했다고 밝힌 바 있다. 미국 일반 시민들에게 선풍적인 인기를 끌었던 광고 '눈물짓는 인디언'이 한몫했으며 이 광고는 일반 대중들에게까지 인디언의 생태관을 재평가하는데 일조했다는 것이다. 미모의 젊은 백인 여성을 모델로 내세우지 않고 인디언을 내세운 이 광고에는 '아이언 아이즈(iron eyes 철의 눈) 코디'라는 체로키족 인디언이 모델로 등장한다. 뭔가 모르게 슬픈 표정을 지은 채 검정색의 길게 땋은 머리, 솟아오른 광대뼈를 한 인디언이 눈물을 줄줄 흘리며 울고 있는 광고이다. 사진 위쪽에 "Pollution; it`s a crying shame"(공해, 그것은 눈물을 흘려야 할 큰 수치이다) 그리고 아래쪽에 "People start pollution, People can stop it"(사람이 공해를 시작한다. 사람이 그것을 막을 수 있다)라는 문구가 보인다. 이 광고는 1971년 환경운동 단체 '미국을 아름답게 가꾸자'가 제작하여 텔레비전과 인쇄 매체를 통해 전국적으로 확산되었다. 그 영향력은 단순한 대중 광고를 넘어, 당시 시작된 미국 환경운동에 신선한 바람을 불어넣었으며, 많은 시민들의 환경 의식 속에 깊이 자리 잡게 되었다. 김 교수는 이 작은 포스터 한 장이 미국인의 생태 인식 변화에 커다란 전환점을 제공했다고 평가한다(김욱동, 2003, 187).

이후 인디언에 대한 연구는 다양한 관점에서 활발하게 이루어지기 시작했다. 그동안 주류 역사 서술에서 간과되어 왔던 인디언의 전통과 의례, 생활양식, 신앙과 신화는 물론, 전쟁과 축출, 강제 이주 등의 역사적 경험들이 새롭게 조명되었다. 특히 백인들이 인디언에게 감행한 다양한 형태의 축출과 강제 이주, 그 과정에서 벌어진 박해와 탄압은 이제 화보집이나 역사기록 등 객관적인 자료를 통해 구체적으로 드러나고 있다. 이러한 흐름은 단순히 인디언을 과거의 유물처럼 바라보는 기존의 시각에서 벗어나, 인디언의 존재와 문화에 대한 재조명과 재평가를 촉구하는 방향으로 나아가고 있다. 이제 학계와 대중은 거의 사라졌다고 여겨졌던 인디언의 삶을 다시 들여다보며, 그들의 문화와 역사가 갖는 의미를 성찰하고, 새로운 관점에서 이해할 필요가 있음을 인식하게 된 것이다.[13]

이 장에서는 인디언에 대한 새로운 시각들 가운데 특히 '생태적 인디언(Ecological Indians)'이라는 관점에 주목하고자 한다. 이를 통해 그동안 고정관념처럼 자리 잡아 온 인디언의 정체성에 대한 오해를 짚어보고, 왜 인디언이 '생태적 존재'로 평가받게 되었는지를 고찰하고자 한다. 이러한 탐구는 특히 인디언의 지도자인 추장들의 연설문을 중심으로 진행된다. 추장은 단순한 정치적 지도자가 아니라, 종족 공동체의 정신적 구심점으로서 인디언의 가치관과 세계관을 대변해 온 인물이다. 따라서 추장의 연설문은 인디언들의 생태관과 자연 인식이 집약된 자료로서, 그들의 생태

---

13 커티스(Edward S. Curtis)의 『북아메리카 인디언』(*The North American Indian*, 2011), 짐머맨(Larry J. Zimmerman)의 『북아메리카 원주민』(*Native North America*, 2001), 벤드워스(W. C Vanderworth)의 『인디언 추장 연설문; 인디언의 눈으로 말하다』(*Indian Oratory; Famous Speeches by Noted Indian Chieftains*, 2004), 조셉(Joseph) 추장의 『흙 한줌 물 한모금의 가르침』(1999), 부르(Jean Paul Bureau)의 『아메리카 인디언』(*American Indian*, 2002) 등이 있으며 국내에서도 2000년대 이후 인디언에 관한 논의는 서정록의 『지금은 자연과 대화할 때』(2003), 이우학의 『인디언 설화』(2006), 여치헌의 『인디언 마을 공화국』(2012), 김철의 『인디언의 길; 노스 아메리카 인디언의 500년 수난사』(2015), 김욱동의 『인디언의 속삭임』(2016), 그리고 시애틀(Seattle) 추장 등의 인디언 연설문집을 류시화가 엮은 『나는 왜 너가 아니고 나인가』(2017) 등이 있다.

적 삶의 태도를 객관적으로 엿볼 수 있는 중요한 텍스트가 된다. 이에 본장에서는 인디언이 자연을 어떻게 인식하고 어떤 태도로 대했는지를 살펴보며, 더 나아가 백인들이 과거에는 축출했던 인디언들을 오늘날에 와서 왜 다시 주목하게 되었는지, 그리고 그들의 생태관이 인류가 직면한 환경 문제의 대안으로서 어떤 의미를 갖는지를 알아보고자 한다.

Chapter

02

유럽 백인과 북미 원주민의 생태관

북아메리카 원주민의 명칭과 정체성 문제는 단순한 이름의 혼동이 아니라, 역사적 억압과 왜곡의 결과로 볼 수 있다. 유럽인들이 아메리카 대륙에 도착했을 때, 원주민들은 이미 수천 년 동안 그 땅에서 독자적인 문화와 언어, 정치체계를 이루고 살고 있었다. 그러나 콜럼버스가 아메리카를 인도로 착각하고 이들을 '인디언'이라 부른 이후, 그 명칭은 오랜 세월 동안 이들의 정체성을 외면한 채 사용되어 왔다. 지난 500년간 북미 원주민들은 식민지화, 강제 이주, 문화 말살 정책 등 수많은 역사적 격변 속에서 자신들의 이름과 존재 자체가 지워지는 경험을 해 왔다. '인디언'이라는 용어는 단순한 잘못된 지명이 아니라, 백인 중심의 세계관이 반영된 용어이며, 그 속에는 원주민 문화를 일방적으로 해석하고 왜곡한 시선이 담겨 있다.

이처럼 북미 원주민은 단순히 '인디언'이라는 외래의 잘못된 명칭으로 규정되기 이전에, 아시아의 고대 인류와 깊은 인연을 가진 토착민이자 자율적인 문화를 지닌 민족이었다. 하지만 유럽의 식민주의 시각은 이들의 복잡하고 풍부한 역사와 문화를 단순화하고 왜곡하며 '인디언'이라는 틀

속에 가두었다. 이로 인해 북미 원주민들은 이름뿐 아니라, 정체성과 삶의 방식, 세계관까지도 외부에 의해 폄하당하며 수세기 동안 고통을 받아왔던 것이다. 이제는 이러한 왜곡된 시선을 바로잡고, 북미 원주민의 역사와 문화적 기원을 온전히 이해하고 존중하는 것이 필요하다. 특히 문화인류학적 접근을 통해 생물학적 특성과 생활방식의 유사성을 들어, 아시아 기원설을 뒷받침하는 설명이 잘 나타나 있다.[14] 피부색, 머리카락 색 같은 외형적 특징뿐 아니라, 아이를 업는 방식, 맷돌과 절구의 사용, 매장 문화와 같은 생활양식까지 유사하다는 점은, 단지 유전적 연관성을 넘어서 문화적 연속성도 있다는 강력한 증거로 간주된다. 이는 아메리카 원주민이 단순한 신대륙의 '토착민'이 아닌, 아시아 대륙과 연결된 깊은 역사적 흐름 속에서 이해되어야 함을 시사한다. 그러나 이러한 역사적, 문화적 진실과는 달리, 유럽인들은 이들을 이해하지 못한 채 '인디언'이라는 오명을 붙이고, 고유한 가치관과 전통을 '미개함'으로 치부했다. 이는 단지 잘못된 명명 이상의 문제로, 식민주의적 사고방식과 문화적 억압을 드러낸다. 북미 원주민은 오랜 세월 이어온 문화를 갖고 있었음에도 불구하고, 타자의 시선으로 인해 정체성과 문화가 왜곡되고 침해당했던 것이다.

오늘날 이러한 잘못을 명목상으로나마 바로 잡기 위해 '인디언'을 대신할 이름들이 생겨났다. '아메리카 원주민'(Native Americans), '캐나다 원주민'(Native Canadians), '북아메리카 원주민'(Native North Americans), '토착민'(aboriginal People), '원주민'(Native People),

---

14 체질 인류학적으로 몽골 족, 만주 족, 퉁구스족, 한민족에게 특히 많은 몽골반점이 인디언에게도 나타난다. 몽골반점은 몽골족과 만주족과 한민족에게 90% 이상 나타나고 있는 점을 감안할 때 아시아인의 유전자를 물려받지 않고는 가능하지 않다는 것이다. 그래서 아메리카 인디언의 조상은 몽골로이드와 그 부류의 아시안 인종이 약 3만 년 전에 아시아대륙에서 배링해협을 건너왔다는 것이 정설로 되어 있다. 제4빙하기의 빙하기 속에서 해수면이 줄어 육지화가 되었을 때 아시아 대륙에서 아메리카 대륙으로 이동해 왔다는 것이다(최기호, 2).

'최초의 민족'(First Native People) 등이 있으나 자신들의 특정한 정체성에 민감한 대부분의 원주민들은 자신들의 부족 이름을 선호한다(짐머맨, 10). 허드슨(Tom Hudson, 검은 늑대의 그림자)이라는 오지브와족 인디언은 나이에 따라 달리 불렸던 자신의 경험을 다음과 같이 밝힌 바 있다.

> "나는 어렸을 때 튀기라고 놀림을 받았고, 15살 무렵에는 혼혈아라고 불렸다. 제대 후에는 아메리카 원주민으로, 30대에는 북아메리카 원주민으로 통했다. 35살이 넘었을 때 사람들은 나를 토착민의 권리를 가진 북아메리카 원주민이라고 부르기 시작했다. 40살이 넘은 지금에는, 사람들이 나를 그냥 톰이라고 불렀으면 좋겠다"(짐머맨, 11).

'인디언'이라는 호칭이 점차 변화해 가는 과정은 단순한 언어의 문제가 아니라, 백인 사회의 인식 변화와 밀접히 연결되어 있다. 초기 서구 사회는 원주민들을 미개하거나 야만적인 존재로 인식했지만, 시간이 흐르면서 그들의 생태관인 자연 중심적 삶과 철학에 관심을 가지기 시작했다. 인디언 문화에서 자연은 단순한 생존의 수단이 아니라, 문화와 영적 삶의 핵심을 이루는 존재였다. 특히 '어머니 대지(Mother Earth)'라는 개념은 자연을 정복의 대상이 아닌, 존중하고 책임져야 할 대상으로 바라보는 인디언 특유의 세계관을 잘 보여준다. 사람, 동물, 식물, 강, 바위 등 모든 존재는 상호 연결되어 있으며, 우열 없이 평등한 동반자로서 함께 대지를 공유해야 한다는 철학은 오늘날의 환경 위기 시대에 깊은 통찰을 제공한다. 그러나 백인 이주자들은 이러한 인디언의 생태관을 이해하지 못한 채, 대지를 소유와 개발의 대상으로만 여겼다. 이로 인해 양측의 충돌은 불가피했다. 하지만 현대에 들어 기후 변화와 생태 위기가 심화되면서, 인디언의 생태 중심적 가치관은 오히려 우리가 배워야 할 지혜로 재조명되고 있다. 이러한 세계관은 단순한 생존 기술이 아니라, 삶과 존재의 방식이며, 인간과 자연, 생명체 간의 관계 속에서 책임과 조화를 강조하는 윤리이기도 하다. 결국 바뀌어 가는 호칭은 이러한 가치에 대한 재인식과 더불어, 원주민을 향한 시선이 점차 존중과 이해로 나아가고 있음을 보여주는 변화라 할 수 있다.

그림 10) 시몬 반 드 파세, 〈포카혼타스〉, 1616년 영국 여행 중 제작, 판화, 워싱턴 디시, 국립 초상화 갤러리
출처: wikipedia public domain

그림 11) 존 개스비 챕맨, 〈포카혼타스의 세례〉, 1840, 캔버스에 유채, 미국 국회의사당 역사 협회,
출처: wikipedia public domain

오랜 세월 동안 자연을 바라보는 인디언과 백인의 관점 차이는 디즈니(Walt Disney)사가 제작한 애니메이션 〈포카혼타스〉(*Pocahontas*, 1994)에서 잘 드러난다. 이 영화의 주인공인 인디언 추장 포와탄의 딸 포카혼타스는 역사적 기록을 바탕으로 한 실존 인물이다.[15] 백인 개척자 존

---

15 포카혼타스는 1596년 미국 버지니아 주에서 출생하여 1617년 영국에서 사망했다. 1994년에 방영된 디즈니 제작의 영화 결말과는 달리 실제 그녀는 영국인에게 납치당해 포로생활을 하던 중 18세에 담배 재배 개척자인 존 롤프(John Rolfe)와 결혼하여 영국식 이름 레베카 롤프로 개명하고 기독교로 개종하여 남편과 같이 영국으로 이민했다. 인디언의 피부색을 가지고 있으면서도 포카혼타스는 영어를 구사하고 영국 상류층이 입는 복장과 예법을 갖추어 주위의 관심을 끌었고 원주민 공주로서의 대접을 받았다. 그 때 포카혼타스의 모습을 1616년 반데 파세(Simon van de Passe)가 그려 그녀의 초상화를 판화로 남겼다.

스미스가 식량을 구하러 내륙 깊숙이 들어오다가 포와탄의 마을에 이르러 붙잡혀 목숨이 위태로워졌을 때, 그와 사랑에 빠진 포카혼타스는 아버지에게 간청해 그의 목숨을 구한다. 그녀는 인디언 전사 코코움의 청혼을 거절하고 백인 존 스미스를 선택한다. 여러 우여곡절 끝에 스미스는 포와탄 추장을 향한 총을 대신 맞고 중상을 입게 되며, 치료를 위해 영국으로 돌아가야 하는 상황이 된다. 스미스는 포카혼타스에게 함께 떠나자고 제안하지만, 포카혼타스는 고향 버지니아에 남아 자신의 정체성을 지키기로 결심한다. 그녀는 떠나는 배 위에서 스미스에게 언제나 그를 마음에 간직할 것이라며 작별 인사를 나눈다. 이처럼 포카혼타스는 사랑을 따라 영국으로 떠나는 수동적인 여성이 아니라, 자신이 태어나 성장한 땅에 남아 정체성을 지키려는 주체적인 인물로 묘사된다.

특히 이 영화는 인디언이 자연을 바라보는 관점이 백인들과 얼마나 다른지를 효과적으로 보여주고 있는데, 이를 테면 존 스미스가 인디언들을 야만인이라 부르자 분노한 포카혼타스는 백인들이 알지 못하는 원주민의 세계관을 '바람의 빛깔'(Color of the Wind)이라는 노래를 통해 전한다. 이 노래의 가사는 인디언들의 생태관을 잘 드러내며, 인간과 자연이 하나되어 살아가는 철학을 전달한다.

> '당신들은 자신들이 발을 딛고 선 땅이면 어느 곳이든 소유할 수 있다고 생각한다. 대지는 당신들이 마음대로 할 수 있는 죽은 것이라고. 하지만 나는 안다. 모든 바위와 나무와 동물들이 저마다 하나의 삶과 영혼과 이름을 갖고 있음을. 당신들은 당신들처럼 생각하고 당신들처럼 생긴 사람들만이 사람이라고 생각한다. … 흙에서 난 달콤한 열매들을 맛보라. 당신 주위의 모든 풍요로운 세상 속으로 들어오라. 단 한 번도 가치 있다고 여기지 않았던 그것들 속으로. 폭풍우와 강은 나의 형제, 왜가리와 수달은 나의 친구. 우리 모두는 서로 연결되어 있다. 결코 끝

> 나지 않는 하나의 원, 하나의 둥근 고리 속에 … 당신이 그 나무를 잘라 버리면 결코 알 수 없지. … 당신은 대지를 소유할 수 있겠지만 당신이 소유한 것은 그저 땅일 뿐. 당신이 바람의 모든 색깔들로 그림을 그릴 수 있기까지는'(시애틀 추장 외, 301-2).

영국을 비롯한 유럽에서는 인디언을 미개한 원시 종족, 심지어 식인종이라는 선입견으로 바라보았기 때문에 존 스미스 역시 인디언을 '야만인'(savage)이라 표현하며 그들을 폄하한다. 하지만 포카혼타스는 이러한 편견에 사로잡힌 존 스미스를 향해 세상을 바라보는 또 다른 시각이 존재함을 일깨워주며, 오히려 문명인이라 자처하는 백인 스미스보다 더 깊이 있는 가치관을 전한다. 그녀는 자연과 조화를 이루며 살아가는 삶의 방식과 사고를 통해 존 스미스를 부끄럽게 만들고, 진정한 '문명'이 무엇인지 다시 묻는다. 이러한 장면은 오랜 세월 동안 터전을 이루며 살아온 이들의 땅을 '신대륙'이라 부르고, 그곳의 원주민을 '야만인'이라 규정한 자칭 '개척자' 백인들이 오히려 교화되어야 할 존재임을 역설적으로 보여준다.[16]

백인 이주자들의 자연관은 인디언들의 세계관과 뚜렷한 대조를 이룬다. 유럽인들은 자연을 인간이 정복하고 통제해야 할 대상으로 보았으며,

---

16 그러나 디즈니사가 다문화주의를 지향하며 제작한 만화영화 〈포카혼타스〉가 미국인을 비롯하여 전 세계 사람들에게 포카혼타스에 대한 가장 결정적인 인상을 남기게 되었다는 점을 감안 할 때, 여전히 백인우월주의를 탈피하지 못하는 한계를 지적받기도 하였다. 이 영화에서 원주민 인디언은 자연과 친밀하고 자연을 존중하며 합리적임에 비해 영국인 개척자 일부는 금을 찾으려고 혈안이 된 모습을 보여주기도 한다. 하지만 이 영화의 제목이 '포카혼타스'임에도 불구하고 내용의 중심이 원주민 인디언에게 포로로 잡힌 스미스에게 있다는 점이다. 실제 그녀의 인생에서 중요했던 포카혼타스의 포로 생활은 전혀 언급하지 않고 백인을 잡아 죽이려고 하는 원주민의 모습이 이야기의 중요한 배경이 되고 있기 때문이다. 백인 중심주의를 극복하고자 한다면, 원주민이 스미스와 백인에게 저질렀던 폭력과 야만만이 아니라 백인이 포카혼타스에게, 그리고 원주민에게 자행한 폭력과 야만의 역사도 직시할 수 있어야 한다는 것이다(최재인, 225-6).

자연을 인간과 동등한 존재로 인식하지 않았다. 반면 인디언들은 인간 또한 동식물과 마찬가지로 자연의 일부이며, 자연과 공존하고 존중해야 한다고 여겼다. 이러한 차이는 들소를 대하는 태도에서 뚜렷하게 드러난다. 인디언에게 들소는 수천 년 동안 식량과 의복, 주거 수단을 제공한 삶의 핵심 자원이었다. 이들은 꼭 필요한 만큼만 들소를 사냥했고, 무리에서 가장 약한 개체를 선택했다. 사냥한 들소의 고기, 가죽, 뼈, 힘줄 등을 모두 활용하며 자원을 최대한 절약하였다. 이처럼 지속 가능한 방식 덕분에 들소의 개체수는 오히려 증가하기도 했다. 인디언에게 들소는 '생태계의 상징이며 생명의 그물망 그 자체였다'(시애틀 추장 외, 589).

반면 유럽 백인들은 자연을 지배할 수 있는 대상으로 여겼으므로 들소 사냥을 기차 여행 상품으로 만들었다. 철도회사들은 기차 운행을 방해하는 들소 떼를 제거하기 위해 사냥을 장려했고, 심지어 사냥꾼들이 기차 지붕이나 창문에서 총을 쏠 수 있도록 속도를 늦춰주기도 했다. 이러한 무분별한 사냥은 철도 건설이 확대됨에 따라 더욱 심해졌고, 들소의 개체수는 급격히 감소했다. 1869년 유니언 퍼시픽과 센트럴 퍼시픽 철도가 연결된 이후 1890년까지, 약 600만 마리에 이르던 들소는 1천 마리 이하로 줄어들었다(짐머맨, 29).

그림 12) 디트로이트의 탄소 공장에서 비료나 숯, 산업용으로 갈기 위해 쌓인 미국 들소 두개골, 1892
출처: wikipedia public domain

그림 13) 칼 보드머 〈들소를 사냥하는 인디언들〉, 1839
출처: wikipedia public domain

들소의 급감은 인디언의 자치권을 약화시키고 토지와 경제적 기반을 잃게 했으며, 전통적인 생활 방식을 붕괴시켰다. 유목 생활을 하던 인디언들은 들소를 주요 식량 자원으로 삼았으나, 서부 확장 이후 할당된 땅은 들소가 없는 황무지였다. 이는 인디언들이 생존을 위해 백인 정부와 상인들에게 의존하게 만들었고, 결과적으로 보호구역으로의 이주를 강요당하는 결과로 이어졌다. 당시 들소 가죽은 유럽으로 수출되는 주요 무역품이었고, 이를 둘러싼 상업적 산업도 매우 활성화되었다.[17] 전문 사냥꾼, 가죽 처리자, 세척자, 마부, 대장장이, 목동 등 다양한 사람들이 참여했으며, 심지어 들소 사체에 박힌 납 탄환을 수거해 재활용하는 사람들도 있었다. 들소 가죽을 이용한 상업 조직은 백인들이 야생동물을 바라보는 상업적 태도를 잘 보여준다.

들소 학살은 단지 인디언 사회만이 아니라 대평원의 생태 환경에도 심각한 영향을 미쳤다. 대평원은 본래 들소가 살아가기에 적합한 자연환경이었다. 들소는 겨울철 눈 속에서도 이동이 가능하며, 초원을 자연스럽게 경작하여 식물 다양성을 유지하는 역할을 했다. 그러나 남북전쟁 이후 철도 완공과 함께 이주민들이 대거 유입되며, 농지 개간이 급격히 증가했다. 들소가 사라진 자리에는 가축 소가 과잉 방목되었고, 이는 식물 종의 다양성 저하와 지하수 고갈로 이어졌다. 더불어 트랙터와 수확기 등 농기계가 확산되면서 건조한 초원을 무리하게 경작하게 되었고, 이는 1930년대 '더스트 볼(Dust Bowl)'[18]이라는 심각한 환경 재앙을 초래했다. 농

---

17 들소가죽은 유럽으로 수출하는 거대무역품이었다. 들소 가죽을 이용한 상업적인 조직의 개수는 정확히 집계된 바 없으나 수백 내지 수천 개 있었다고 추정되고 있다. 이는 유럽백인이 야생동물을 대하는 태도를 명료하게 볼 수 있는 증거이다.

18 더스트 볼(Dust Bowl)은 1930년대에 세 차례에 걸쳐 미국과 캐나다 대초원의 생태계와 농업에 큰 피해를 입힌 극심한 먼지 폭풍우를 가리킨다. 당시 최대 8년 동안 가뭄을 겪었게 만들어 농업 불황을 더욱 악화시켰다. 가뭄으로 인해 토양이 먼지로 변하여 하늘을 검게 만들

부들은 초원의 생태적 특성을 고려하지 않은 채 10년간 표토를 깊이 갈아엎었고, 결국 가뭄이 지속되면서 토양이 먼지로 변해 대규모 먼지 폭풍이 발생했다. 이 먼지폭풍은 미국 동부 해안까지 영향을 미쳐 뉴욕과 워싱턴 D.C. 등의 대도시에도 피해를 주었다. 당시 상황은 존 스타인벡의 소설 『분노의 포도』(*The Grapes of Wrath* 1939) 등 여러 문학 작품에서도 묘사되었다.

그림 14) 엘리자베스 브라운 스테픈즈, '눈물의 길'[19]을 걸었던 체로키족 인디언 여인, 1903

출처: wikipedia public domain

이처럼 백인들의 들소 학살은 단순한 야생동물 제거를 넘어, 원주민 사회와 자연 생태계 전반에 파괴적인 결과를 초래한 사건이었다.

들소를 바라보는 인디언들의 시각은 세월이 흘러도 변함이 없다. 다음은 라코타 족 출신의 제럴드 밀러드(Gerald Millard)가 워싱턴 D.C.에 위치한 미국 의회의사당 계단에서 들소 보호의 중요성을 호소하는 연설이다.[20]

어 검은 눈보라라고도 불렸다.

19 눈물의 길(Trail of Tears)은 미국에서 1830년 제정한 '인디언 이주법'으로 인해 아메리카 원주민 부족들이 강제로 이주당할 때 걸었던 길을 뜻한다. 이주과정에 추위와 질병과 굶주림으로 고통 받았고 많은 이들이 목적지에 이르기 전에 사망하였다.

20 아래 연설은 1997년 몬타나가축협회가 전염병이 돈다는 이유로 엘로스톤 국립공원에 있는 들소 1084마리를 도살하였는데, 전염병 테스트에서 이상이 없었는데도 죽이는 쪽을 선택한 미국 정부에게 밀러드가 들소를 보호해달라고 호소하는 내용이다(시애틀 추장 외, 490).

> “나는 두 다리로 걷는 인간들의 나라를 대표하기 위해 이 자리에 선 것이 아니다. 총과 죽음 앞에서 침묵하며 죽을 수밖에 없는 네 발 달린 동물을 위해 이 자리에 선 것이다. … 우리 인디언 원주민들에게 들소의 나라는 언제나 영적인 생존의 상징이었으며, 우리는 하나로 연결되어 있다. 들소들은 성스러운 존재들이며 언제나 그래 왔다. … 그 성스러운 동물은 우리원주민들에게 희망과 생존의 상징이기 때문이다. … 들소 돌보는 일을 우리 인디언에게 맡겨 달라. 그것은 우리의 의무이다. 우리가 오늘날 살아남은 것은 바로 그 네발 달린 친척들 덕분이다. … 제발 들소를 그만 죽이라, 정신적이고 문화적인 말살 정책을 중단하라(시애틀 추장 외, 490-2).

오랜 세월 동안 백인들은 인디언을 원시적이고 미개하다고 여겨 왔으나, 점차 그 인식이 변화하여 인디언들을 타고난 지혜를 지니고 자연과 조화를 이루며 살아가는 현명한 사람들로 보게 되었다. 그들은 인간과 자연이 불가분의 관계에 있다는 사실을 이해하고 있었으며, 이러한 점에서 지혜로운 생활인으로 재평가받게 된 것이다. 그 결과, 18세기에 ‘고귀한 야만인’으로 불렸던 인디언들이 오늘날에는 환경론자들에 의해 ‘최초의 생태학자’(짐머맨, 6)로 평가되고 있다. 즉, 그들은 서구 과학 문명의 발전이라는 이른바 진보의 과정 속에서 희생된, 자연친화적이고 평화를 사랑하는 사람들이었던 것이다. 비록 백인 사회가 기술적으로는 인디언보다 발전했으며 근대적이고 문명화된 것으로 여겨졌지만, 그런 삶의 방식이 정말로 바람직하고 지혜로운지에 대해서는 오늘날 많은 의문이 제기되고 있다.

이러한 인식의 변화와 함께, 인디언들에게 가해졌던 백인들의 과오에 대한 반성도 이루어지고 있다. 그 일환으로, 1990년을 전후하여 인디언들의 주도로 ‘들소 협의회’가 결성되면서, 19세기 멸종 위기에 놓였던 들소의 개체 수 회복을 위한 다양한 활동이 본격적으로 시작되었다. 아메리카 원주민 치유의 상징이라 할 수 있는 들소 보호 운동은 '들소 협동조합(Inter-Tribal Bison Cooperative)'과 '버팔로 필드 캠페인(Buffalo Field Campaign)' 같은 단체의 설립을 통해 들소 개체 수 회복과 생태계 복원에 중점을 두고 있으며, 이는 환경론자들의 주목을 받고 있다. 이러한 들소 복원 활동은 들소와 아메리카 원주민 간의 관계를 회복하는 데 그치지 않고, 평원 지역에 생태적 건강을 가져다주는 긍정적인 효과를 낳고 있다. 그러나 동시에, 들소 개체군 복원 과정에서는 브루셀라증(Brucellosis) 발병의 위험성도 있기 때문에 신중한 접근이 요구된다.

그림 15) 1900년 경 펜실베이니아주 칼라일 인디언 산업학교의 모습
출처: wikipedia public domain

Chapter

03

자연과 공존의 메시지: 추장 연설에 담긴 생태 인식

인디언을 이끌었던 정신적 지도자인 추장의 언행은 인디언 정체성을 드러내는 대표적인 본보기라고 할 수 있다. 백인들이 대포와 총 같은 최첨단 무기를 앞세워 밀려들던 당시, 인디언들은 활과 창으로 대응할 수밖에 없어 점점 설 자리를 잃어갔다. 이러한 위기 속에서 추장들은 백인들에게 자신들과 부족을 보호해 달라고 연설을 통해 호소했다. 그러나 백인들은 이를 하찮게 여기고 귀 기울이지 않았다.

인디언 추장의 연설을 연구한 커막(William R. Carmack)은 이들을 "위엄과 능력을 지닌 사람들로서, 구전 전통을 잘 계승한 뛰어난 연설가들 … 그들의 연설은 구조와 형식이 탄탄하고 문학적 장치들이 효과적으로 사용되며, 메시지가 분명하고 때로는 통렬하기까지 하다", "인디언의 사상, 관점, 철학을 잘 보여주는 본보기", "대부분의 연설은 유창하고 논리적이며 매우 설득력이 있었다"라고 평가했다(밴더워스, 3-21).

인디언 추장들의 연설문은 주로 백인들의 제안에 대한 반응이나 부족의 생존을 위한 호소로 이루어져 있지만, 그 안에는 백인들이 들여온 '문명화'에 대해 인디언들이 느꼈던 혼란과 거부감도 잘 나타나 있다. 이와 함께 오랜 삶의 방식 속에서 자연스럽게 형성된 인디언 특유의 가치관과 생활방식이 고스란히 드러난다.

그림 16) 북아메리카 앗시나 족 인디언, 1909
출처: 위키피디아 public domain

그림 17) 총을 든 전쟁주술사 제로니모 (본명 고야틀레이), 30년간 아파치족의 강력한 지도자
출처: wikipedia public domain

인디언의 연설문 가운데 가장 널리 알려져 있고 동시에 많은 논란을 불러일으킨 것은, 미국 초대 대통령 조지 워싱턴이 땅을 팔 것을 제안한 데 대해 시애틀 추장(Seattle, 1786-1866)이 응답한 연설일 것이다. 이 연설은 시애틀 추장의 절친한 백인 친구였던 시인이자 의사 헨리 스미스가 직접 받아 적어 자신의 노트에 기록한 뒤, 『시애틀 선데이 스타』 지를 통해 처음으로 공개되었다. 스미스는 자신이 받아 적은 내용의 정확성을 확인하기 위해 여러 차례에 걸쳐 시애틀 추장을 다시 찾아가기도 했다.

> **우리가 어떻게 공기를 사고 팔 수 있단 말인가? 대지의 따뜻함을 어떻게 사고 판단 말인가?** 우리로서는 상상하기조차 어려운 일이다. **부드러운 공기와 재잘거리는 시냇물을 우리가 어떻게 소유할 수 있으며, 또한 소유하지도 않은 것을 어떻게 사고 팔 수 있단 말인가?** 햇살 속에 반짝이는 소나무들, 모래사장, 검은 숲에 걸려 있는 안개, 눈길 닿는 모든 곳, 잉잉대는 벌꿀 한 마리까지도 우리의 기억과 가슴속에서는 모두가 신성한 것들이다. 나무에서 솟아오르는 수액은 우리 얼굴 붉은 사람들의 기억 속에 고스란히 살아 있다. **우리는 대지의 일부분이며 대지는 우리의 일부이다. 들꽃은 우리의 누나이고 순록과 말과 독수리는 우리의 형제이다. 강의 물결과 초원에 핀 들꽃들의 수액, 조랑말의 땀과 인간의 땀은 모두 하나다. 모두가 같은 부족, 우리의 부족이다.**[21]

시애틀 추장의 이 연설문은, 인디언들이 지닌 유기론적 세계관을 바탕으로 한 무소유의 토지관을 잘 보여주는 대표적인 예이다. 인디언들에게 '대지'는 곧 '어머니'이며, 땅은 소유의 대상이 아니라 잠시 빌려 사용하는 임대의 대상이다. 인간은 어머니 대지에서 태어나, 그녀의 젖을 먹고 자라며, 죽으면 다시 대지로 돌아간다고 믿는다(김욱동, 2003, 170). 이러한 인식은 인디언들의 자연관과 인간관에도 깊이 연결되어 있다. 인디언들은 모든 생명체를 서로 연결된 친척으로 여기며, 동물과 식물은 물론 모든 자연 피조물들이 인간과 동등한 권리를 나누어 가져야 한다고 보았다. 세계의 만물은 인디언들에게 있어 형제이자 자매이며, 차별 없이 한 가족처럼 존중하고 조화롭게 살아가야 할 존재인 것이다. 시애틀 추장의 이 연설문은 1971년 방송작가 테드 페리가 환경 다큐멘터리 〈집〉(*Home*)의 대본으로 활용하면서 전 세계적으로 더욱 유명해졌다. 생태

---

21 시애틀 추장 외 『나는 왜 너가 아니고 나인가』, 류시화 엮음, 서울: 도서출판 더 숲, 2017. 20쪽. 이후 인용은 괄호 안의 쪽수로 표기함

계 파괴가 심각해진 현대 사회에서, 문명과 진보를 자랑하는 서구 백인들에게 시애틀 추장의 메시지는 시적이면서도 날카로운 통찰로 평가받고 있다.

인디언들은 사람은 물론 자연 만물과의 조화와 나눔의 가치를 어릴 때부터 배운다. 인디언 사회에서 아이는 한 가정의 소유가 아니라 부족 전체의 공동 구성원으로 여기므로 아이는 어느 집에서나 환영을 받는다. 아이에게 부모는 교사로서 말이 아닌 행동을 통해 가르친다. 아이들은 관찰과 기억을 통해 훈련받고 부족의 관습과 전통 지혜를 자연스럽게 습득해 나간다. 인디언들은 눈에 보이는 존재뿐 아니라 보이지 않는 생명도 어디에나 존재한다고 믿었고, 세상에 홀로 존재하는 것은 없다고 여겼다. 어릴 때부터 베푸는 삶을 배우는 것은 당연했다. 남는 것을 주는 것이 아니라, 가진 것을 모두 나눌 수 있어야 진정한 베풂이라 생각했다. 의지할 곳 없는 사람을 돕는 것은 선택이 아닌 의무였고, 이러한 가르침은 아이들이 용감하고 강한 사람으로 자라나는 데 꼭 필요했다. 가장 용맹한 전사는 소중한 물건을 기꺼이 나누며 기쁨의 노래를 부를 수 있는 사람이었다(314). 이는 백인 아이들이 교실에서 책과 시험으로 배우는 방식과는 다르다. 인디언 아이들은 자연 속에서 사람과 동물의 몸짓, 자세, 움직임을 관찰하며 배웠고, 몸을 단련하며 마음도 자연에 맞추었다. 그들에게 신체 수련은 곧 영적 수련이었다.

인디언들에게 장엄한 숲과 수천 마리의 동물들은 가치를 따질 수 없는 소중한 존재이다. 그들은 자신의 몸이 고기, 열매, 채소뿐 아니라 바람, 비, 햇빛을 통해서도 영양분을 얻는다고 믿었으며, 음식과 더불어 깨끗한 공기, 물, 햇빛이 곧 몸을 유지하는 데 필요한 약이라고 여겼다. 그러나 인디언의 땅에 백인들이 등장하면서 전염병과 각종 질병이 퍼졌다. 이에 대해 테톤 수 족의 추장 루터 스탠딩 베어는 다음과 같이 깊은 우려와 아픔을 표현한 바 있다.

> 우리에게는 전염병이라는 것이 없었다. 그런데 생활양식이 바뀌고 가축으로 사육된 소고기를 먹고 빵과 설탕과 과자, 깡통에 든 음식 등을 먹기 시작하면서부터 우리는 병이 무엇인지 알게 되었다. … 늘 동물 가죽을 사용했지만 우리는 세상 사람들이 퇴치하려고 애쓰는 그런 해충들에 둘러싸인 적이 없다. 나방, 빈대와 벼룩, 바퀴벌레, 바구미 등은 얼굴 흰 사람들과 함께 우리를 찾아왔다. 그 벌레들도 아메리카 대륙을 '발견'한 것이다. 우리는 모피들이 다 헐 때까지 사용했으며 가끔 바람과 햇볕에 말리는 것이 전부였다. … 인디언들은 타고난 자연보호주의자였다. 크든 작든 어떤 것도 파괴하지 않았다. 인디언들의 생각과 행동 속에는 파괴라는 것이 존재하지 않았다. 만약 얼굴 흰 사람들이 주장하는 대로 우리가 정말로 야만적이고 호전적인 민족이라면 얼굴 흰 사람들이 오기 훨씬 전에 이 대륙의 자연생태계는 다 파괴되었을 것이다. 우리 인디언들은 넘치는 가운데서도 검소함을 지켰다. 들소 떼가 평원을 지나가도 오직 먹을 만큼만 잡았으며, 머리에서 발끝까지 하나도 버리지 않고 이용했다(시애틀 추장 외, 322-6).

'축적'이라는 개념이 없었던 인디언들은 자연 속에서 얻는 야생 자두, 청포도, 구즈베리, 딸기와 같은 열매들을 자신들만이 아니라, 곰, 너구리, 사향뒤쥐, 비버, 코요테 등 자신들이 형제라고 부르던 동물들과도 함께 나누어 먹었다. 이같은 인디언들에게 백인들은 가공식품을 제공했고, 인공적으로 가공된 식품을 섭취하면서 인디언들은 그들에게 낯선 질병을 경험하게 되었다. 백인은 벌어들인 것을 모두 쌓아두고, 동물을 가두어 판매하며, 더 많은 것을 소유하기 위해 땅을 경작했다. 이러한 생활 방식은 소유 개념이 없고, 나눔이 일상화되어 자선이라는 용어조차 필요 없었던 인디언들의 삶과는 완전히 반대되는 것이었다. 이처럼 인디언들의 삶과 자연관은 단지 생존을 위한 지혜를 넘어, 존재 전체에 대한 철학적 인식으로 이어진 것이었다.

모든 것이 하나로 연결되어 있다는 인디언의 인식은 모든 동식물이 생태적으로 영적으로도 연결되어 있으므로 세상에 존재하는 것은 그 어느 것 하나 소중하지 않은 것이 없다. 모든 유기체들이 원의 형태로 서로 연결되어 있다는 인식은 오네이다 족의 와나니체의 다음과 같은 연설에서 잘 드러난다.

> … 모든 원주민 부족들에게 공통된 말이 하나 있다. 그것은 '나의 모든 친척들에게' 또는 '우리 모두는 연결되어 있다'는 말이다. 기도나 대화를 마칠 때 인디언들은 그 말로써 끝을 맺는다. 지금까지 존재해온 모든 생명체들, 그리고 앞으로 존재할 모든 생명체들, 동물, 새, 곤충, 풀, 약초, 나무, 바위, 공기, 물, 불, 흙까지도 모두가 인간과 똑같은 창조의 일부분이다. 그들은 우리의 할아버지 할머니이고 우리의 형제자매들이다. 우리는 영혼과 에너지에 있어서 하나다. 모두 어머니 대지의 자식들이다. 서로 다른 형태와 껍질을 하고 나타날 수는 있다. 서로 다른 재능과 힘을 지닐 수 있다. 하지만 결국 우리는 하나다. 우리 모두는 생명의 원에 연결되어 있다(시애틀 추장 외, 111).

모든 것이 하나로 연결되어 있기 때문에, 한 부분이 병들면 그 영향은 다른 곳으로 전달된다. 건강한 유기체는 건강을, 병든 유기체는 병을 퍼뜨리게 되므로, 인간뿐 아니라 모든 존재의 건강이 곧 자신의 건강이 된다. 따라서 세상의 모든 행위는 반드시 그에 상응하는 결과를 가져오며, 어떤 행동이든 그에 따른 대가를 치르게 마련이다. 시애틀 추장의 말처럼, "대지는 인간에게 속한 것이 아니며, 인간이 오히려 대지에게 속해 있다"(37). 이처럼 긴밀하게 연결된 지구 공동체에서는 한 곳의 파괴나 병듦이 결국 다른 곳에도 영향을 주어 연쇄적인 반응을 불러일으킬 수밖에 없다. 인간이 자연이라는 환경에 해를 끼친다면, 그 피해는 반드시 인간 자신에게 어떤 형태로든 되돌아오게 되어 있다.

인간이 대지에 속해 있다는 믿음은 인간 역시 해바라기나 들소처럼 자연의 일부이며, 자연에 속한 존재다. 그러나 백인들은 겸허하게 마주해야 할 자연을 지배하고 변형하고자 "계절에 맞지도 않는 곡식을 생산하라고 땅을 윽박지르며, 땅이 이미 지쳐 힘을 잃었는데도 계속해서 약을 뿌리며 생산을 강요한다"(353).

체로키 족 추장 롤링썬더[22]는 인간의 진정한 힘과 생존은, 자신이 자연의 일부임을 자각하고, 대지 위의 모든 생명들과 조화를 이루며 상호 존중하는 데 있다고 다음과 같이 말한다.

> 우리 인디언은 우리가 사용하는 약초를 '협력자'라고 부른다. 약초를 캐러 가면 우리는 약초를 발견하기 전에 이미 그것이 어디쯤에 있다는 것을 안다. 때로는 약초들이 스스로 모습을 드러내기도 한다. 얼굴 흰 사람들은 자신들의 마음에 들지 않는 식물을 잡초라 부르는데 세상에 잡초라는 것은 없다. 이 세상의 모든 풀들은 마땅히 존중되어야 할 목적을 갖고 태어났으며 쓸모없는 풀이란 존재하지 않는다. 식물들도 인간처럼 가족을 이루고 있고 부족과 추장을 갖고 있다. 따라서 약초를 캐러 가는 사람은 그 약초의 추장에게 선물을 바쳐 존경심을 표해야 한다. 그런 다음 실제로 그 풀에게 꼭 필요한 만큼의 풀만 뜯어 갈 것이고, 그것도 좋은 목적에 사용하리라는 것을 밝혀야 한다. 풀을 채취할

---

22 구르는 천둥(1916-1997)은 뛰어난 치료사이며 비를 내리는 인디언으로 유명하다. 타고난 산 사람으로 10대 후반에 수년간 숲에서 수행하여 동 식물과 의사소통능력을 갖게 되었다고 알려져 있다. 그는 인디언들의 전통적인 방식에 따라 환자들을 치료했고 많은 서양 의학자들이 모인 자리에서 특별강연을 하고 기적적인 치료를 행한 바 있다. 지구를 하나의 살아있는 유기체로 보고 인간 역시 그것과 조화를 이루며 살아야 한다는 인디언의 생태인식을 설파하는 그의 말은 새로운 세대의 관심을 끌기에 충분했다. 롤링썬더를 추앙하는 예술가들 중에는 전 세계 히피들에게 영향을 끼친 록 그룹이나 밥 딜런, 존 바에즈, 영화배우 보이트 등이 있다. 특히 밥 딜런은 앨런 긴즈버그, 존 바에즈 등과 함께 2년 동안 자신의 밴드를 이끌고 '롤링썬더 리뷰'라는 이름의 콘서트 투어를 미국 전역에서 가진 바 있다(시애틀 추장 외, 529-30).

때는 그 필요성과 목적을 반드시 생각해야 한다. 약초는 좋은 목적에 쓰일 때는 도움을 주지만 잘못하면 더 큰 문제를 일으킬 수가 있다(시애틀 추장 외, 529-30).

인디언들이 유익하다고 여긴 풀들도, 백인들에게는 그저 '잡초'에 불과했다. 하지만 인디언의 언어에는 '잡초'라는 개념 자체가 존재하지 않는다. 새와 동물뿐만 아니라 풀과 나무, 약초 또한 인디언의 삶에서 중요한 의미를 지닌다. 한해살이풀의 짧은 삶 속에서도 가능성과 의미를 발견하는 인디언들은 어떤 존재도 하찮게 여기지 않는다. 백인이 '잡초'라 부르는 풀조차 인디언들에게는 귀중한 자원으로 여겨지며, 어떤 것은 건강한 음식을 제공하고, 어떤 것은 병을 낫게 해주는 소중한 약초가 된다. 그러나 백인들은 자연을 업신여기고 소중히 대하지 않으며, 그 결과 자연이 주는 건강을 잃고, 힘들게 번 돈을 병을 치료하는 데 허비하게 된다.

오논다가 족 늑대지파의 추장인 오렌 라이온스[23](1930~)는 야생동물의 삶을 주제로 한 워크숍에 특별 강사로 초청받았는데, 그의 강연에는 동물을 '형제'로 바라보는 인디언 특유의 세계관이 고스란히 반영되어 있다. 인디언에게 동물은 단순한 생존 수단이 아닌, 인간과 마찬가지로 대지 위에 존재하는 창조물이며, 그 생명의 존엄성과 소중함은 인간과 동등하다. 무엇보다 동물도 인간과 함께 당당히 지구 공동체의 일원이라는 인식에 기반하여 오렌 라이온스는 동물의 권리에 대해 다음과 같이 강조했다.

---

23 오늘날 지구환경문제에 대해 가장 큰 영향력을 행사하는 인디언 중의 한명이다. 버팔로에 있는 뉴욕주립대학 미국학 교수이고 인디언들의 소식을 알리는 잡지 〈새벽〉의 발행인이기도 하다. 인디언들의 목소리를 대신하는 훌륭한 연설가로 알려져 있다. 다양한 모임에서 인디언의 전통과 문화 법률과 역사 인간의 권리, 환경에 대한 감동적인 연설가로 평가받고 있다 (시애틀 추장 외, 834).

> “인디언의 언어에는 야생이란 말 자체가 없다. 우리가 가진 단어 중 그것에 가장 가까운 것은 ‘자유’다. 야생의 삶이 아니라 자유로운 삶이 있었을 뿐이다. 동물들은 우리 인간 존재들과 하나도 다르지 않다. 그들 역시 어린 것들을 돌보며 세상에서 살아남는 법을 가르친다. 우리는 그들에게 감사해야 하고, 그들과 조화를 이루며 살아가야 한다. 그들을 소중히 여기고 보호해야 한다. 우리와 한 식구들이기 때문이다”(시애틀 추장 외, 834).

인디언 주거지에 백인이 들어오면서, 인간에 의해 길들여진 소를 비롯한 가축들도 함께 들어왔다. 들소와 달리 가축화된 소는 노동력, 우유, 모피 등으로 인간의 편의와 소비를 위해 존재한다. 자유를 구속당한 채 인간의 자원이며 인간이 마음대로 다뤄도 되는 존재로 인식된 것이다. 이러한 사고방식은, 가축화되지 않은 존재는 ‘야생동물’로 규정하여 불필요한 것으로 여기는 백인의 시각을 정당화한다. 들소 학살이 썩는 냄새가 진동

그림 18) 조지 캐틀린, 〈독수리의 춤〉, 1845-1848
캔버스에 유채, 66.3x82.8cm, 스미소니언 아메리칸 미술관
출처: wikipedia public domain

할 만큼 자행될 수 있었던 이유도 여기에 있다. 이러한 태도는 생명을 존중하는 인디언들에게는 도무지 이해할 수 없는 것이었다.

인디언들은 모든 생명이 고유한 내재적 가치를 지니며, 어머니 대지 위에서 함께 살아가는 동등한 존재로 여겼다. 이는 인간의 이익만을 우선시하는 오늘날의 공장식 축산과는 정반대인 생명 중심적 관점이다. 그들은 인간이 다른 생명을 함부로 간섭할 권리가 없다고 보았고 모든 생명은 그 자체로 존중받아야 한다고 믿었다. 인디언들은 서로 돕고 의지하며 살아간다는 생태학적 원리를 오래전부터 실천해 왔다. 동물뿐만 아니라 공기와 물까지도 살아 있고 서로 영향을 주고받는 유기론적 사고 방식을 지니고 있었다. 이처럼 모든 존재와의 관계 속에서 살아 온 인디언들의 삶은 생태주의의 원형이라 할 수 있다.

인디언들은 인간을 자연의 일부로 여기며, 자연과의 조화와 공존을 삶의 중심 가치로 삼아 왔다. 어릴 때부터 나눔과 생명의 소중함을 배우며 성장했고, 땅과 동·식물 및 광물을 존중하며 어떤 존재도 하찮게 여기지 않았다. 그들에게 자연은 정복의 대상이 아니라 존중하고 감사해야 할 존재였다. 땅을 억지로 경작하고 가축을 가두는 백인의 방식은 인디언의 가치관과 정면으로 충돌했다. 인디언 사회에는 소유나 축적의 개념이 없었으므로 이웃이나 동물과 나누는 것이 당연한 일이었다.

인디언들은 자연을 하나의 살아 있는 유기체로 인식하며, 공기, 물, 햇빛, 동물, 식물 모두가 서로 영향을 주고받고 교감한다고 믿었다. 이러한 유기적이고 생명 중심적인 세계관은 '생태'라는 용어가 등장하기도 전부터 인디언 사회에 깊이 뿌리내려 있었다. 서구 사회가 생태 문제를 인식하기 훨씬 이전부터, 인디언들은 자연과의 공존과 생명의 소중함을 실천하며 살아왔다. 그러나 백인의 침략과 점령 이후로 인디언들은 생존의 위협을 받았고 그들의 생활 속에 스며 있던 많은 생태 지혜가 잊혀졌다. 오늘날 심각한 환경 위기를 맞이한 인류는 인디언의 생태 철학에서 다시금 귀중한 교훈을 얻고 있으며, 이들의 세계관은 미래 세대를 위한 중요한 생태 자산으로 재조명되고 있다.

인디언들이 지혜로운 생활인이었음을 보여주는 증거는 최근 다트머스 대학교(Dartmouth University) 인류학 교수인 마들렌 맥리스터(Madeleine McLeester) 연구팀의 발굴 조사에서도 드러났다. 연구팀은 '빛 감지 및 거리 측정 기술'(LIDAR)을 활용해 위스콘신 주 매노미니 부족 조상들의 농업 유적지를 발굴했다. 맥리스터는 매노미니 강(Menominee River)을 따라 자리한 식스티 아일랜드(Sixty Islands) 고고학 유적지에서, 아메리카 원주민 선조들이 집약적이고 체계적으로 농사를 지었다는 증거를 확인했다. 이들이 운영한 대규모 농업 단지는 마치 국가 체계에 가까운 규모였으며, 평등한 사회 구조를 갖추고 있던 것으로 보인다. 이는 고대 인디언 사회가 상당히 조직적이고 효율적으로 운영되었음을 시사한다. 이 유적지는 미국 동부에서 발견된 가장 광범위한 고대 농업 유적지로 평가되며, 북미 전역에 걸쳐 목초지 조성, 농경 개발, 도시화를 위한 삼림 벌채 등으로 인해 대부분의 농업

그림 19) 조지 캐틀린, 〈두 젊은이〉, 1835-1836, 캔버스에 유채, 73.6x60.9cm, 스미소니언 아메리칸 미술관
출처: wikipedia public domain

시스템이 사라지거나 파괴된 현실과 대비된다. 즉, 농업이 이루어졌으리라 예상치 못했던 지역에 실제로는 대규모 농업 활동이 있었고, 이후 개발을 위한 과도한 삼림 벌채로 인해 그러한 흔적들이 대부분 소실되었음을 보여준다. 이 연구는 백인들이 북미에 도착하기 전부터 인디언들이 환경을 고려하며 효율적으로 농경지를 활용해 왔음을 밝혀주며, 이후 백인의 대규모 토지 이용으로 인해 기존의 원주민 농업 시스템이 크게 훼손되었음을 의미한다. 또한, 600년에 걸쳐 60개 섬이 삼림 벌채되었을 가능성도 제기되었다.[24]

24 미국 동부 지역에서 발굴된 최대 규모의 인디언의 고대 농업 유적지는 현재 전체 부지의 약 40%에 대한 조사가 이루어졌다고 추정되므로 완전한 조사가 이루어지면 더 많은 데이터를 확보할 것으로 예상된다. Jan Bartek, "LIDAR Discovers Huge, Sophisticated Ancient Native American Farming System In The Sacred Anaem Omot Area In Michigan", AncientPages.com | June 6, 2025, https://www.ancientpages.com/2025/06/06/lidar-discovers-huge-sophisticated-ancient-native-american-farming-system-in-the-sacred-anaem-omot-area-in-michigan/ (검색일: 2025년 6월 7일)

Ⅳ

고전과 현대문학에 나타난 생태적 소비생활

Chapter

01

생태문학의 고전, 헨리 데이비드 소로우의 『월든』

1. 『월든』의 현재성

『월든』(*Walden*, 1854)의 저자 헨리 데이비드 소로우(Henry David Thoreau, 1817-1862)는 미국 매사추세츠주 콩코드에서 태어났다. 하버드대학교를 졸업한 그는 당시 졸업생들이 주로 선택하던 목사나 법률가의 길을 거부하고, 고향으로 돌아와 가업인 연필 제조업, 교사, 측량사, 농부 등으로 일하며 자연과 밀접한 삶을 살면서 자연을 깊이 관찰하고, 자신의 사색을 글로 기록하는 데 몰두했다. 소로우는 19세기 미국 초월주의(Transcendentalism) 사상가 랄프 왈도 에머슨(Ralph Waldo Emerson)과 교류하며, 평생 독신으로 지내다 44세의 나이에 생을 마감했다. 그는 여러 편의 저서, 에세이, 시를 남겼으며, 특히 『월든』은 그의 대표작으로 꼽힌다.

『월든』은 소로우가 기존 사회로부터 벗어나 매사추세츠주 월든 호숫가의 숲속에 통나무집을 짓고, 1845년부터 1847년까지 2년 2개월 동안 홀로 자급자족하며 보낸 생활을 기록한 에세이이다. 이 책을 통해 그는 간소한 삶을 영위하며 자연을 관찰하고, 삶과 인간 존재에 대한 깊은 성찰을 이끌어냈다. 『월든』은 세계 생태문학의 고전으로 자리매김했으며, 책이 출판된 지 170여 년이 지난 오늘날에도 여전히 다양한 연령대의 독자들에게 꾸준히 사랑받고 있다. 특히 미국 대학생들의 필독서로 손꼽히며, 현대인의 삶에도 중요한 시사점을 던지고 있다.

그림 20) 헨리 데이비드 소로우
출처: wikipedia public domain

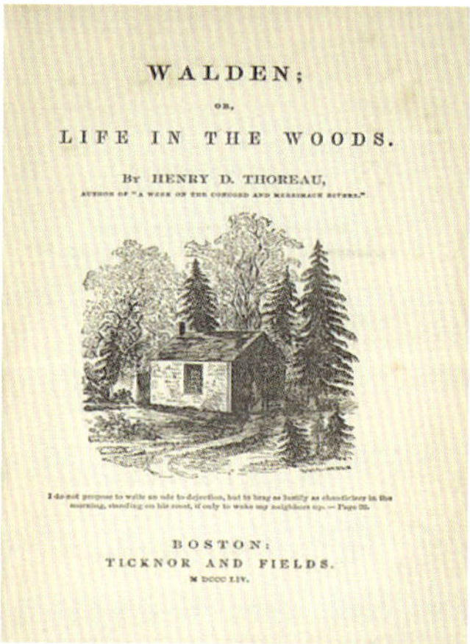

그림 21) 1854년에 발행된 『월든』 초판
출처: wikipedia public domain

『월든』은 1854년 발표 당시에는 큰 주목을 받지 못했으나, 시간이 흐르면서 생태 환경 파괴를 우려하는 이들 사이에서 생태주의적 삶의 지침서로 각광받기 시작했다. 국내에서도 『월든』은 오늘날까지 꾸준히 사랑받고 있으며, 일반인은 물론 청소년과 어린이들도 쉽게 이해할 수 있도록 다양한 버전으로 소개되어 폭넓은 독자층을 형성하고 있다. 특히 『월든』에 대한 연구는 이제 영문학의 범위를 넘어, 생태환경 분야를 비롯해 교육철학과 교육심리학 등 다양한 영역으로 확장되고 있다. 이는 『월든』이 단순한 문학 작품을 넘어, 현대 사회에 깊은 시사점을 던지는 생태적, 교육적 가치를 지닌 고전으로 자리매김했음을 보여준다.

'소로우의 현재성'은 오늘날 국내에서도 생생히 반영되고 있다. 충청남도 서천에 위치한 대한민국 최대 생태 전시관인 국립생태원에는, 소로우의 오두막을 재현한 '소로우 길'(Henry David Thoreau's Way)이 조성되어 있다. 이 오두막은 미국 소로우 학회(The Thoreau Society)의 도움을 받아 철저한 고증을 거쳐 재현된 것으로, 월든 숲속에서 소로우가 실험했던 단순하고 자립적인 삶을 직접 체험할 수 있도록 구성되어 있다. 국립생태원의 초대 원장이자 생태학자, 동물행동학자인 최재천 교수는 자신의 저서 『생태적 전환, 슬기로운 지구 생활을 위하여』(2021) 서문에서, 인간의 오만과 경제 제일주의가 초래한 대재앙을 지적하며, 자연에 대한 경외심을 일찍이 일깨운 소로우에게 보내는 편지를 쓴 바 있다. 최 교수는 소로우가 미친 영향력에 대해, 마르셀 프루스트 (Eugène Marcel Proust), 싱클레어 루이스(Harry Sinclair Lewis), 어니스트 헤밍웨이(Ernest Miller Hemingway), 프랭크 라이트(Frank Lloyd Wright), 존 버로스(John Burroughs), 존 뮤어(John Muir), 알도 레오폴드(Aldo Leopold), 레이첼 카슨(Rachel Carson), 로렌 아이슬리(Loren C. Eiseley), 에드워드 애비(Edward Paul Abbey) 등 당대 문학·환경 사상가들에게 지대한 영향을 끼쳤음을 강조했다. 또한 에드워드 윌슨(Edward Osborne Wilson), 제인 구달(Jane Morris Goodall), 베른트 하인리히(Bernd Heinrich) 같은 현대의 생태학자들도 소로우의 위업을 이어가고 있다고 밝혔다(최재천, 8-13). 우리나라에서도 법정 스님이 『월든』을 즐겨 읽었으며, 직접 월든 호수를 방문해 소로우의 삶을 기리는 순례를 한 것으로 전해진다. 이는 소로우의 사상이 시대와 지역을 넘어 지속적으로 공감과 영감을 불러일으키고 있음을 보여준다.

소로우는 생태주의의 사도일 뿐만 아니라, 사회운동가로서도 활발히

활동했다. 그는 부정한 정부와 사회에 동조하지 말고, 필요하다면 불법적인 방법을 동원해서라도 소극적으로 저항하고 맞서야 한다고 주장했다. 이러한 그의 사상은 『시민불복종』(*Civil Disobedience*, 1849)이라는 에세이를 통해 널리 알려졌으며, 러시아의 대문호 톨스토이, 인도의 국부 간디의 독립운동, 미국의 마틴 루터 킹 목사의 시민권 운동, 남아프리카 공화국의 넬슨 만델라 대통령 등 세계적으로 위대한 사상가와 지도자들에게 깊은 영향을 끼쳤다.

소로우는 많은 에세이와 시를 집필하여 잡지와 신문에 기고했다. 주요 저서로는 『콩코드 강과 메리맥 강에서의 일주일』(*A Week on the Concord and Merrimack Rivers*, 1849), 『메인 숲』(*The Maine Woods*, 1864) 등이 있으며, 에세이로는 『매사추세츠의 자연사』(*Natural History of Massachusetts*, 1842), 『월터 랄레이 경』(*Sir Walter Raleigh*, 1844), 『숲속 나무들의 이어짐』(*The Succession of Forest Trees*, 1860) 등이 있다. 또한 그는 1840년부터 1844년까지 초월주의 잡지 『다이얼』(*The Dial*)에 여러 편의 시를 발표했는데, 대표적인 작품으로는 「달」(The Moon), 「아래로 닻을 내린 구름」(Low-Anchored Cloud), 「내면의 아침」(The Inward Morning), 「추수의 손이 지난 들판에서」(On Fields O'er Which the Reaper's Hand has Passed), 「나에게 철도란 무엇인가?」(What's the Railroad to Me?) 등이 있다. 이처럼 소로우는 생태주의자이자 시민운동가, 그리고 뛰어난 문학가로서 다방면에 걸쳐 강렬한 흔적을 남겼다.

『월든』이 세기를 넘어 오늘날 더 큰 주목을 받는 이유는, 19세기의 소로우가 생태 보존에 품었던 깊은 염원이 지금 우리에게 더욱 강한 울림과 교훈을 주기 때문이다. 과거와는 비교할 수 없을 만큼 인간 중심의 편리한 생활 방식과 물질주의가 팽배한 오늘날, 우리는 그 결과로 환경 파괴와 인간성 상실이라는 심각한 문제에 직면하고 있다. 이제 인간은 더 이상 자연 위에 군림하는 존재가 아니라, 자연과 공존하고 조화를 이루어야 하는 새로운 패러다임을 요구받고 있다.

특히 소로우가 일찍이 강조한 간소하고 절제된 삶의 방식은, 대량 소비와 쓰레기가 범람하는 오늘날의 시대 상황과 맞물려 더욱 절실한 대안으로 다가온다. 그런 점에서 소로우는 우리 시대에 가장 시의적절하고, 또한 동시대적인 의미를 지닌 사상가라 할 수 있다.

또한, 그의 작품 전반에 흐르는 '간소하고 소박하게 살라'는 외침은 오늘날의 미니멀리즘 철학과도 깊은 연관이 있음을 알 수 있다. 소로우가 비록 '미니멀리즘'이라는 용어를 사용하지는 않았지만, 실천면에서 그는 분명한 미니멀리스트였다. 조슈아와 라이언은 『미니멀리스트』(*The Minimalists*, 2015)에서 다음과 같이 말한다.

> 소로우는 비록 미니멀리즘이라는 말을 사용하지 않았지만 '미니멀리스트'였을 것이다. 그는 특히 『월든』을 쓰던 당시 소유물을 최소화하고 필요한 모든 것을 땅으로부터 얻으며 살았다. 그의 인생은 충만했고 세상을 초월했다(조슈아와 라이언, 22).

이처럼 소로우는 19세기에 이미 미니멀 라이프를 실천했던 선구자였다. 그의 삶의 태도는 끊임없이 소비하며 살아가는 오늘날의 사회에 깊은 반성과 실질적인 대안을 제시해 준다. 따라서 『월든』은 단순한 자연 서술서가 아니라, 오늘날 우리 삶의 방식에 대한 근본적 반성과 전환을 촉구하는 메시지를 담은 책이다. '소로우의 현재성'을 보다 깊이 이해하기 위해서는, 그가 책을 출간하던 당시의 시대적 배경과 더불어, 인간이라면 누구나 마주하는 의·식·주 문제에 대한 그의 생태적 해결방식을 살펴볼 필요가 있을 것이다.

그림 22) 앤드류 J. 러셀, 〈마지막 레일을 놓으며 악수하는 미국 동서 철도〉
1869년 5월 10일 미국 동서 대륙횡단 철도의 마지막 레일 설치에서 악수하는 Union Pacific
출처: wikipedia public domain

2. 19세기 미국의 초기 산업화 시대와 소로우의 문명 비판

『월든』이 발표된 19세기 중반은 자본주의가 초기 단계를 지나며, 미국 사회 전반에 산업화의 물결이 본격적으로 밀려들던 시기였다. 사회 거의 모든 분야에서 물질적 부의 획득과 축적, 그리고 팽창이 급격히 진행되고 있었다. 소로우는 이러한 산업화의 흐름 속에서 콩코드 시내에서 약 3.2킬로미터 떨어진, 숲과 호수가 어우러진 월든 숲으로 들어가 2년여 동안 자연 속 삶을 실천하며 자신의 일상을 기록했다. 그가 월든 숲을 선택한 이유는 생활을 간소화하고 소박함을 실험하며, 자연의 본질인 순수함을 내면적으로 구현하려는 데 있었다. 따라서 소로우가 염려의 시선으로 바라보며 환영하지 않았던, 미국 초기 산업화 시대의 사회적 변화를 먼저 짚어볼 필요가 있다.

산업혁명이 성공한 이후 1800년대의 미국은 기술 문명의 도입이 본격화되면서 사회 전반에 걸쳐 큰 변화를 경험했다. 대표적으로 교통수단의 혁신이 이루어져, 증기선과 철도가 처음으로 출현하였다. 먼저, 강의 운송수단인 돛단배가 증기선으로 대체되는 시기였다. 1807년 로버트 풀턴(Robert Fulton, 1765~1815)이 최초의 상업용 증기선 노스리버(North River Steamboat)호를 진수시켜 허드슨강의 뉴욕에서 올버니간의 정기 항행시킨다. 이 배는 후에 클러몬트(Clermont)호로 바뀌었는데 돛단배에서 증기선으로 바뀌는 시대가 시작된 것이다. 당시에 범선으로 같은 거리를 항해하는 데 4일이 걸렸으나 노스리버 호는 약 3배의 빠른 속도로 운항한 것이다. 이어 허드슨강에 여러 척의 증기선이 추가되면서, 뉴저지 브리턴강(Raritan River), 뉴욕~캐나다 동부 뉴브런스윅(New Brunswick)과 오대호, 미시시피강, 오하이오강에도 증기선이 운항되었다. 애팔라치아 산맥 서쪽에도 증기선이 운항되는 등 미국에선 증기선이 폭발적으로 늘어났다. 증기선은 미개척지가 많은 미국에서 교통 혁명을 일으켰다. 이전에는 바지선으로 운행되던 주요 수로들에 증기선이 들어가면서 사람과 물류 이동이 편리해졌다. 1824년 미국 법원이 증기선 운항에 대한 풀턴과 리빙스턴의 독점을 무효화하는 판결을 내리면서 미국 사람들은 이전에는 한 달 이상 소요되던 이동을 증기선을 통해 2주가 채 걸리지 않은 단축된 시간으로 매우 저렴한 가격에 쉽사리 이용할 수 있게 되었다.

다음으로 철도가 등장하여 미국사회에서 이용되기 시작하였던 시기였다. 1825년 영국에서 세계 최초의 상업철도 노선인 스톡턴-달링턴 구간(Stockton and Darlington Railway)에 철도의 개통을 지켜보던 미국도 미개척지를 연결하는 철도운송의 혁명에 대한 열망이 컸다. 1828년 피터 쿠퍼(Peter Cooper, 1791~1883)가 처음으로 증기기관차를 설계, 제조한 볼티모어 앤드 오하이오 철도(B&O: Baltimore and Ohio Railroad)가 놓이기 시작하면서 1830년에는 톰 썸(Tom Thumb)이라는 기관차를 이용해 승객을 실어 나르는 정기운행을 시작했고, 같은 해 사우스캐롤라이나주 찰스턴 앤드 햄버그 철도에서 10km 구간을 시속 34km로 달리는 증기기관차를 운행했다.[25] 이같은 미국의 초기 철도는 구간이 짧았으나 대부분의 철도가 항구와 생산지를 연결하면서 1840년대 중반부터는 철도가 애팔래치아 산맥을 넘고, 오대호의 동쪽인 이리호로 진입했다. 미국의 본격적인 철도건설은 남북전쟁 직후 대륙횡단철도가 건설되면서부터였다.[26] 결국 철도는 하와이와 알래스카를 제외한 본토 48개주를 모두 연결했다.

마차의 비효율성을 잘 알고 있던 미국인들은 넓은 땅에 대량화물과 인원을 효율적으로 수송할 수 있는 교통수단이 철도라는 것을 깨닫게 되자 많은 철도를 깔기 시작하며 발전시켰다. 남부 목장의 소가 열차로 중서부에 위치한 도살장으로 운반되었고, 나무숲이 무성한 지역의 목재가 철도를 이용하여 목재를 구하기 힘든 사막지대로 운반되어 집과 건물을 짓는데 사용되었으며, 무엇보다 대부분의 모든 우편물이 철도로 운반되어 이전보다 신속하게 전달되었다. 철도산업을 시작으로 미국의 경제 또한 대

---

25 1826년에 매사추세츠주 퀸시에서 그래나이트 철도(Granite Railway) 3.2km가 개설되어 화강암을 항구까지 실어 나르는 데 활용되었으나 이 열차는 한번 운항한 뒤 중단되었다. 철로가 무거운 열차를 버티지 못했기 때문이었다.

26 미국의 첫 대륙횡단철도는 남북전쟁 중에 건설을 시작하여 6년간의 공사를 거쳐 1869년 완공되었다. 캘리포니아주의 세크라멘토에서 네브래스카주의 오마하를 잇는 철도였다. 지역적 통합을 가져 온 미국의 대륙횡단열차는 연방정부가 미국전체를 관리할 수 있는 능력을 갖게 된 원동력이 되었다. 또한 철도의 기간망을 이용해 대규모사업을 벌인 사업가들이 등장하였는데, 철도왕 코넬리어스 벤더빌트(Cornelius Vanderbilt, 1794~1877), 금융황제 J. P 모건(John Pierpont Morgan 1837~1913), 강철왕 카네기(Andrew Carnegie, 1835~1919), 스탠다드 오일의 록펠러(John Davison Rockefeller, 1839~1937) 등이 있다. 철도 건설이 교통을 발전시켜 물적, 인적 교류와 도시 형성에 기여했지만, 조상 대대로 삶을 이어 왔던 미국 내 원주민 인디언의 땅을 철도 공사용으로 무상 몰수하는 미국 정부의 정책을 비롯한 원주민 탄압과 무수한 산림 파괴라는 결과를 낳았다.

그림 23) 피터 쿠퍼(Peter Cooper)가 볼티모어와 오하이오에 시범운행한 최초의 증기기관차 탐 썸(Tom Thumb), 1830
출처: wikipedia public domain

그림 24) 스트라스코나 경(Lord Strathcona)이 캐나다의 첫 번째 대륙 횡단 철도인 캐나다 태평양 철도(Canadian Pacific Railway)의 마지막 못질을 하는 장면, 1885
출처: wikipedia public domain

규모사업의 성장과 함께 급속도로 발전하게 되었다. 마차로 한 달 정도 소요되었던 거리가 6일로 단축되었고 자금이 동서를 연결하는 철도회사의 투자금으로 몰려들어 미국의 제조 산업과 금융업의 급성장이 동반되었다. 그러나 초기 대륙 횡단 열차의 연료는 목재였다. 따라서 나무를 원료로 사용하였으므로 목재 구입을 요하였고 철로 개발 과정과 운행을 위해 숲 속 나무의 제거와 파괴가 뒤따랐다. 이후 석탄이 목재를 대체하면서 대형기관차가 출현하였고 이는 점점 더 많은 사람과 화물을 운송하며 철도사업은 발전하게 되었다.

증기기관과 철도의 출현과 함께 통신 및 금융의 발달 이외에도, 농업분야에도 이전에 존재하지 않았던 기계도입으로 생산기술을 증대시켰다. 특히 1831년 맥코믹(Cyrus Hall McCormick, 1809~1884)이 발명한 자동 밀 수확기는 1834년 특허를 받아 획기적인 성능을 발휘했다. 이 자동수확기는 1851년 영국런던에서 열린 세계 최초의 박람회에 출품하여 금상을 받기도 했으며 남북전쟁에서 북군의 승리에도 영향을 미쳤다. 당시 고가인 자동 수확기를 농민들에게 다량 판매하기 위해 맥코믹회사는 외상과 할부제도라는 영업 전략을 최초로 사용하기도 했으며, 탈곡기와 파종기 등 수백 개의 농기구를 제작하여 세계 최대의 농기구 회사로 성장하면서 농업 생산성을 향상시켜 미국의 농업 면모를 급격하게 바꾸어 놓았다. 이러한 농기계들은 캐나다, 호주, 뉴질랜드, 아르헨티나 등 농업국에도 수출되어 농업의 생산성을 증대시켰다.

Fig. 349. — Batteuse Damey à manège direct placé sous la batteuse.

그림 25) 작자미상, 〈1881년의 탈곡기〉. 증기 기관 또한 탈곡기에 동력을 공급하는 데 사용되었다.
출처: wikipedia public domain

위와 같이 기계 문명이 확산되던 시기에 소로우는 월든 숲으로 들어가 자급자족의 생활을 실천하였다. 이는 기술 발전이 인간에게 무조건적인 혜택을 가져다줄 것이라 믿었던 당대 사람들의 낙관적인 시각과는 정반대이다. 소로우는 오히려 산업화가 자연 파괴와 인간 탐욕, 물질만능주의를 부추긴다고 비판했다. 특히, 산업화의 대표적 산물인 철도 건설에 대해 소로우는 이동과 편의를 제공하는 긍정적 수단으로 여기지 않고, 굉음으로 자연을 파괴하고, 샘물을 오염시키며, 숲을 파괴하는 악마로 간주했다. 즉, 소로우는 산업 문명의 발전이 인간 삶의 질을 높이는 것이 아니라, 오히려 인간성과 자연을 훼손한다고 경고했다.

"귀를 찢을 듯한 울음소리가 온 마을에 울려 퍼졌던 저 악마 같은 철마는 발굽으로 보일링 샘물을 망쳐놓았다. 월든 호숫가의 모든 숲을 뜯어먹는 것도 그 철마다. 저것이야말로 배 속에 천 명의 병사를 감춰놓고, 돈에 눈 먼 그리스 군대에 의해 운반돼온 트로이 목마다. 그 오만한 악질을 철로변에서 맞이해 그의 갈비뼈 사이에 복수의 창을 깊숙이 꽂을 무어홀의 무어같은 용사는 이 나라 어디에 있는가?"[27]

철도의 굉음은 문명의 소리가 아니다. 그것은 조용한 마을과 숲속 동물들을 위협하고 방해하는 소음이다. 우레 같은 콧김으로 산울림을 일으켜 부엉이와 여우를 놀라게 하고, 길을 비키라는 경고의 기적을 울리며 숲과 두 읍을 가로질러 퍼져나간다. 시골에 식료품을 배달하기 위해 분주히 달리는 철도는, 도시화로 수요가 급증한 숲속 목재들을 실어 나르며 자연을 가차 없이 파괴한다. 피해를 아랑곳하지 않고 달리는 철도의 소음은 조용했던 자연의 심장을 무심히 짓밟는다.

이렇게 거창하고 투박한 울림소리로 인사를 대신하면서 시골은 도시에게 의자를 내어 준다. 허클베리로 뒤덮였던 야산들이 발가벗겨지고 크랜베리가 깔렸던 초원들은 갈퀴질로 긁혀 도시로 간다. 솜은 도시로 올라가고 옷감은 시골로 내려온다. 비단은 올라가고 모직물은 내려온다(소로우, 155).

소로우에 따르면, '악마 같은 철마'는 건설 과정에서도 많은 희생을 요구하는 애물단지이다. 철도 건설을 위해 동원된 아일랜드인과 이주민을 비롯한 사회적 약자와 비주류 노동자들은, 죽음과 같은 고된 수고를 치렀음에도 경제적 혜택은커녕, 달리는 철도 밑에 깔린 침목처럼 소모적인 역

---

27 Henry David Thoreau, *Walden*, 이덕형 옮김, 『월든』, 문예출판사, 2011, 258쪽. 이후 본문 인용은 괄호 안에 쪽수만 표기함.

할만을 담당한다. 또한, 산림과 땅 역시 철도를 놓기 위해 심각한 손상을 입는다. 소로우는 이를 통해, 철도의 편리함 뒤에는 인력과 자연의 희생이 필연적으로 깔려 있음을 경고하고 있다.

> ..우리가 철로 위를 달리는 것이 아니다. 철로가 우리 위를 달리는 것이다. 철로 밑에 깔린 저 침목들이 무엇인지 생각해 본적이 있는가? 침목 하나 하나가 인간이다. 아일랜드인이거나 양키인 것이다. 그네들 위에 철로가 깔리고 모래가 덮이면 기차들이 미끄러지듯 그들 위를 달리는 것이다. 그들은 정말 좋은 침목들이다. 몇 년마다 새로운 침목들이 깔리고 기차는 계속 그 위를 달린다. 그러므로 어떤 부류가 철로 위를 달리는 즐거움을 맛본다면 다른 부류는 그 밑에 깔리는 불운을 당하는 것이다(소로우, 123).

소로우의 문명 비판은 철도로 인해 빨라진 통신 수단에도 적용된다. 그는 당시의 소통 수단인 우체국조차 없이도 불편함 없이 생활이 가능하다고 말하며, 소통에 대한 과도한 집착을 비판한다. 그는 단 1페니만 내면 편지를 전국 어디로든 보낼 수 있는 '페니 우편 제도'를 오히려 조롱의 대상으로 삼는다. 이러한 제도가 발전이라기보다는 불필요한 소음과 분주함을 양산한다고 여긴 것이다. 또한, 정보를 전달하는 역할을 맡은 신문 역시 대단치도 않은 소식을 전해 사람들의 관심과 시간을 빼앗는다고 비판한다. 소로우는 당시 언론이 본래의 기능을 잃고 무용지물로 전락했다고 지적했다.

> 또한 나는 신문에서 기억할 만한 뉴스를 읽은 적이 없다고 단언한다. 어떤 사람이 강도를 당했다든가, 살해되었다든가, 사고로 죽었다든가, 어떤 집은 불에 타고 어떤 배는 침몰하고 어떤 증기선은 폭발했다든가, 어떤 소가 서부 철도에서 기차에 치이고 어떤 미친개가 죽음을 당했다든가, 겨울에 메뚜기 떼가 나타났다든가 하는 뉴스는 두 번 읽을 필요

> 가 없다. 한번이면 충분하다. 원칙만 알면 되지 무수한 실례와 응용에 왜 신경 쓰는가? 철학자에게 이른바 뉴스는 모두 가십에 불과하며, 그것을 편집하거나 읽는 사람은 차나 마시고 있는 늙은 부인네들이다(소로우, 125).

소로우는 농업에 불어 닥친 산업화의 영향도 날카롭게 지적한다. 농기계의 발명으로 농업 생산성이 높아지자, 농부들의 관심은 탐욕과 이기심으로 변질되고 대형 농장과 대량 수확을 통한 횡재만을 꿈꾸게 된다. 게다가 땅을 재산, 또는 재산 획득의 수단으로만 보는 천박한 태도 때문에 자연 경관은 그들의 관심에서 멀어진다. 농사는 품위를 잃고, 농부들은 가장 비천한 삶을 살아가게 된다. 소로우에 따르면, 농부들은 농장, 가옥, 헛간, 가축, 농기구 등을 유산으로 물려받았지만, 그것들을 버리지 못한 채 고달픈 노역에 매달리며 흙의 노예가 되어간다. 그들은 좀과 녹, 그리고 도둑을 두려워하며, 쓸모없는 재물을 모으느라 부질없는 근심과 고된 노동에 지쳐 점점 기계처럼 변해버린다. 부의 축적에만 몰두하는 농부에게 곡식은 이제 상품일 뿐, 곡식이 지닌 고유의 아름다움은 더 이상 보이지 않는다. 결국 소로우는, 오늘날의 모범 농장은 "가축들과 더불어 사람을 사육하는 곳, 사람들의 심장과 뇌를 퇴비로 쓰는 고도의 경작이 이루어지는 곳"(264)으로 변질되었다고 비판한다.

> 나는 그의 노력을 경멸하며 모든 것에 값이 매겨져 있는 그의 농장도 경멸한다. 그는 얼마간의 값을 받을 수 있으면 그곳 경치라도 아니 자신이 믿는 하느님이라도 팔기 위해 시장으로 내갈 것이다. 그가 시장에 가는 것은 그의 하나님이 현재 거기 있기 때문이다. 그의 농장에선 아무것도 공짜로 자라지 않는다. 그의 밭에서는 곡식이 아니라 달러가 자라고 꽃밭에서는 꽃이 아니라 달러가 꽃을 피우고, 그의 과일나무에는 과일이 아니라 달러가 열린다. 그는 과일의 아름다움을 사랑하지 않

으며 과일이 달러로 환금되기 전에는 익지 않은 것으로 여겼다(소로우, 263-4).

일찍이 소로우는 철도, 운송, 통신, 농업 등 생활의 편리함을 가져다주는 분야에서도, 자연 훼손을 우려하며 근대 물질문명과 산업화, 도시화에 비판적인 시각을 가졌다. 오늘날의 관점에서 보아도 그의 통찰은 놀라울 따름이다. 그는 물질문명을 비판하고, 무분별한 부의 추구를 경계하라고 강력히 호소했다. 당대 인간들이 편리를 좇고 탐욕에 사로잡혀 물질 중심적 삶에 집착하는 모습을 격렬히 비판하며, 금전의 노예가 된 삶을 안타까워했다. 소로우는 이러한 물질적 탐닉이 인간 본연이 추구해야 할 정신적 풍요를 상실하게 만든다고 경고했다. 그는 또한, 물질문명이 인간뿐 아니라 다른 생명체와 무생물 세계에도 부정적인 영향을 끼친다고 비판했다.

그림 26)
1914년 9월 Gas Power 저널에 실린 디트로이트 트랙터 회사(Detroit Tractor Company) 광고[28]
출처: wikipedia public domain

28 "말보다 더 좋고 저렴하다"는 1910년대부터 1930년대까지 많은 광고의 주제였다. 이 광고는 동력 장비 제조업체와 유통업체들이 말이 끄는 방식과 경쟁하는 방식을 잘 보여주는 사례로, "말은 일할 때만 먹는다"와 같은 당시의 흔한 주제가 담겨 있었다. 트랙터의 견인봉은 기존의 말이 끄는 장비에 직접 연결되도록 설계되었다. 이 트랙터를 비롯한 1910년대의 여러 트랙터는 고삐로 조종할 수도 있었다.

3. 『월든』에 나타난 의·식·주의 생태적 실천

앞에서 물질문명의 이기에 대해 소로우가 보인 적개심에서 알 수 있듯, 인간의 이기심은 결국 인간 본연의 가치를 황폐하게 만들었을 뿐만 아니라, 인간 외의 생물과 무생물들을 경시하고 군림하려는 잘못된 태도까지 낳게 되었다. 그는 무엇이든 과도하게 소유하려는 인간의 탐욕을 버려야 한다고 주장한다. 탐욕을 버리고 단순하고 소박한 삶, 곧 간소화된 생활만이 자연 생태계를 보존하고, 인간과 자연이 조화롭게 공존할 수 있는 길이라고 본 것이다. 아울러, 돈벌이를 위한 상업적 목적이 배려의 결핍과 무지함을 낳고, 그것이 자연 파괴의 근본 원인이 된다는 점도 지적한다. 한 번 파손된 자연은 복구가 어렵기 때문에, 그만큼 보존의 중요성은 더욱 크다고 강조한다.

소로우가 주장하는 간소화된 삶은 인간 생존에 필수적인 의·식·주에서 출발한다. 소로우는 식생활에서의 간소함을 강조했다. 그는 간단한 음식 섭취만으로도 충분히 건강한 삶을 유지할 수 있다고 주장한다. 풀만 먹고도 무거운 짐을 끄는 소와 말처럼, 인간 역시 채식만으로 내면의 에너지와 활력을 얻을 수 있으며, 뼈 생성을 위해 육류가 필수라는 믿음은 허구에 불과하다고 지적한다. 문명사회의 편의를 벗어나 삼림 속에서 자급자족한 소로우는, 실제로 필요한 식생활이 얼마나 단순할 수 있는지를 몸소 실천했다. 그는 『월든』에서 '간소하게, 간소하게, 간소하게 살라'는 신념 아래, 직접 재배한 감자, 옥수수, 콩을 주식으로 삼았고, 필요한 설탕과 쌀은 교환을 통해 마련했다. 저녁 식사는 직접 잡은 물고기와 야생 식물을 이용해 해결했다.

나는 2년간의 경험을 통해 터득한 것은 이처럼 높은 위도에서도 사람

> 이 필요한 양식을 얻는 데는 믿을 수 없을 만큼 적은 노력밖에 들지 않는다는 사실과, 사람이 동물처럼 단순한 식사를 해도 체력과 건강이 유지될 수 있다는 사실이다. … 그런데 인간들은 필수품에 속하는 양식이 아니라 사치성 식품의 부족으로 흔히 굶어 죽을 지경에 이른다(소로우, 81-2).

소로우의 소박한 식사는 그의 생활 철학과 일치한다. 효모나 첨가물 없이 구운 빵을 먹으며, 과식이나 미각의 사치를 경계했고, 음식은 삶을 유지하는 수단이지 쾌락이나 과시의 대상이 아니라고 보았다. 그는 지나치게 많은 음식을 섭취하지 않아도, 간단한 식사만으로 충분히 건강한 생활을 이어갈 수 있음을 몸소 보여주며, 간소한 식생활이야말로 진정한 삶의 지혜임을 역설했다. 또한 소로우는 식량의 자급자족의 중요성을 강조한다. 그는 농작물을 재배할 때 가축의 힘을 빌리거나 비용을 들이지 말고, 자신의 몸으로 직접 감당할 것을 권한다. 또한 무분별한 대량 생산이 아니라, 먹을 만큼만의 최소량을 재배해야 자연과 조화를 이루는 삶을 실천할 수 있다고 본다.

> 다시 말해 사람이 소박한 생활을 하며 자기가 키운 농작물만 먹되 먹을 만큼의 농작물만 키우고 거둬들인 농작물을 충분치도 않은 양의 사치스러운 기호식품과 바꾸려 들지 않는다면 단지 몇 로드의 땅만 경작해도 충분히 먹고 살 수 있다는 사실이다. 또한 그 땅을 일구는 데 소를 이용하기보다 손수 삽을 써서 갈아엎는 것이 돈이 적게 들며 묵은 땅에 비료를 주기보다 그때그때 새 땅을 택하는 것이 비용이 적게 든다는 사실이다(소로우, 74).

"간소화하고, 다시 간소화하라. 하루 세 끼를 먹는 대신 필요하다면 한 끼만 먹어라. 백 가지 음식을 다 먹기보다 다섯 가지로 줄여라. 다른 일도 같은 비율로 줄여라"(122)라고 말한 바와 같이 소로우가 제안하는 식생활은 소식 및 단순한 음식 섭취, 채식의 가능성, 자급자족, 절제된 섭생 방식의 철학을 잘 드러내며, 이는 현대 환경·생태적 사고방식과도 깊이 연결된다.

소로우는 생존에 필요한 기본 요소로서 의복에 대해서도 최소한만 갖출 것을 주장한다. 그는 사람이 옷을 입는 것이 아니라, 옷이 사람이라는 허수아비에 걸쳐진 것에 불과하다고 비판한다. 사람들은 옷이 해진 것에는 민감하게 반응하면서, 정작 양심이 해진 것에는 무감각하다고 꼬집는다. 소로우는 유행을 좇는 허위성과 맹목성을 강하게 비판한다. 그는 옷은 단지 체온을 유지하고 알몸을 가리는 수단일 뿐이며, 오래 입을수록 더 가치 있다고 강조한다. 『월든』에서 그는 이렇게 말한다. "우리의 헌옷이 아무리 남루하고 더러워져도 결코 새 옷을 구해서는 안 된다"(35).

또한, 유행이란 결국 직물 제조업자들의 변덕에 불과하며, 새 옷을 입는 것은 개성을 말살하고 상업주의의 꼭두각시가 되는 길이라고 경고한다. 그는 다음과 같이 충고한다. "옷을 새로 입은 사람보다는, 새 옷이 필요한 모든 사업을 조심하라. 당신이 어떤 사업을 하려고 한다면, 낡은 옷을 입고 하도록 하라"(36). 소로우에게 진정한 삶이란 외형을 꾸미는 데 있는 것이 아니라, 단순하고 준비성 있게 생활하는 데 있다. 그는 다음과 같이 강조한다. "바람직한 것은 옷을 간편하게 입어 어둠 속에서도 자신의 몸을 만져 볼 수 있도록 하며, 모든 면에서 간결하고 준비성 있게 생활하는 것이다"(36).

> 새로운 무늬와 양식을 추구하는 남녀들의 유치하고 야만적인 취미 때문에 그들은 현재 이 시대가 요구하는 새로운 모양을 찾아낼 욕심으로 끝없는 만화경을 흔들어 들여다보고 있다. 직물제조업자들은 이러한 취미가 일시적인 변덕에 지나지 않다는 것을 잘 알고 있다. 특정한 색깔의 실올이 몇 개 더 있고 없고에 따라 두 가지 옷감 중에서 하나는 잘

> 팔리고 다른 하나는 선반에 처박혀 있다가 계절이 바뀌면 안 팔리던 옷감이 유행의 물결을 타게 되는 일이 비일비재하다(소로우, 38).

소로우는 의복에 대해 생존을 위한 기능적 필요성만을 강조하며, 외적인 치장이나 유행을 따르는 태도를 비판한다. 그는 사람들이 옷을 자주 바꾸는 이유가 새로움에 대한 집착과 타인의 시선 때문이라고 보았다. 그러나 진정 중요한 것은 옷의 겉모습이 아니라, 그 옷을 입은 사람의 진지한 눈빛과 성실한 삶이라고 말한다. 그리고 새 옷을 사는 대신 낡은 옷을 소중히 여길 것을 권장한다. 결국 소로우는, 유행을 따르는 삶을 상업주의의 장난에 휘둘리는 어리석은 행위로 규정하고, 이는 인간 본연의 자유와 개성을 갉아먹는 위험한 행동이라고 강하게 경고한다. 소로우가 옷에 대해 강조한 실용성, 절제, 자립성은 오늘날의 과잉 소비문화와 물질적 허영을 향해 던지는 날카로운 비판적 메시지라고 할 수 있다. 이는 단순히 19세기 비판을 넘어, 현대 사회에서도 여전히 유효한 경고로 읽힌다.

소로우는 세 번째 생활 필수 요소인 주거에 대해서도 '생존을 위한 최소한의 공간이면 충분하다'고 주장한다. 그는 사람들이 크고 화려한 집을 얻기 위해 인생의 절반을 노동에 바치는 현실을 비판한다. 정작 집은 인간을 보호하기 위한 수단일 뿐인데, 사람들은 소유를 삶의 목적으로 삼고 있다고 지적한다. 소로우는 월든 호숫가에 폭 3m, 길이 4.5m, 높이 2.5m의 작은 오두막을 직접 지어 생활하면서, 오히려 자유롭고 만족스러운 삶을 누렸다. 그는 '집을 소유한 것이 아니라, 집이 그를 소유하게 되는 상황'을 경계하며, 화려한 집이라는 짐에 얽매여 진정한 삶의 가치를 잃지 말 것을 강조한다. 더운 지방에서는 파라솔 하나만으로도 생활이 가능하며, 여름철 집은 단지 '밤에 머리를 덮어주는 덮개'에 불과하다고 말한다. 또한 그는 인디언들의 천막집을 문명인의 집과 비교하여, 인디언은 벽을 치지 않고도 세계를 확장하며 사는 반면, 문명인은 벽을 세워 자신을 가둔다고 비판한다. 소로우는 이렇게 결론짓는다. '풍족한 미개인과 가난한 문명인의 차이는, 주거공간에 드러나는 삶의 방식의 차이이다. 진정한 부는 소유의 크기가 아니라 삶의 내용에 있다.'

> 그들은 이웃이 소유하고 있는 정도의 집은 자신도 가져야하겠다고 생각함으로써 가난하게 살지도 않아도 될 것을 평생 가난에 쪼들리며 살고 있다. … 사람들이 구입할 여유가 없는 것이 뻔한 어떤 집, 그러니까 우리가 현재 가지고 있는 집보다 더 편리하고 사치스러운 집을 고안해내는 것은 가능하다. 우리는 지금보다 더 많은 것을 얻으려고 노력할 뿐, 때로는 더 적은 것을 가지고도 만족하는 법은 배우지 않을 것인가? … 오지도 않을 손님들을 위해 비워 둘 손님방들을 장만해야 한다고 선례를 들고 모범을 보여주며 엄숙히 가르쳐야 하는가? 왜 우리의 가구는 아랍인이나 인디언의 가구처럼 소박해서는 안 되는가?(소로우, 50).

소로우는 부양가족이 없는 노동자라도 10년에서 15년이 걸려 주택을 장만하는 계산이 나오는데도 불구하고 크고 호사스러운 집을 사거나 집세를 내는 데 시달리다 생을 마감하는 현실을 안타깝게 여긴다. 결국, 집을 마련하고 나서 농부는 그 집 때문에 더 부자가 된 것이 아니라 실은 더 가난해졌는지도 모르며, "그가 집을 소유한 것이 아니라 집이 그를 소유하게 되었는지도 모른다"(47)는 것이다. 소로우는 집의 사치스러운 외관에 집착하는 태도를 날카롭게 비판한다. "건축적 장식 대부분은 글자 그대로 공허한 것"(64)이며, 크고 호사스러운 집을 원하는 "사람들은 무수한 대리석을 쪼아 쌓고 집을 짓는데, 그 노력으로 교양을 쌓는 것이 어떠냐?"(64)고 반문한다. 그는 크고 호화로운 주택이 아니라, 오직 삶에 꼭 필요한 최소한의 공간만을 거처로 삼아, 생활을 간소화하고 정신적 가치에 집중하는 삶이 더 바람직하다고 주장한다. 소로우는 특히 '자유'라는 가치를 깊이 존중하며, 자신은 넉넉하게 살지는 않지만 충분히 잘 살아가고 있다고 자부한다. 그는 확신에 찬 목소리로 "나는 신념과 경험을 통해, 우리가 간소하고 현명하게 살 의지만 있다면 이 지상에서 자신을 부양하는 일은 고통이 아니라 오히려 즐거움이라는 것을 확신한다"(93-4)라고 말한다.

소로우는 물질을 위한 삶보다 정신을 위한 삶, 그리고 그 과정에서 얻는 육체적 노동의 기쁨을 강조한다. 그는 스스로 손으로 일구는 삶 속에서 진정한 자유와 기쁨을 발견하고, 그것이야말로 인간 존재의 본질적인 행복이라고 믿는다. 이처럼 소로우는 의복과 주거에서도 절제, 실용, 그리고 내면적 성찰을 강조하며, 『월든』을 통해 일관되게 자신의 철학을 드러내고 있는데, 이는 현대인의 소비 중심적 사고방식에 대한 근본적 비판을 내포하고 있다

소로우는 의식주의 생태적 해결 방안에 더해, 생활의 필수품이 아닌 편의품과 사치품을 단호히 배격한다. 그는 편의품과 사치품이 인간 삶을 향상하기는커녕, 오히려 그것들을 얻기 위해 불필요한 고된 노동에 시달리게 만든다고 비판한다. 최소한의 것으로도 충분히 건강하고 만족스러운 생활이 가능하기에, 쓸모없는 일에 에너지를 낭비할 필요가 없다는 것이다. 편의품과 사치품은 의복과 주택을 포함한 일상 전반에 스며들어 인간을 유혹한다. 소로우에 따르면, 이러한 물질에 대한 소유욕은 인간을 토지와 재산에 과도하게 집착하게 만들고, 결국에는 과도한 대출로 빚을 지거나, 유행을 좇는 상업주의의 희생양으로 전락하게 한다. 그 결과, 사람들은 불필요한 가구, 장식품, 사치품에 얽매여 삶의 본질에서 멀어지게 된다. 소로우는 생활에 꼭 필요하지 않은 가구들을 '우리의 껍질이자 불필요한 짐'이라 표현한다. 그는 '마구를 잔뜩 채운 말처럼' 인간 또한 온

갖 잡동사니에 얽매여 자유를 잃는다고 지적한다. 결국 이는 번드르르한 물건을 짊어지고 여행하는 것과 다를 바 없는 부질없는 삶이다.

소로우는 특히, 편의시설을 누리기 위해 치러야 하는 희생을 지적하며, 손해 없이 이익만을 얻을 수 있는 소박한 주거 방식을 권장한다. 미개인은 적은 비용으로도 집을 소유하지만, 문명인은 부유한 듯 보여도 실제로는 집을 장만할 여력조차 없어 세를 들고 살아야 한다. 소로우는 '주택이라는 쓸데없이 큰 재산'을 미래를 대비한 자산으로 간주하는 것은 헛된 일이며, 결국 남는 것은 장례식을 치를 비용 정도뿐이라고 냉소적으로 말한다.

> 대부분의 사치품들과 이른바 생활 편의품들 중의 많은 것들은 꼭 필요한 물건들이 아닐 뿐만 아니라 인간향상에도 방해가 되고 있다. 사치품과 편의품에 관해 말하건대 가장 현명한 사람들은 항상 가난한 사람들보다도 더 간소하고 결핍된 생활을 해 왔다. … 이른바 자발적 빈곤이라는 유리한 고지에 오르지 않고서는 인간생활의 공정하고 현명한 관찰자가 될 수 없다. 농업이건 상업이건 문학 또는 예술이건 사치스런 생활에서 나오는 열매는 사치일 뿐이다(소로우, 23-4).

소로우는 물질적 축적보다 단순하고 자립적인 삶을 더 가치 있게 여기며, 삶의 진정한 부는 '소유'가 아니라 '해방'에 있다고 강조한다. 그는 '자발적 빈곤'을 통해 물질적 과잉에서 벗어나 자연과 조화를 이루며 살아가는 삶을 가장 현명한 방식으로 제시한다. 진정한 자유와 평온은 더 많은 것을 소유함으로써 얻어지는 것이 아니라, 덜 소유하고 덜 욕망할 때 비로소 다가온다는 것이 소로우의 철학이다.

그는 "내가 진정으로 하고 싶은 일을 추구할 자유를 얻을 수 있을까" (41)라는 물음을 던지며, 삶의 본질과 자유의 의미를 깊이 고민한다. 또한 “우리는 다시 깨어나야 하며, 깨어 있는 상태를 유지해야 한다. 나는 의식적인 노력으로 자기 생활을 향상시키는 그 의심할 여지없는 인간의 능력보다 더 고무적인 사실을 알지 못한다”(120)고 말하며, 인간 스스로의 의지와 각성의 힘을 강조한다.

소로우에게 삶의 방향은 외부 환경이 아니라 스스로의 선택에 달려 있으며, 진정한 자유는 내면의 각성과 절제된 삶을 통해서만 얻을 수 있다. 그는 생활을 간소화하고, 불필요한 것을 걷어내어 진짜 중요한 것에 집중할 수 있는 여백을 만드는 것이 인간다운 삶의 핵심이라고 역설한다.

이러한 소박한 삶의 태도는 단순한 절약을 넘어, 자연과 조화를 이루는 생태적 소비생활로 이어진다. 소로우의 실험적 생활은 극도의 간소화를 통해 자연에 순응하는 최적의 방식을 보여주었으며, 이는 인간의 편의를 위한 자연 개발과 착취를 최소화하는 실천적 대안이기도 했다.

그에게 자발적 빈곤은 단순히 물건을 포기하는 것이 아니라, 자연과 공존하기 위한 윤리적 선택이며, 삶의 본질로 돌아가는 혁신적인 철학이다. 불필요한 소비를 줄이고 단순한 삶을 살면, 육체적 노동조차 고통이 아니라 즐거움이 될 수 있으며, 인간은 그 속에서 진정한 자유를 얻게 된다. 소로우는 의·식·주를 포함한 모든 생활 전반에서 ‘단순함’과 ‘본질’에 집중하며, 자발적인 절제와 자연 친화적인 삶을 통해 자유롭고 진지한 인간다운 삶을 실현하고자 했다. 『월든』은 이러한 그의 실천과 철학을 담아, 단순한 수필을 넘어 친환경적이고 자발적인 삶을 위한 빛나는 지혜를 전하는 책으로 평가받는다.

Chapter

02

한국 미니멀리즘의 상징 「무소유」(無所有)

앞 장에서 살펴보았듯, 소로우는 월든 숲속으로 홀로 들어가 노동을 통해 자급자족하며 단순하고 소박한 삶을 실천함으로써 정신적 단련과 수련을 추구하였다. 그는 야생의 동식물을 존중하며, 자연의 무분별한 개발에 대해 깊은 우려를 나타냈다. 기독교 문화권에 속한 서구인으로서, 산업 기술과 인간 중심의 개발을 중시하는 도시화에 맞서며 물질주의의 팽창에 반기를 든 그의 관점은 당대의 일반적인 흐름과는 사뭇 달랐고, 매우 예외적인 사고였다고 할 수 있다. 이러한 소로우와 유사한 사상을 지닌 인물로 우리나라에는 법정 스님(法頂, 1932-2010) 이 있다.

1950년부터 1953년까지 3년간 이어진 6.25 전쟁은 남북의 분단과 함께 한국 사회를 폐허로 만들었고, 전쟁의 잔해 속에서 국민들은 배고픔을 벗어나기 위해 산업화에 매진하게 된다. 그 결과 한국 사회는 빠른 경제 성장을 목표로 달려가기 시작했다. 그러나 이러한 성장 일변도의 분위기 속에서, 법정 스님은 1971년 3월 『현대문학』에 자신의 사색과 실천을 담은 산문 「무소유」를 발표하며, 물질적 풍요만을 추구하는 당시 사회에 깊은 성찰의 메시지를 던졌다. 그는 소유를 줄이고 본질에 집중하는 삶을 통해 진정한 자유와 평화를 찾을 수 있다고 보았으며, 이러한 생각은 당대 대중들에게 강한 울림을 주었다.

책 『무소유』의 초판은 1976년에 출간되었으며, 법정 스님이 집필한 35편의 에세이를 한데 엮은 산문집이다. 그중 「무소유」는 특히 대중적으로 널리 알려진 글로, 책의 제목으로도 사용되었다. 이 글에서 법정 스님이 강조한 내용은 소로우의 『월든』과 생태적 관점에서 깊은 공통점을 지닌다. 소로우가 매사추세츠 인근의 월든 숲속으로 들어가 자급자족하며 단순하고 소박한 삶을 실천했다면, 법정 스님 또한 강원도 산골에서 화전민이 살던 오두막을 빌려 자발적으로 결핍된 삶을 선택하고, 침묵과 무소유의 삶을 일관되게 실천했다. 소로우가 2년 2개월 동안의 월든 숲 생활을 바탕으로 『월든』을 남겼듯이, 법정 스님도 『새들이 떠나간 숲은 적막하다』(1995), 『오두막 편지』(1999) 등의 저술을 통해 자신의 오두막 생활을 소개했다.

이처럼 법정 스님은 「무소유」를 통해 소유의 한계와 딜레마를 지적하며, 나눔과 자발적 가난을 통한 무소유의 삶을 제안하고 있다. 이는 오용석이 말한 바와 같이 '생태 문제 해결을 위한 시작점이자 귀결점'(오용석, 5)이라 할 수 있다. 오늘날처럼 대량생산·대량소비·대량폐기로 인해 심화되는 환경 문제에 대응하기 위해, 법정 스님의 무소유 철학은 우리가 주목할 만한 실천적 대안이 될 수 있다. 「무소유」의 내용은 다음과 같다.[29]

> "나는 가난한 탁발승이오. 내가 가진 거라고는 물레와 교도소에서 쓰던 밥그릇과 염소젖 한 깡통, 허름한 요포 여섯 장, 수건, 그리고 대단치도 않은 평판, 이것뿐이오." 마하트마 간디가 1931년 9월 런던에서 열린 제2차 원탁회의에 참석하기 위해 가던 도중 마르세유 세관원에게

---

29 법정. 『무소유』. 서울: 범우사, 2002. 23-7쪽 인용

소지품을 펼쳐 보이면서 한 말이다. K. 크라팔라니가 엮은 "간디 어록"을 읽다가 이 구절을 보고 나는 몹시 부끄러웠다. 내가 가진 것이 너무 많다고 생각되었기 때문이다. 적어도 지금의 내 분수로는. 사실, 이 세상에 처음 태어날 때 나는 아무것도 갖고 오지 않았었다. 살 만큼 살다가 이 지상의 적에서 사라져 갈 때에도 빈손으로 갈 것이다. 그런데 살다 보니 이것저것 내 몫이 생기게 된 것이다. 물론 일상에 소용되는 물건들이라고 할 수도 있다. 그러나 없어서는 안 될 정도로 꼭 긴요한 것들만일까? 살펴볼수록 없어도 좋을 만한 것들이 적지 않다. 우리들이 필요에 의해서 물건을 갖게 되지만, 때로는 그 물건 때문에 적잖이 마음이 쓰이게 된다. 그러니까 무엇인가를 갖는다는 것은 다른 한편 무엇인가에 얽매인다는 것이다. 필요에 따라 가졌던 것이 도리어 우리를 부자유하게 얽어맨다고 할 때 주객이 전도되어 우리는 가짐을 당하게 된다는 말이다. 그러므로 많이 갖고 있다는 것은 흔히 자랑거리로 되어 있지만, 그만큼 많이 얽히어 있다는 측면도 동시에 지니고 있는 것이다.

나는 지난해 여름까지 이름 있는 난초 두 분을 정성스레, 정말 정성을 다해 길렀었다. 3년 전 거처를 지금의 다래헌으로 옮겨 왔을 때 어떤 스님이 우리 방으로 보내 준 것이다. 혼자 사는 거처라 살아 있는 생물이라고는 나하고 그 애들뿐이었다. 그 애들을 위해 관계 서적을 구해다 읽었고, 그 애들의 건강을 위해 하이포넥슨가 하는 비료를, 바다 건너가는 친지들에게 부탁하여 구해 오기도 했었다. 여름철이면 서늘한 그늘을 찾아 자리를 옮겨 주어야 했고, 겨울에는 필요 이상으로 실내 온도를 높이곤 했었다. 이런 정성을 일찍이 부모에게 바쳤더라면 아마 효자 소리를 듣고도 남았을 것이다. 이렇듯 애지중지 가꾼 보람으로 이른 봄이면 은은한 향기와 함께 연둣빛 꽃을 피워 나를 설레게 했고, 잎은 초승달처럼 항시 청청했었다. 우리 다래헌을 찾아온 사람마다 싱싱한 난을 보고 한결같이 좋아라 했다. 지난해 여름 장마가 개인 어느 날 봉선사로 운허노사를 뵈러 간 일이 있었다. 한낮이 되자 장마에 갇혔던 햇볕이 눈부시게 쏟아져 내리고 앞 개울물 소리에 어울려 숲속에서는 매미들이 있는 대로 목청을 돋우었다. 아차! 이때에야 문득 생각이 난 것이다. 난초를 뜰에 내놓은 채 온 것이다. 모처럼 보인 찬란한 햇볕이 돌연 원망스러워졌다. 뜨거운 햇볕에 늘어져 있을 난초 잎이 눈에 아른거려 더 지체할 수가 없었다. 허둥지둥 그 길로 돌아왔다. 아니나 다를까, 잎은 축 늘어져 있었다. 안타까워하며 샘물을 길어다 축여주고 했더니 겨우 고개를 들었다. 하지만 어딘지 생생한 기운이 빠져버린 것 같았다. 나는 이때 온몸으로, 그리고 마음속으로 절절히 느끼게 되었다. 집착이 괴로움인 것을.

그렇다. 나는 난초에게 너무 집념해 버린 것이다. 이 집착에서 벗어나야겠다고 결심했다. 난을 가꾸면서는 산철 승가의 유행기에도 나그네 길을 떠나지 못한 채 꼼짝 못하고 말았다. 밖에 볼 일이 있어 잠시 방을 비울 때면 환기가 되도록 들 창문을 조금 열어 놓아야 했고, 분을 내놓은 채 나가다가 뒤미처 생각하고는 되돌아와 들여놓고 나간 적도 한두 번이 아니었다. 그것은 정말 지독한 집착이었다. 며칠 후, 난초처럼 말이 없는 친구가 놀러 왔기에 선뜻 그의 품에 분을 안겨 주었다. 비로소 나는 얽매임에서 벗어난 것이다. 날 듯 홀가분한 해방감. 삼 년 가까이 함께 지낸 '유정'을 떠나보냈는데도 서운하고 허전함보다 홀가분한 마음이 앞섰다. 이때부터 나는 하루 한 가지씩 버려야겠다고 스스로 다짐을 했다. 난을 통해 무소유의 의미 같은 걸 터득하게 됐다고나 할까. 인간의 역사는 어떻게 보면 소유사처럼 느껴진다. 보다 많은 자기네 몫을 위해 끊임없이 싸우고 있는 것 같다. 소유욕에는 한정도 없고 휴일도 없다. 그저 하나라도 더 많이 갖고자 하는 일념으로 출렁거리고 있는 것이다. 물건만으로는 성에 차질 않아 사람까지 소유하려 든다. 그 사람이 제 뜻대로 되지 않을 경우는 끔찍한 비극도 불사하면서. 제정신도 갖지 못한 처지에 남을 가지려 하는 것이다. 소유욕은 이해와 정비례한다. 그것은 개인뿐 아니라 국가 간의 관계도 마찬가지다. 어제의 맹방들이 오늘에는 맞서게 되는가 하면, 서로 으르렁대던 나라끼리 친선 사절을 교환하는 사례를 우리는 얼마든지 보고 있다. 그것은 오로지 소유에 바탕을 둔 이해관계 때문인 것이다. 만약 인간의 역사가 소유사에서 무-소유사로 그 향을 바꾼다면 어떻게 될까. 아마 싸우는 일은 거의 없을 것이다. 주지 못해 싸운다는 말은 듣지 못했다. 간디는 또 이런 말도 하고 있다. "내게는 소유가 범죄처럼 생각된다…." 그가 무엇인가를 갖는다면 같은 물건을 갖고자 하는 사람들이 똑같이 가질 수 있을 때 한

> 한다는 것. 그러나 그것은 거의 불가능한 일이므로 자기 소유에 대해서 범죄처럼 자책하지 않을 수 없다는 것이다. 우리들의 소유 관념이 때로는 우리들의 눈을 멀게 한다. 그래서 자기의 분수까지도 돌볼 새 없이 들뜨게 되는 것이다. 그러나 우리는 언젠가 한 번은 빈손으로 돌아갈 것이다. 내 이 육신마저 버리고 훌훌히 떠나갈 것이다. 하고 많은 물량일지라도 우리를 어떻게 하지 못할 것이다. 크게 버리는 사람만이 크게 얻을 수 있다는 말이 있다. 물건으로 인해 마음을 상하고 있는 사람들에게는 한 번쯤 생각해 볼 말씀이다. 아무것도 갖지 않을 때 비로소 온 세상을 갖게 된다는 것은 무소유의 역리이니까.

위의 「무소유」는 법정 스님이 『간디어록』을 읽은 뒤의 소감과, 난초를 키우며 느낀 일상 속의 체험을 바탕으로 진정한 행복은 소유가 아닌 무소유에서 비롯된다는 깨달음을 기록한 글이다. 스님은 누구나 무소유의 자세를 갖게 될 때 비로소 진정한 행복을 느낄 수 있다고 말하며, 이는 오늘날 우리가 일상에서 마주하는 현실적인 삶의 태도에 깊은 교훈을 전해준다.

위 글에서 글쓴이가 무소유의 이치에 이르게 되는 과정은 세 단계로 나누어 볼 수 있다. 첫 번째 단계에서는, 난초를 정성스럽게 보살피는 마음이 강조된다. 국내에서 생산되지 않는 비료를 구하기 위해 해외로 떠나는 친척에게까지 부탁할 만큼 정성을 쏟는다. 그는 이 같은 정성을 부모님께 바쳤더라면 효자 소리를 들었을 것이라 자조적으로 말할 정도로, 난초에 애정을 쏟는다.

두 번째 단계에서는, 난초에 대한 집착이 커지면서 오히려 괴로움을 느끼게 된다. 외출하려다 다시 돌아와 밖에 둔 난초를 방 안으로 들이고, 난초를 돌보기 위해 난방과 환기에도 각별히 신경을 쓴다. 심지어는 승가를 비울 수도 없을 만큼 생활 전체가 난초에 매여 있다. 장마철 모처럼 햇볕이 들 때조차도, 시들해질 난초를 걱정해 햇빛조차 원망스러운 존재가 된다.

세 번째 단계에서는, 화자가 무소유의 진정한 의미를 깨닫게 된다. 난초에 대한 집착이 오히려 괴로움의 원인이 되었음을 자각한 그는, 말없이 조용한 스님에게 그 난초를 넘겨줌으로써 집착에서 벗어나 자유를 얻는다. 오랜 유정(有情)과의 얽힘에서 벗어났을 때 비로소 무소유의 참된 가르침을 몸으로 깨닫게 된 것이다.

그는 소유하려는 욕심이 인간의 눈을 멀게 만들며, 결국 크게 버리는 자만이 크게 얻을 수 있다는 이치를 통찰한다. 아무것도 가지지 않을 때 비로소 온 세상을 가질 수 있음을 깨달은 것이다.

그렇다면 '난초'의 상징적 의미를 살펴보면, 난초는 글쓴이에게 기쁨을 주는 존재이지만, 동시에 끊임없이 집착하게 만들고 구속하는 존재로서 '소유욕'이나 '집착의 대상'을 상징한다고 볼 수 있다. 이 글의 성격은 스님의 소소한 일상 경험을 통해 독자에게 깨달음을 주기 때문에, 체험적이고 교훈적이며 사색적인 특징을 지닌다. 주제는 무소유의 참된 의미와 정신적 자유의 소중함이라고 할 수 있다. 글의 특징은 깊이 있는 철학적 주제를 담담한 어조로 누구나 이해하기 쉽게 풀어내고 있으며, 인생의 참된 의미를 역설적인 논리를 통해 전하고 있다는 점이다.

위와 같은 무소유의 의미에 대해 법정 스님은 『무소유』 출판 뒤 20여 년 지나서 펴낸 시집 『산에는 꽃이 피네』(1998)에서 밝힌 바 있다. 이 책에서 법정 스님은 과잉소비와 포식사회가 인간을 병들게 하고 맑은 가난은 인간의 고귀한 덕이며 무소유는 지혜로운 삶의 선택이라고 다음과 같이 밝히고 있다.

> 무소유란 아무것도 갖지 않는다는 것이 아니다. 궁색한 빈털터리가 되는 것이 아니다. 무소유란 아무것도 갖지 않는 것이 아니라 불필요한 것을 갖지 않는다는 뜻이다. 무소유의 진정한 의미를 이해할 때 우리는 보다 홀가분한 삶을 살 수 있다. 우리가 선택한 맑은 가난은 넘치는 부보다

훨씬 값지고 고귀한 것이다. 이것은 소극적인 생활태도가 아니라 지혜로운 삶의 선택이다(법정, 2010, 80).

법정은 우리가 크고 많은 것만을 추구하다 보니 늘 갈증 상태에 놓여 있다고 주장한다. 작은 것과 적은 것으로 만족할 줄 알아야 한다는 것이다. 행복의 척도는 필요한 것을 얼마나 많이 갖고 있는가에 있지 않고 불필요한 것으로부터 얼마나 벗어나 있는가에 있으므로 홀가분한 마음이 행복의 척도라고 주장한다. 삶을 살 줄 아는 사람은 남보다 적게 갖고 있으면서도 그 단순과 간소함 속에서 삶의 기쁨과 순수성을 잃지 않는 사람이라는 것이다. 단순하고 간소한 생활이 진정한 사람의 삶이라고 다음과 같이 언급한다.

오늘의 문명은 자연이 낳은 이자만으로도 모자라서 자연이 축적해 놓은 자본까지 갉아먹고 있다. 더 많이 만들고 더 많이 소비하는 산업구조가 문제이다. 자원은 한정되어 있는데 언제까지 더 많이 만들고 더 많이 소비할 것인가. 농장사회에서는 쓰레기가 없었다. 땅에서 나온 건 다시 땅으로 되돌아가는 비료의 기능을 하게 되어 있다. 그런데 산업사회에 와서 화학제품과 공업제품이 땅과 지하수를 더럽히고 있다. 이것들은 땅에 들어가도 삭질 않는다. 우리가 보다 인간다운 삶을 이루려면 될 수 있는 한 생활용품을 적게 사용하면서 간소하고 단순하게 살아야 한다. 그것이 진정한 사람의 삶이다. 내 개인적인 희망이 있다면, 어떻게 하면 보다 단순하고 간소한 삶을 이룰 것인가 하는 것이다. 단순하고 간소한 삶을 통해서 내게 주어진 본질적인 사명을 누릴 수 있고, 안팎으로 자유로워질 수가 있기 때문이다(법정, 2010, 81-2).

무언가를 소유하게 되면, 그것이 크든 작든 결국 그 소유물에 얽매여 오히려 자유를 잃게 된다. 다시 말해, 아무것도 갖지 않을 때 오히려 온 세상을 가질 수 있다는 것이다. 소유를 제한하고 자제하는 삶은 우리의 정신을 더욱 풍요롭게 하고, 생활환경과 자연을 덜 훼손하게 만든다. 그렇기에 단순한 삶이야말로 무엇보다도 중요하다는 점을 거듭 강조하고 있다.

> **단순한 삶**이 마음을 평온하게 하고 근원적인 눈을 뜨게 한다. **단순한 삶**을 이루려면 투철한 자기 억제와 자기 질서를 가져야 한다. 보지 않아도 좋을 것은 보지 말고, 듣지 않아도 좋을 것은 듣지 말고, 읽지 않아도 좋을 것은 읽지 말며, 먹지 않아도 좋을 음식은 먹지 말아야 한다. 그래서 될 수 있는 한 가려 가면서 **적게 보고 적게 듣고 적게 입고 적게 먹어야 한다.** 그래야 인간이 성숙해지고 승화될 수 있다. **보다 적은 것이 보다 귀한 것이고, 결과적으로 넉넉한 것이다.** 거듭 말하지만 이런 생활 태도를 소극적인 생활태도라고 잘못 알아선 안 된다. 그것은 **지혜로운 삶의 선택**이다. **행복의 조건은 결코 크거나 많거니 거창한 데 있지 않다. 작은 일을 갖고도 우리는 얼마든지 행복해질 수 있다.** 별이 빛나는 밤하늘을 보면서도 행복해질 수 있고 저녁노을을 보면서도 하루의 행복을 누릴 수 있다. 우리가 너무 거창한 데서, 큰 데서, 야단스러운 데서 행복을 찾으려고 하기 때문에 우리에게 주어진 그런 행복도 놓치고 만다. **행복의 조건은 지극히 일상적이고 작은 일속에 있다.** 우리가 그걸 찾아내면 되는 것이다. 조촐한 삶과 드높은 영혼을 지니고 자기 자신답게 살 줄 안다면 우리는 어떤 상황에서도 행복할 수 있다(법정, 2010, 83-4).

다시 말해, 절제와 단순함을 실천하는 삶은 마음의 평온과 참된 행복을 가능하게 하는 지혜로운 삶의 방식이며, 이러한 태도는 과도한 소비를 줄이고 자연을 보존하는 삶으로 연결된다.

Chapter

03

『작은 생활을 권하다』가 전하는 현대 미니멀리즘

앞에서 살펴본 바와 같이, 속세를 떠나서 수행하는 불교스님의 주장과 유사하게 평범한 시민이 일상의 사회생활에서 간소한 삶을 실천하여 대중의 주목을 받고 있는 사례가 있다. 2010년부터 널리 주목받게 된 조슈아(Joshua Fields Millburn 1981~)와 라이언(Ryan Nicodemus 1981~) 두 청년의 생활태도가 오늘날 잘 알려져 있는 미니멀리즘 운동을 촉발시켰기 때문이다.[30] 미니멀리즘은 제2차 세계대전을 전후하여 시각예술 분야에서 출현하여 음악, 건축, 패션, 철학 등 여러 영역으로 확대되어 다양한 모습으로 등장했다. '작은 것이 아름답다'는 심미적 원칙에 기초를 두고 장식적인 기교나 각색을 최소화하고 사물의 근본만을 표현했을 때 진정한 리얼리티가 달성된다는 믿음에 근거하고 있다. 즉 미니멀리

30 소로우 이후 미니멀리즘 운동은 영국에서 소로우를 지지하는 작가 겸 사회개혁운동가 헨리 스티븐스 솔트(Henry Stephens Salt, 1851~1939), 시인이자 소설가 윌리엄 모리스(William Morris, 1834~1896), 시인이자 유토피아 사회주의자 에드워드 J. 카펜터(Edward J Carpenter 1844~1929) 등이 미니멀 라이프를 지지하면서 대중들에게 알려졌다. 미국에서는 철학자 리처드 바틀릿 그레그(Richard Bartlett Gregg, 1885-1974)가 1936년 그의 에세이 『단순화된 삶』(*Simplified Living*)에서 '자발적인 단순함(voluntary simply)'이라는 용어를 만들어내어 주목받은 바 있다.

즘은 기본적으로 예술적인 기교나 각색을 최소화하고 사물의 근본 즉 본질만을 표현했을 때, 현실과 작품과의 괴리가 최소화되어 진정한 리얼리티가 달성된다는 믿음에 근거하고 있다. 일상생활 속에서 미니멀리즘이라는 개념은 '극대화'라는 맥시멀리즘과 반대되는 '기본적, 혹은 최소한'이라는 의미로 '미니멀'(minimal)에 '주의'(ism)를 결합하여 단순함과 간결한 생활방식을 추구하여 보다 소중한 것에 집중하고자 노력하는 트렌드로 미니멀 라이프를 의미한다. 오늘날 주목받고 있는 미니멀 라이프는 '적은 것이 많은 것'이라는 원칙에 따라 생활하므로 소비와 소유의 순환에서 벗어나 소비로 인한 일상의 속박에서 탈피할 수 있다. 또한 실제로 필요한 것보다 적은 비용으로 생활할 수 있어 소비지향적인 생활의 대안이 될 수 있다.

이 운동은 미국 출신의 조슈아와 라이언이 일주일에 70 내지 80시간 동안 일을 하면서 물건을 사는 것으로 공허감을 채웠지만 행복할 수 없음을 체감한 후 2010년 무렵 자신들이 세우고 실천한 나름의 미니멀리즘 원칙을 '더 미니멀리스트'(www.theminimalists.com)이라는 주소의 웹사이트에 소개하면서 알려지기 시작했다. 개설 1년 만에 웹사이트 방문자 수가 월 10만 명에 달했고, 언론의 집중 조명을 받았다. 미니멀한 삶의 가치를 알리면서 조슈아와 라이언이 펴낸 책 『미니멀리스트』(*The Minimalist*, 2012)는 베스트셀러가 되었고 두 사람은 월스트리트 저널, CBS, NBC, FOX, NPR, CBC 등 다양한 미디어를 통해 알려졌다. 또한 하버드 비지니스 스쿨, 테드를 비롯하여 다양한 기관과 학교에 초대받아 강연을 하기도 했다.

미국에서 미니멀리즘 운동이 시작한 비슷한 시기에 일본에서도 끊고 버리고 떠난다는 뜻을 가진 단샤리(斷捨離)가 유행하기 시작했다. 단샤리는 불필요한 물건을 사지 않는 것, 사용하지 않는 물건을 버리는 것, 물건에 대한 집착에서 떠나는 것을 말한다. 2011년 동일본의 대지진이 수집을 좋아하는 일본인들에게 자연의 대재앙 앞에서 생활도구나 집과 살림살이가 소용이 없고 차라리 간소하게 최소한의 물건으로만 생활하는 게 더 낫다는 소유에 대한 회의감을 들게 만들었다. 게다가 장기화된 경제 불황이 일본인들 사이에 단순한 생활 방식에 관심을 갖게 하였는데, 특히 이는 사토리 세대들에게 전폭적 지지를 받게 되었다. 사토리 세대는 소비를 꺼리는 일본의 1987년에서 2004년 사이에 태어난 사람들을 말한다. 이들은 자동차 소유나 술을 거부하며 심지어 연애도 하지 않고 지출을 극히 줄이는 세대를 일컫는다. 즉 동일본의 대지진과 사토리 세대의 소비방식이 일본인들 사이에 미니멀 라이프 열풍을 가져왔던 것이다.

이처럼 미국과 일본에서 미니멀 라이프가 확산되면서 미니멀리즘은 소비를 줄이고(Reduce), 자원을 재활용하고(Recycle), 재사용하는(Reuse)을 뜻하는 3R 운동과 함께 소비를 줄이고 쓰레기를 최소화하는 생태적 소비생활의 일환으로 작용하고 있다.

오늘날 미니멀리즘 운동의 시발점이 된 조슈아와 라이언은 그들의 두 번째 저서 『작은 생활을 권하다』(*Minimalism: Essential essays*, 2018)를 통해 자신들이 선택한 미니멀 라이프의 철학과 실천 방법을 상세히 소개하고 있다. 이들은 좋은 차, 큰 집, 넘쳐나는 물건들을 과감히 내려놓았고, 왜 미니멀리즘을 선택하게 되었는지에 대한 계기와 과정, 그리고 이를 실천하면서 겪은 경험과 깨달음을 솔직하게 공유한다. 그 결과 독자들은 이 책을 통해 삶을 보다 가치 있고 의미 있게 살아가는 방식에 대해 성찰할 수 있게 된다.

총 5부로 구성된 이 책의 1부는 '미니멀리즘으로의 여정'(Journey into Minimalism)을 다룬다. 저자들은 12년 동안 신입 영업사원에서 시작해 수백만 달러의 예산을 책임지는 소매 부문 전무이사로 성장하며 열정적으로 일했고, 사회적으로도 성공을 거두었다. 그러나 높은 연봉과 지위는 진정한 행복을 가져다주지 못했다. 그들은 자신들에게 진정한 열정과 사명감을 불러일으키는 일이 글쓰기와 자선 활동임을 깨닫고, 이를 위해 지금까지 쌓아온 것들을 과감히 내려놓는다. 생계에 대한 불안을 떨칠 수 있었던 이유는, 미니멀리즘이 진정한 자유를 얻는 수단임을 몸소 체험했기 때문이다. 그들이 말하는 자유란 단지 경제적인 여유가 아니라, 두려움으로부터의 자유, 걱정으로부터의 자유, 압박감과 속박으로부터의 자유이다. 이러한 자유는 바로 미니멀 라이프를 통해 얻을 수 있으며, 이 여정은 단순한 소비 절제가 아닌 삶의 본질에 가까이 다가가는 실천의 과정임을 보여준다.

> 벌지 않아도 먹고살 만큼 은행에 돈을 쌓아 놓았기 때문에 미련 없이 회사를 나올 수 있었던 건 아니다. 수입이 없어도 몇 달 정도는 버틸 수 있겠지만, 그건 내가 지출을 줄인 소박한 삶을 살고 있기 때문이다. 나처럼 하는 건 어렵지 않다. 상황의 노예가 되기를 거부하고 더 의미 있는 삶을 살려고 노력하면 된다. 열정을 좇으며 살면 된다.[31]

미니멀리즘은 불필요한 것을 버리고 중요한 것에 집중하는 삶의 방식이다. 이 삶의 방식은 단순히 물건을 줄이는 것을 넘어, 다음과 같은 다양한 혜택을 가져다준다. 시간을 되찾게 해주고, 과도한 소유물에서 벗어나게 하며, 인생을 더욱 즐기고 의미 있게 살게 도와준다. 또한 현재의 순간을 온전히 살아가게 하고, 진정으로 중요한 일에 집중하도록 하며, 열정을 가지고 일하게 만든다. 뿐만 아니라, 미니멀리즘은 행복을 찾게 하고,

---

31 J. Fields, Miliburn & Ryan Niccodemus, *Minimalism : Essential Essays*, 고빛샘 옮김, 『작은 생활을 권하다』 KPI출판그룹 책읽는 수요일, 2018, 42쪽. 이하 이 책의 인용문은 괄호 안의 쪽 수로 표시함.

하고 싶은 일을 하게 하며, 삶의 사명을 발견하게 하고, 자유를 누리게 한다. 더 적게 소비하면서도 오히려 더 많은 것을 창조할 수 있게 해주는 삶의 도구가 된다(30). 따라서 미니멀리스트는 진짜 중요한 것을 위해 불필요한 것들을 하나씩 줄이기로 결단해야 한다. 이 여정은 처음에는 어렵게 느껴질 수 있지만, 점점 더 수월해진다. 그 이유는 미니멀리즘을 실천하려면 초반에 마음가짐, 행동, 습관까지 급격히 바꿔야 하기 때문이다. 그러나 이 변화는 충분히 실천할 만한 가치가 있다. 왜냐하면 미니멀리즘은 인생에서 불필요한 것들을 걷어내고 진정 중요한 것에 집중할 수 있게 해주는 강력한 도구이기 때문이다. 이를 통해 우리는 만족감, 충만함, 자유를 경험할 수 있다. 결국 미니멀리즘은 돈, 권력, 지위, 물질적 성공을 인생의 최고 가치로 여기는 세상의 기준에서 벗어나, 진정한 삶의 주인이 되기를 권장한다.

2부 '모션과 이모션'(Motion & Emotion)에서는 미니멀리즘을 처음 대했을 때의 감정과 이를 극복하는 마음가짐을 소개하고 있다. 미니멀리즘을 처음 받아들일 때 누구나 두려움을 느낄 수 있다. 정체성, 사회적 지위, 인생에서 의미 있다고 여기는 모든 것을 잃을까 겁날 수 있지만 미니멀리즘에는 옳거나 그른 방식, 반드시 지켜야 할 인생의 속도 따위가 없다. 그것은 다른 삶의 여정이며 그 방식은 사람마다 다르기 때문이다. 실제 조슈아와 라이언은 자신들이 소유한 물건을 줄이면서 시간적 여유가 늘었고 더 많은 자유를 얻었으며 인생의 스트레스는 줄었음을 경험한다. 또한 버려야 할 것은 소유한 물건만이 아니라 자신이 평소에 갖는 압박감도 포함된다. 현대인에게 압박감의 원인은 수백만 가지의 정보, 바로 그 자체라는 것이다. 바쁘고 복잡한 일상이 압박감을 주므로 인생에서 중요하지 않은 것들을 없애는 작업이 필요하다. 이메일을 확인하지 않고 텔레비전과 인터넷을 끊고 불필요한 전화를 받지 않으며, "중요한 사람들과의 관계, 건강, 열정을 불러일으키는 일, 한 개인으로서의 성장, 타인에 대한 기여 같은 것들에 모든 신경을 집중하며 삶"(76)을 강조한다.

조슈아와 라이언은 소비에 작용하는 인간의 심리는 '질투라는 낭비' 때문이라고 주장한다. 질투는 다양한 방식으로 일상에서 발동하고 있으며 질투라는 감정이 선망과 탐욕으로 점철되어 소비를 부추긴다는 것이다.

> 우리 문화는 질투, 선망, 탐욕으로 점철되어 있고, 이런 것들은 모두 소비를 부추기는 경쟁적인 문화의 부산물이다. 하지만 우리는 그런 감정이 얼마나 치명적인지 깨닫지 못한 채 경쟁이 질투를 불러일으키면 거기에 '승부욕', '불굴의 의지', '야망' 등의 좀 더 그럴듯한 이름표를 붙인다. 사실 질투는 문화적 의무감을 유발한다. 남들에게 뒤지지 말아야 한다는 생각 말이다. 그래서 우리는 이웃의 부(富), 큰 집, 대형 자동차, 여가 생활, 환상적인 여름휴가를 부러워한다. 이 모든 것이 서로를 엿보고, 본모습을 잔뜩 부풀려 과시하며 살아갈 수밖에 없는 현대 사회의 부작용이다(조슈아와 라이언, 70).

질투의 대상은 물질에만 한정되지 않고 관계, 친구, 연인, 고객에게도 적용된다. 그러나 질투는 백해무익한 감정이다. 질투라는 감정도 어느 정도 통제할 수 있기 때문에 해결할 수 있다.

3부는 '행동하기'(Taking Action)이다. 이 장에서는 미니멀리즘 생활 방식을 실제로 행동으로 옮기는 방법을 소개한다. '짐 싸기 파티'부터 '미니멀리스트를 위한 자산 관리법'까지, 구체적이고 실천 가능한 다양한 방법들이 제시된다. 이는 단순한 결심의 차원을 넘어, 스스로를 변화시키고 어떤 계획이든 직접 실천에 옮기는 것의 중요성을 강조한다. 미니멀리스트가 되기 위한 실천 방법 중 하나인 '짐 싸기 파티'(Packing Party)는 다음과 같다.

> 짐 싸기 파티에서는 칫솔, 탈취제, 주방용품처럼 앞으로 사용할 가능성이 높은 물건이라도 빼놓지 않고 상자에 담거나 포장해야 한다. 그런 다음 일주일간 필요할 때마다 짐을 풀어 꺼내 쓰면 된다. 그날 저녁 당장 칫솔이 필요하다면 상자에서 꺼내 쓰면 된다. 아침에 일어나 보니 샴푸, 컨디셔너, 보디워시가 필요한가? 짐을 풀어 쓰라. 다음 날 입을 옷이 필요한가? 상자에서 꺼내 입으라. 일주일 후에 집 안을 한번 둘러보라. 아마 거의 모든 짐이 상자 안에 그대로 있을 것이다. 이제 가장 흥미진진한 결정이 남았다. 쌓여 있는 짐을 모두 버리거나, 기부하거나, 팔라(조슈아와 라이언, 81).

방 안을 가득 메웠던 물건들이 박스에 담겨 기부되거나 판매되어 깨끗하게 정리된 후, 그 빈 공간에서는 새로운 삶이 시작될 수 있다. 물건에 얽매이지 않게 되면, 자연스럽게 삶에서 진정으로 중요한 것에 집중할 수 있게 된다. 이를 실천하기 위해, 일주일이나 한 달, 혹은 석 달 정도 새로운 물건을 구입하지 않고 지내 볼 것을 권장한다. 더 나아가, 오직 100가지 물건만으로 생활하는 미니멀한 삶을 시도해 보는 것도 하나의 방법인데, 이러한 실천은 물질에 대한 의존을 줄이고, 자율성과 내면의 풍요로움을 키우는 데 도움이 된다.

미니멀리즘을 실천하기 위해서는 단순한 희망사항을 의무사항으로 바꾸는 태도가 필요하다. 이를 위해 의무사항 목록을 작성하고, '나는 반드시 ______할 거야'라고 큰 소리로 읽는 것이 중요하다. 반면 '______하면 좋을 텐데'와 같은 희망사항은 수동적이고, 패배주의적이며, 무기력하고 생기 없는 상태를 반영한다. 반대로, 의무사항 목록은 활기와 에너지가 넘치며 행동을 유도한다. 매일 그것을 실천할 때, 비로소 미니멀리스트로서의 새로운 삶이 시작된다.

미니멀리스트가 되기 위한 자산관리법 중 가장 기본은 지출관리다. "얼마를 벌든 상관없이, 수입보다 지출이 적어야 한다"(104)는 원칙을 지켜야 한다. 즉, 지출관리의 핵심은 버는 것보다 적게 쓰는 것이다. 자산을 효과적으로 관리하기 위해서는 사용한 돈을 동전 하나까지도 빠짐없이 기록하려는 태도가 필요하며, 모든 소비에 대해 책임감을 가져야 한다. 이를 위한 실천 항목으로는 지출내역서를 꼼꼼히 확인하기, 불필요한 지출 없애기, 돈을 쓴다는 것은 곧 시간을 쓰는 것이므로, 돈과 자유를 맞바꾸고 있다는 인식 갖기, '어떻게 성장하고, 어떻게 사회에 기여하고 싶은지' 목록으로 정리하기 등이다. 이러한 실천은 미니멀리스트로서 물질적 절제뿐만 아니라, 의식 있는 소비와 자기 성장을 위한 자산관리 태도를 만들어준다.

4부는 '성장'(Growth)을 주제로 한다. 이 장에서는 진정한 성장을 위해 '내일은 꼭' 증후군을 없애야 한다고 강조한다. 이는 '내일부터 시작할 거야', '다음 주부터 해볼게', '다음 달엔 꼭 할 거야' 같은 식으로 행동을 미루는 습관을 말한다. 다이어트든, 운동이든, 건강과 관련된 어떤 행동이든 지금 당장 시작하지 않으면, 우리가 믿는 '내일'은 결코 오지 않고 오직 '오늘'만 존재할 뿐이다. 성장을 이루기 위해서는 변화의 필요성을 느끼는 것에서 그치지 않고, 그것을 '의무사항'으로 받아들여 즉시 실천에 옮겨야 하며, 이러한 실천은 미니멀리즘을 통해 더욱 확고해질 수 있다.

특히, 생존에 필수적인 '음식'에 대해서도 쾌락이 아닌 영양 섭취를 목적으로 접근하는 태도가 중요하다. 즉, 먹는 행위는 즐거움을 위한 것이 아니라 신체를 유지하고 성장시키기 위한 수단이어야 하며, 이를 위해 피해야 할 음식으로는 설탕, 기름진 튀김류, 빵과 파스타 같은 정제 탄수화물이 대표적이다. 이들은 금하거나 최소한으로 섭취해야 한다.

> 나는 하루에 두 끼나 세끼를 먹는다. 군것질은 하지 않는다. 내게 군것질은 죄악이다. 대신 샐러드, 과일, 채소를 많이 먹고 하루에 물을 2.8

> 리터 이상 마신다. … '건강에 유익한 식이요법'의 장점 중 하나는 돈이 별로 들지 않는다는 것이다. 이 방법을 따르려면 우선 소비를 줄여야 한다. 나는 의도적으로 집에 식재료를 많이 쌓아두지 않으려 한다. … 오늘 즉시 운동, 다이어트와 관련된 행동을 취하길 권한다. 스포츠센터에 등록하는 것도 좋고, 그럴 여건이 안 된다면 어떤 식으로든 몸을 움직이라. 지금 당장 컴퓨터를 끄고 일어나 산책을 하거나, 조깅을 하거나, 달리거나, 자전거를 타라. 식단도 오늘부터 건강하게 바꾸어보라. 운동과 다이어트 원칙을 세우라(조슈아와 라이언, 131-4).

또한 4부에서는 조슈아와 라이언이 미니멀리스트로서 성장에 필요한 30가지의 깨달음을 제시하고 있다. 그 중에 '행복은 돈으로 살수 없다', '성공은 멀리서 볼 때만 그럴듯해 보인다'. '열정을 불러일으키는 일을 찾아야 한다'. '인간관계는 중요하다', '모든 사람에게 호감을 살 필요는 없다', '변화를 의무화해야 한다', '삶의 의미는 성장과 기여에 숨어 있다', '건강은 생각보다 훨씬 더 중요하다', '직업은 사명이 아니다', '지위는 성공을 판단하는 기준으로 적절하지 않다', '질투와 시기는 감정 낭비이다', '나는 우주의 중심이 아니다', '깨어있는 의식은 가장 귀중한 자유이다', '대부분의 걱정은 쓸데없다', '정직은 엄청나게 중요하다', '과대광고는 암이다', 등등이 있다.

5부는 '의미 있는 삶'(Meaningful Life)에 대해 다룬다. 물건은 그저 물건일 뿐이지만, 사람들은 종종 중요하지 않은 물건에 지나치게 많은 의미를 부여하곤 한다. 이러한 태도는 결국 물건에 우리의 돈과 시간, 에너지를 빼앗기게 만들며, 이는 곧 우리의 자유를 잃는 결과로 이어진다. 시간은 곧 자유이므로, 물건이 우리의 자유를 앗아갔다고 볼 수 있는 것이다.

대표적인 예시가 텔레비전이다. 텔레비전은 순간적인 재미와 위안을 제공하지만, 동시에 우리의 돈, 시간, 주의력, 자각, 자유, 인간관계, 그리고 창의성까지도 빼앗는다. 따라서 텔레비전을 없애는 것만으로도 우리는 삶의 많은 시간을 되찾을 수 있다. 마찬가지로, 인터넷 회선을 끊는 일 역시 생산성을 높이는 데 도움이 될 수 있다. 이는 딴짓을 줄이고 글쓰기에 더욱 집중하기 위한 전략이다. 인터넷을 끊는 경험은 마치 금연 과정과 비슷하여, 처음에는 접속하고 싶은 강한 충동이 들 수 있지만, 30일 동안의 실험을 통해 점차 욕구를 줄이고 자유와 집중력을 되찾을 수 있다.

또한 조슈아와 라이언은 식기세척기조차 사용하지 않고, 소유물의 90%를 기부하며, 운동을 통해 몸을 단련하는 등 물질적 최소화를 넘어 자기 관리에 집중하는 태도를 실천하고 있다. 이는 단순히 물건을 줄이는 데 그치지 않고, 스스로를 더 나은 방향으로 다듬어가는 과정인 것이다.

『작은 생활을 권하다』의 1부에서 5부까지 제안하는 미니멀리즘 생활방식은 다음과 같이 요약할 수 있다.

> 미니멀리즘은 거추장스러운 장애물을 제거함으로써 중요한 것에 더 집중할 수 있게 해준다. 미니멀리즘은 과잉된 부분을 없애고 의미 있는 인생을 추구하게 해 주는 도구다. 또한 복잡하게 뒤얽힌 겉치레와 장식을 더 단순하고, 쉽고, 현실적인 것으로 바꾸어주는 도구다. 또한 복잡하게 뒤얽힌 겉치레와 장식을 더 단순하고 쉽고 현실적인 것으로 바꾸어주는 도구다. 의식과 자각의 끈을 놓지 않고 언제나 깨어 있는 상태를 유지하는 것은 생각이상으로 어려운 일이다. … 하지만 우리는 깨어나야 한다. 그것이 진정한 자유이기 때문이다. 그것은 또한 많은 사람들이 미니멀리즘에 관심을 두는 이유이기도 하다(조슈아와 라이언, 147).

그러므로 조슈아와 라이언이 그만둔 것은 단순한 직장이 아니라, 과거의 생활방식 자체였다. 그들이 선택한 미니멀리즘은 불필요한 것들을 내려놓고 중요한 것에 집중하는 삶의 방식으로, 자유를 얻고 더욱 충만한 삶을 살기 위한 수단이며, 모든 사람이 바라는 진정한 행복을 이루기 위한 길이 된다. 이러한 점에서 그들의 삶은 170년 전, 의식주를 최소화하고 고된 노동을 피하기 위해 자발적인 빈곤을 실천했던 소로우의 철학과 맞닿아 있다. 그는 “간소하게, 간소하게, 그리고 또 간소하게 살아야 한다! 자신의 일을 백 가지나 천 가지가 아닌 두세 가지로 줄여라”(소로우, 122)라고 외치며, 월든 호숫가의 오두막에서 꼭 필요한 식기와 가구, 음식 재료만으로 생활했다. 또한 “우리는 다시 깨어나야 하며, 깨어 있는 상태를 유지해야 한다”(소로우, 120)고 말하며, 의식적인 선택과 노력을 통해 자신의 삶을 향상시킬 수 있는 인간의 능력을 무엇보다 소중히 여겼다. 이처럼 조슈아와 라이언의 미니멀리즘은 소로우의 주장과 깊이 연결되어 있다.

현대 사회는 수많은 재화가 과잉 공급되고 소비되는 특징을 지닌다. 이러한 환경 속에서 불필요한 물건이나 일을 자발적으로 줄이고, 이미 가진 것에 만족하며 삶의 에너지를 낭비하지 않으려는 생활 방식이 주목받고 있다. 이것이 바로 미니멀 라이프다. 미니멀 라이프는 물건을 적게 소유함으로써 생활이 단순해지고, 마음과 생각이 정리되며, 오히려 삶이 더 풍요로워진다고 말한다. 무엇보다 중요한 것은 꼭 필요한 물건만을 중심으로 구입하여 불필요한 소비를 줄이고, 물건이 차지하는 공간을 최소화하는 일이다. 전체 소유품 중 실제 사용하는 물건의 비율을 높여 전체 소유량을 줄이는 것이 바람직하며, ‘많이 사고 많이 버리는’ 삶보다는 ‘적게 사고 적게 버리는’ 삶이 더욱 이상적이다. 이는 미니멀 라이프가 추구하는 생태주의적 가치와도 맞닿아 있다. 또한, 대량생산·대량소비·대량폐기로 인한 자원 고갈과 쓰레기 문제는 생태 환경에 심각한 피해를 주고 있기에, 미니멀 라이프는 이러한 현실에 대한 대안적 생활 태도라 할 수 있다. 결국, 미니멀 라이프는 불필요한 것을 줄임으로써 삶의 질을 높이는 데 우선순위를 둔다. 미니멀리스트는 소비를 완전히 배제하는 사람이 아니라, 현명하게 소비하는 사람이며, 이는 물질이 넘쳐나는 오늘날의 삶을 돌아보게 만든다.

V

제초제 사용과 생태 환경의 붕괴

Chapter

01

레이첼 카슨의 『침묵의 봄』

미국 남북전쟁(1861-1865)의 불씨가 된 책 『톰 아저씨의 오두막』(*Uncle Tom`s Cabin*, 1852)의 저자 스토우(Harriet Beecher Stowe) 여사를 전쟁이 끝난 후 만난 링컨 대통령은 "당신이 이 큰 전쟁을 일으킨 그 책을 썼던 작은 여성이군요."(So you're the little woman who wrote the book that started this great war)(High, 72)라며 책 한 권의 위력을 밝힌 바 있다. 한 작은 여성의 책이 19세기 중반에 남북전쟁을 초래할 만큼 영향력이 있었다면, 20세기 중반에 이처럼 작은 여성의 위력을 보여준 또 한 권의 책이 있다. 지금으로부터 60여 년 전 아무도 환경에 대해 신경을 쓰지 않았던 시절, 레이첼 카슨(Rachel Carson, 1907-1964)은 『침묵의 봄』(*Silent Spring*, 1962)을 발표하여 무차별적인 살충제 살포가 자연생태계에 미치는 참담한 결과에 대해 실증 사례를 추적하여 환경문제에 대한 새로운 대중적 인식을 확산시켰다. 『침묵의 봄』은 현대적인 환경운동을 촉발시켰다는 점에서 맹아적인 단계에 있던 환경운동이 전개되는 기폭제 역할을 한 20세기 최고의 생태문학의 고전으로 손꼽힌다. 시대를 달리했을 뿐 스토우와 카슨 두 여성은 권력과 무관한 용기 있는 소시민 여성이라는 공통점을 가진다고 할 수 있다.

이처럼 일반 대중에게 환경문제를 각성하도록 촉구한 책 『침묵의 봄』의 저자 카슨은 1907년 5월 27일 미국 펜실베이니아 주 스프링데일(Springdale)에서 태어났다. 자연학습운동을 지지했던 어머니의 영향으로 어린 시절 자연 속에서 많은 시간을 보냈으며 당시 스프링데일의 무공해 지역이던 앨러게니(Allegheny) 강둑에서 야생동물과 식물들을 관찰하였고, 무엇보다 새의 습성에 주목하게 되었다. 또한 독서와 글쓰기를 좋아하여 10살 때 어린이 문학잡지에 기고하기도 하였다. 청소년시절 고향 스프링데일이 석탄을 원료로 이용하는 두 개의 규모가 큰 전기 공장으로 말미암아 화학가스와 공장폐수를 배출하여 폐허로 변해가는 것을 목도한 후 과학기술의 발전이 인간에게 미치는 영향에 대해 의문을 갖게 되었다. 고교 졸업 후, 지금의 채텀 칼리지인 펜실베이니아 여자대학교 영문학과에 진학하여 영국낭만주의 문학을 폭넓게 읽었으나 2학년 때 여성동물학 교수의 권유를 받아 생물학으로 전공을 바꾸었다. 1929년 졸업 당시 여학생이 과학전공으로 학위를 받는 일은 보기 드문 일이었다. 그녀는 대학 졸업 후, 우즈 홀 해양생물연구소에 장학생으로 선발되었으며 이어 존스홉킨스 대학에 장학생으로 입학하여 1932년 동물학으로 석사학위를 받았다. 카슨은 1936년 공중보건대학원에서 연구실조수로 일하면서 『볼티모어 선』(*The Baltimore Sun*)에 체서피크 만의 자연에 관해 기사를 발표했을 당시 독자들에게 남성작가라는 인상을 줌으로써 자신의 연구결과를 더 진지하게 고려하도록 'R. L. 카슨'으로 마무리 사인을 했다. 1937년부터 1952년까지 미국 어류·야생동물국(Fish and Wildlife Service)에서 해양생물학자로 일하면서 카슨은 틈틈이 자연사에 관한 많은 글을 써서 『월간 애틀랜틱』(*Atlantic Monthly*), 『뉴요커』(*New Yorker*), 『리더스 다이제스트』(*Readers Digest*), 『홀리데이』(*Holiday*)

등 유력 잡지에 기고하기도 했다.

카슨의 첫 번째 책 『해풍 아래서』(*Under the Sea-Wind*, 1941)는 해양의 자연사에 관한 글이다. 이 책이 출판된 지 한 달 만에 일본의 진주만 공격이 시작되어 비평가의 찬사에도 불구하고 높은 판매고를 올리지 못했다. 두 번째 책 『우리 주변의 바다』(*The Sea Around Us*, 1951)는 출판하자마자 커다란 반향을 일으켜 『뉴욕 타임스』(*The New York Times*)에 86주 동안 베스트셀러 목록을 차지했으며 32개국의 언어로 번역되었고 내셔널 북어워드 논픽션 부문, 존 버로스 메달, 뉴욕동물학회의 골드 메달, 오듀본협회 메달 등을 수상했다. 카슨은 영국왕립 문학회 초빙교수를 역임했고, 미국학술원 회원으로 선출되기도 했다. 또한 해양에 투척하는 핵폐기물의 위험을 경고했던 『바다의 가장자리』(*The Edge of the Sea*, 1955) 또한 베스트셀러가 되었다. 그러나 카슨은 살충제 남용의 위험을 알리기 위해 책을 집필하던 1960년 유방암 판정을 받게 되었다. 하지만 투병을 하면서도 글쓰기를 멈추지 않은 결과 『침묵의 봄』을 출판하고, 1964년 56세의 젊은 나이로 생을 마감했다. 1980년 지미 카터 대통령은 카슨에게 자유훈장(Presidential Medal of Freedom)을 추서했는데, 이는 국가가 민간인에게 수여하는 최고의 영예로운 상이었다.

그림27) 레이첼 카슨, 미국 어류 및 야생동물 관리국 직원 사진, 1940
출처: wikipedia public domain

1. 제초제에 대한 1950년대 미국사회의 보편적 인식

화학 살충제의 오남용은 환경오염 및 생태계 파괴에 그치지 않고 우리 인간에게도 치명적인 해로운 영향을 초래한다는 카슨의 주장은 오늘날에는 보편적 상식에 속하지만, 『침묵의 봄』이 출간될 1962년 당시에는 극히 획기적이었다. 2차 세계대전 이후에 부상한 생산기술의 급격한 변화, 새로운 공업 및 농업기술의 도입, 화학 회사를 위시한 대기업들의 성장 등 거대하고 첨단적인 과학기술의 발전으로 미국사회에는 새로운 부가 창출되던 시기였다. 기술발전의 최대 수혜자였던 화학 산업은 국가의 부를 증대시키고 국민들에게 큰 혜택을 가져다 줄 것으로 기대되었다. 원자폭탄과 소련공산주의에 대한 경계는 미국국가의 번영과 안전을 위해 과학과 기술 개발에 박차를 가했으며 과학을 전폭적으로 신뢰하는 분위기가 사회적으로 만연했던 것이다. 더욱이 한국전쟁을 기점으로 미국과 소련 중심의 냉전 상태가 심화되면서 아이젠하워 미국 대통령은 수소폭탄 개발에 박차를 가하는 등 미국과 소련의 군비 경쟁이 격화되던 시기였다.

전후 1950년대에 대해 『침묵의 봄』의 서문에서 리어(Linda Lear)는 "냉전으로 인해 의심과 불관용이 극도에 이른 시대"라고 표현했으며 전후 기술발전의 최대 수혜자이자 국가의 부를 이끈 중요한 견인차 중 하나가 화학 산업이었다고 주장한다. 당시 미국사회는 흰 가운을 입고 실험실에서 일하는 화학자들을 높이 평가하고 신뢰했으며, 그들의 연구가 미국사회에 대단한 혜택을 가져다 줄 것이라고 예상했다. 즉 전쟁이 끝난 뒤 화학회사들은 새로운 유기살충제를 연이어 개발 및 보급하여 이윤을 남기려 했고 농업 종사자를 포함한 일반인들은 화학제품을 신뢰했다. 그러나 당시 생활 속에 화학제품을 보급한 화학기업과 정부 당국은 물론 제품 구매자들도 화학약품의 위험성에 대한 정확한 정보를 갖지 못했다. 이에 대해 카슨은 제조자와 구매자의 무지함에 대해 "평범한 시민이라면 우아한 판매기술과 얼굴 없는 설득 자에게 속아 넘어가 우리 주변을 둘러싸고 있는 죽음의 물질을 인식할 수 없게 된다. 아마 자신이 이런 물질을 사용하고 있다는 사실조차 잘 인식하지 못할 것이다"[32]라고 질책했다. 실제 당시 대부분의 미국의 주들은 농작물에 뿌리는 살충제나 농약관련 법률을 제대로 제정하지 못했고 화학약품 살포도 과학적 지식 없이 서투르게 시행했다. 유기살충제의 새로운 개발과 전쟁 후 비행기들이 남아돌자 무차별적으로 화학약품을 살포하여 곤충이나 식물뿐만 아니라 화학약품이 뿌려지는 지역 거주민들도 예기치 못하게 독극물과의 접촉이 비일비재했다. 카슨은 이 시대를 "바야흐로 심각한 독극물 시대"(202)라고 했다.

독극물들 중 1950년대 가장 널리 알려진 화학 살충제 DDT는 농업에서 각종 질병을 일으키는 해로운 곤충을 박멸하여 전염병을 막아 농산물 매출량을 늘리는데 크게 기여해 주면서도 인체에는 무해한 화학물질로 간주되었다. 인간이 과학의 힘을 빌려 자연을 통제할 수 있다고 믿었기에 과학이 개발한 화학제품은 당시 절대적인 신뢰를 받았다. 해충을 박멸하기 위해 비행기를 통해 무차별적으로 공중에서 DDT를 살포하는 일은 당시 허다했다. 뿐만 아니라 지갑에 넣고 다닐 수 있는 포켓용 DDT살충제부터 디엘드린으로 방충 처리한 담요까지 살충제와 일상을 함께했고, 모든 공구상, 정원용품점, 슈퍼마켓 등에는 원예에 필요한 다양한 살충제가 종류로 늘어섰으며, 신문의 정원 관련 면과 원예잡지들이 살충제 사용을 너무나도 당연하게 받아들였다. 당시의 일상을 카슨은 다음과 같이 언급한다.

---

32 Rachel Carson. *Silent Spring* 김은령 옮김, 『침묵의 봄』, 서울: 에코리브르, 2013. 202쪽. 이후의 본문 인용은 괄호 안에 쪽수만 표기함.

> 당시 소비자들이 기초지식이 없으며 살충제는 편안하고 기분 좋은 모습으로 인근 슈퍼마켓에서 진열되어 있어 통로 건너편에 피클과 올리브가 놓여 있고 옆 칸에는 각종 목욕용품과 세탁용 비누가 즐비한 가운데 살충제들이 높이 쌓여 진열되고 아이들의 손이 쉽게 닿는 유리용기 속에 화학물질이 들어 있다. 생활 속에서 DDD가 들어 있는 나방 제거제, 부엌을 비롯해 가정에서 사용하는 클로르데인이 포함되어 있는 살충제, 기타 가정용 제제로 클로르데인보다 더 독성이 강한 디엘드린을 가정에서 사용했다. 부엌용 유독물질은 호감 가는 용기에 담겨 살충제 제조업자들은 소비자들이 스스로 해충을 제거하는 방법을 DIY 안내책자를 만들어 배포하여 디엘드린을 뿌릴 수 있는 손쉬운 방법을 알려주며 모기 진드기 다른 해충제거를 위해 옷이나 피부에 바르거나 뿌리는 로션, 크림, 스프레이 중 선택하게 하여 살충제가 인간 피부에 별 문제가 없다고 짐작하게 한다. 해충이 발 대기만 하면 바로 죽는 살충제 성분의 왁스, 좀 나방을 막기 위한 방충제, 린데인 훈증기, 린데인을 뿌려둔 살충 띠, 지갑에 넣고 다닐 수 있는 포켓용 살충제 분사기, 심지어 농무부는 『홈 앤드 가든 불리틴』(Home and Garden Bulletin)을 통해 DDT, 디엘드린, 클로르데인 또는 다른 좀약을 용제에 녹여 옷에 뿌리라고 조언한다. 만일 살충제가 지나치게 많이 살포되어 옷에 하얗게 남아 있으면 솔질을 해서 털어버리라고 말한다(카슨, 204).

뿐만 아니라 화학약품 또한 유독물질의 위험에 대한 주의경고나 안전장치가 미비하거나 표기되지 않았다. 화약약품의 위험성에 대한 정보를 갖지 못한 일반인들은 매주 잔디밭에 DDT나 말라티온을 규칙적으로 뿌리는 일이 허다했고 결과 이들 살충제의 중독증세로 시달리거나 파라티온 중독으로 사망하는 사례도 상당했다. 일반음식에도 “DDT가 조금도 들어가지 않은 음식은 거의 없다고 해도 과언이 아니다”(207)라고 미국 공중위생국의 연구팀이 일반식당과 급식 및 여러 기관의 구내식당에서 분석시료를 수집한 결과를 밝히기도 했다. 더구나 미국 연방항공국 담당자와 공원 및 휴양지 관리부의 대표는 “살충제는 인간은 물론 식물이나 애완동물에도 해가 없다"(115)라고 국민들을 화학약품으로부터 안심시켰다. 따라서 보통 사람의 인체 지방조직에서 DDT가 검출되었고 우유나 버터를 비롯한 유가공품과 유제품 그리고 모유, 심지어 살충제와 상관없는 에스키모인들이 먹는 음식에도 DDT가 발견될 만큼 당시 화학물질이 닿지 않은 곳은 발견하기 어려웠다.

2. 『침묵의 봄』의 집필 동기

카슨이 『침묵의 봄』을 집필하게 된 동기는 1950년대 후반에 시행된 유기 염소 계열 살충제의 공중 살포로 인해 발생한 부작용을 접하면서 자연 생태계 전체가 심각한 위기를 겪을 수 있다는 점을 밝히기 위해서였다. 한 예는 『침묵의 봄』의 10장 '공중에서 무차별적으로'에서 불개미 박멸을 위해 화학 살충제 살포의 폐해를 강력하게 비판한 바와 같이, 1957년과 1958년 미국 농무부는 1920년대 이래로 약 40년간 남부 미국에서 생존하면서 인간에게 별 피해를 주지 않았던 남아메리카 산 불개미를 박멸하기 위해 디엘드린과 헵타클로르와 같이 오래 지속되고 DDT보다 약 40-50배나 독성이 강한 살충제를 무차별적으로 살포했는데, 이로 인하여 익충뿐만 아니라 어류 및 야생생물과 동물들까지 떼죽음을 당한 일이다. 이와 유사한 사례들, 1954년 미국 농무부와 일리노이 주 농무부가 농지에서 장수풍뎅이를 제거하기 위해 공중에서 디엘드린을 살포한 후 받은 피해 사례, 1956년 네덜란드 느릅나무 병충해 방제를 위해 농약 살포가 새들을 죽음으로 몰고 간 사례, 1959년 여름 인디애나 주 남부에서 농부들이 공동으로 농약살포용 비행기로 강변의 저지대에 파라티온 살포로 찌르레기류를 집단적으로 독극물에 희생시킨 일, 1954년 펄프와 발삼나무를 보호하기 위해 가문비나무 벌레 제거를 목적으로 미러미시강 북서쪽 수계에 수백만 에이커의 숲에 대규모의 약제를 살포하여 입은 수중생물이 입은 피해, 1955년 옐로스톤 국립공원의 내부와 주변에 뿌려진 살충제로 물고기가 떼죽음을 당한 사건, 1955년 세인트루이스 카운티의 염습지에 흡혈파리 유충 박멸을 위해 뿌린 디엘드린으로 수중생물계에 대학살이이라는 참담한 결과가 벌어진 일, 1955년-1956년 매미나방 퇴치사업을 위해 북동부지역에 전면적인 농약살포 폐해 사례, 1957년 미국농무부와 뉴욕 주 농무 통상부가 임대 비행기로 DDT를 무차별적으로 쏟아 부은 일, 1959년 미시간 주 농무부가 장수풍뎅이 방제를 위해 염화탄화수소계 화합물 중 가장 위험한 알드린을 살포한 일 등등 당시 무분별한 화학 살충제의 살포와 남용의 피해 사례들을 찾아, 카슨은 『침묵의 봄』

그림 28) 가문비나무 싹벌레 방제 프로젝트의 일환으로
오리건주 베이커 카운티에 DDT를 살포하는 장면, 1955
출처: wikipedia public domain

전반에서 걸쳐 주변의 야생생물들을 죽음으로 몰고 간 원인을 진단하고 분석하여 낱낱이 고발하고자 했다.

그 중에서 1957년 여름 매사추세츠 주 북부 해안 지역에서 모기 박멸을 위해 DDT를 살포하여 벌어진 일은 카슨이 책을 집필하게 된 직접적인 사건이다. 당시 살포한 살충제는 바람이 부는 방향인 덕스버리(Duxbury)로 날아가 인근 마을로 퍼졌는데, 모기는 박멸되지 않고 무해한 울새, 검은 찌르레기, 들종다리를 포함한 각종 새들과 방아깨비, 꿀벌 등과 같은 동물들이 목숨을 잃었다. 이를 조사한 조류학자 허킨스(Olga Owens Huckins)는 이와 유사한 사건들을 조사한 후 1958년 1월 보스턴의 헤럴드(Herald) 지에 기고했고, 카슨에게도 항의편지의 사본을 보냈다. "허킨스의 편지를 읽고, 나는 오랫동안 관심을 가져오던 문제에 대해 다시 한 번 주의를 환기하게 되었다"고 서문에서 밝힌 바와 같이, 편지를 읽은 카슨은 새들이 죽어 간 원인을 찾기 위하여 당시 살충제의 사용실태 조사를 착수한다. 1958년부터 4년 동안 미국전역을 실증적으로 조사하고 관련 자료를 수집 분석하여 DDT를 포함한 살충제가 해충만이 아니라 익충을 포함한 곤충을 멸절시키고 인간에게도 백혈병, 정자결핍증, 각종 치명적인 암을 유발하는 살생제라는 것을 발견한 후 이를 대중들에게 널리 알리기 위해 집필하게 되었다.

『침묵의 봄』은 출판 전부터 커다란 반향을 불러 일으켰다. 출판될 책의 요약판이 『뉴요커』에 연재되면서 논란이 확산되어 『뉴욕타임스』, 『워싱턴 포스트』를 포함한 전국매체들도 크게 다루면서 '침묵의 봄은 시끄러운 여름'(Silent spring is now noisy summer)이 되었다(임경순, 104재인용). 살충제 생산업체나 화학 회사들은 '침묵의 봄'을 패러디하여 '살충제 사용을 금한다면 더 이상 수확을 하지 못하는 '침묵의 가을'을 맞게 될 것이다'라고 하면서 반박 글을 제작하여 배포하는 등 거센 항의를 멈추지 않았다. 하지만 1962년 7월 케네디 대통령이 대통령 과학자문회 특별 패널을 구성하여 살충제 실태 조사를 지시하자 카슨의 책은 더욱 조명을 받았고 살충제 문제는 공공 정책으로까지 확대되었다. 이 와중에 컬럼비아 방송사(CBS)가 『침묵의 봄』을 특별프로그램으로 기획하여 방영하자 미국 전역에 크나큰 파문을 일으켰다. 화학회사의 협박과 항의에도 불구하고 1962년 9월 27일 카슨의 책은 출판되었고 바로 60만 부의 판매고를 올리며 베스트셀러 1위를 차지했다.

우선 이 책의 제목인 『침묵의 봄』과 17개로 구성된 각 장의 소제목은 포괄적으로 전체 내용의 연장선상에서 각각 함축적이고도 상징적인 의미를 내포하고 있다. 기나긴 겨울잠에서 깨어나 모든 생명이 약동하는 따뜻한 봄이 왔지만 DDT와 제초제 화학 살충제로 인해 자연 생태계가 파괴되어 계절의 순환에 따라 봄을 알렸던 지저귀는 새소리는 더 이상 들리지 않고 침묵만이 감도는 조용한 봄을 암시한다고 할 수 있다. 1장 '내일을 위한 우화'는 서론이면서 작가가 책을 쓴 목적을 밝히고 있다.

> "옛날 한 때 미국의 어느 산간 지방에 생명력을 지닌 모든 사물들이 주변 환경과 조화를 잘 이루며 살아가는 마을이 하나 있었다. … 그런데 웬일인지 이상한 원인 모를 불길한 그림자가 이 마을을 덮으면서 모든 것이 변하기 시작했다. 이상한 기운이 이곳에 스며들어 모든 것이 변하기 시작했다. 이 마을은 어떤 나쁜 마술적 주문에 걸린 것 같았다. 병아리 떼가 원인 모를 병에 걸렸고 소나 양들이 죽어 갔다. 사방이 죽음의 장막으로 덮여졌다. … 자연은 소름이 끼칠 정도로 이상하리만큼 조용했다. 그처럼 즐겁게 재잘거리며 날던 새들은 다 어디로 갔는가? … 봄은 왔는데 침묵만이 감돌았다. 울새, 비둘기, 여치, 굴뚝새, 또 다른 수많은 새들의 울음소리와 더불어 새벽이 밝아오곤 했는데 이제는 죽음의 정적만이 저 들판과 숲과 늪 위에 깔려있을 뿐이었다. … 이 참혹하게 찌들어진 세계, 새 생명 탄생의 소리를 들을 수 없게 된 침묵의 세계

는 어떤 마술의 장난도 아니고 적의 침입을 받은 것도 아니며 바로 인간들 자신이 그렇게 만든 것이다. … 미국의 수없이 넓은 땅에 약동하는 봄의 소리를 침묵시킨 것은 무엇일까? 그 이유를 파헤쳐 설명하고자 함이 이 책의 목적이다"(카슨, 26-8).

봄이 왔는데도 왜 고요한 침묵만이 계속되고 있을까? 실증 조사를 통해 카슨은 확실한 근거가 있는 다양한 사례들을 2장~16장까지 제시함으로써 객관적이면서도 설득력 있게 미국전역에 걸쳐 독성화학물질로 인해 발생한 재난을 고발하고 있다. 스프레이, 분말, 에어로졸 형태의 화학제품들은 농장, 정원, 숲, 가정에서 광범위하게 사용되어 해충은 물론 익충까지 모든 곤충을 무차별적으로 죽였고 노래하는 새와 시냇물에서 펄떡거리며 뛰놀던 물고기까지 침묵시켰다. 살충제에 포함된 치명적인 유독물질이 나뭇잎에 도포되었고 토양으로 침투되었다. 이처럼 모든 생물을 위험으로 몰고 간 화학물질은 '살충제'를 넘어 모든 생명체들을 위협

그림 29) 해충용 농축 DDT 1960년대
출처: wikipedia public domain

그림 30) 암 투병 중 살충제의 위해성을 증언하고 있는 카슨, 1963년 미국 상원 청문회

하는 '살생제'가 되었던 것이다. 염화탄화수소계열인 DDT와 유기인산계열인 말라티온과 파라티온은 특별한 변형 과정을 거치게 되면 죽음을 초래하는 유독물질로 바뀐다. 알드린, 염화탄화수소 엔드린, DDT나 디엘드린과 클로르데인은 아주 적은 양부터 축적을 시작하나 체내 지방과 결합하면 증폭기 구실을 하므로 0.1ppm만 흡수해도 100배나 많은 10-15ppm이 체내에 축적된다. 카슨은 1장에서 새들을 침묵시킨 이유를 찾아내어 설명하고자 함이 책을 쓴 목적이라고 밝히고 있다.

3.『침묵의 봄』에서 알려주는 제초제 오남용의 교훈

총 17장으로 구성되어 있는『침묵의 봄』은 1장 서론에 이어 2장부터 16장까지 제초제의 오남용 사례를 고발하고 있으며 마지막 17장은 결론 부분으로 독자에게 결단을 요구한다. 2장 '참아야 하는 의무'는 살충제, 제초제의 위해성을 잘 모르면서 마구 남용하는 행위의 심각성을 고발하며 2장의 말미에 카슨은 "참아야 하는 것이 우리의 의무라면 알아야 하는 것은 우리의 권리다"라고 했던 장 로스탕의 글을 인용하면서 '참아야 할 의무'는 인간의 편의를 위해 무분별하게 자연의 질서를 파괴해 왔던 행동을 삼가야 한다는 것이며, '알아야 할 권리'란 공동체의 미래를 위해 무엇이 문제인지, 앞으로 무엇을 주장해야 하는지를 정확히 아는 것이 중요하다는 점을 상기시킨다. 2장부터 16장 '밀려오는 비상사태'까지는 살충제와 제초제의 마구 남용하는 행위로 야생생물들을 침묵으로 몰고 간 사례를 낱낱이 고발한다.

마지막 17장 '가지 않은 길'은 결론으로서 독자에게 결단을 요구한다. 프로스트의 〈The Road not Taken〉에서 등장하는 두 갈래 길과는 달리 인간의 선택에 따라 결과가 달라지므로 선택은 우리 인간의 몫이라고 호소한다. "'아직 가지 않은' 다른 길은 지구의 보호라는 궁극적인 목적지에 도달할 수 있는 마지막이자 유일한 기회라고 할 수 있다. 그 선택은 우리 자신에게 달려 있다"(305). 그러므로 침묵하는 봄이 될지, 생기 넘치는 봄이 다시 도래할지 전적으로 인간의 선택에 달려 있다는 것이다.

카슨이 『침묵의 봄』에서 지향하는 자연 환경에 대한 기본적인 관점은 자연에 존재하는 모든 유기체는 서로 밀접하게 연결되어 있어 어느 한 부분이 오염되거나 파괴되면 다른 부분들도 영향을 받게 된다는 유기론적 세계관이다. 다시 말해, 인간 또한 다른 생물과 무생물과 함께 지구라는 거대한 집에 세 들어 사는 존재이므로 모든 생명의 소중함과 더불어 사는 공존의 가치를 우리에게 일깨워 준다. "식물과 대지, 식물과 식물, 식물과 동물 사이에는 절대 끊을 수 없는 친밀하고 필수적인 관계가 존재한다. 식물 역시 생명계를 구성하는 거대한 네트워크의 일부이다"(88). "무수히 많은 유기체의 존재와 그들의 활동 덕에 지구를 덮고 있는 푸른 외투가 계속 유지될 수 있는 것이다"(78). 따라서 건강한 유기체는 건강을, 오염된 유기체는 오염을 그대로 전달한다. 먹이 사슬에 의해 살포된 화학물질은 비가 오면 빗물을 타고 강이나 하천으로 그대로 내려가서 "꼬리에 꼬리를 물고 이어지는 연결처럼 조금 더 큰 물고기가 더 작은 물고기를 잡아먹고 이 작은 물고기는 초식성 어류를 잡아먹고 초식성 어류는 플랑크톤을 잡아먹는데 이 플랑크톤이 물속에 들어 있는 유독물을 흡수한 것이다"(72).

이 같은 연결고리는 생존에 필수적인 물인 지표수와 지하수에도 적용된다. 수질오염에서 가장 문제가 되는 것은 지하수의 광범위한 오염이다. 어느 한 곳에서 물에 살충제를 살포한다면 결국 연결되어 있는 모든 수자원을 위협하는 것과 마찬가지이다.

> 자연의 구성요소들이 각기 폐쇄적으로 분리되어 작동한다면 이렇게 지구상의 수자원 전체에 문제가 생기는 일도 없을 것이다. 땅에 떨어진 비는 토양과 암석에 난 구멍과 틈을 따라 점점 더 깊은 곳으로 스며들어 모든 틈을 물로 채운다. 그러다 언덕 밑에 이르러서는 다시 솟아오르고 골짜기 밑으로 더 깊게 가라앉아 지표 밑을 따라 어두운 바다로 흐른다. 지하수는 느리게는 1년에 50피트(약15 미터) 빠르게는 하루에 0.1마일(약 161미터) 정도의 속도로 언제나 움직이고 있다. 이렇게 눈에 보이지 않는 수로를 따라 흐르다가 지표 위, 샘으로 분출하거나 우물에 고여 들어 솟아오르기도 한다. 하지만 대부분은 시냇물이나 강으로 유입된다. 비가 강으로 직접 내리거나 지면을 따라 바로 시냇물로 흘러드는 경우를 제외한다면 흐르는 물은 대부분 지하수단계를 거치게 된다. 그렇기 때문에 지하수오염은 모든 물의 오염을 의미한다(카슨, 66-7).

서로 연결되어 있는 수자원의 세계에서 지하수의 오염은 모든 물의 오염에 이르며 전혀 예상치 못한 오염으로 확대된다. 화학약품의 방치와 부주의로 인해 예상치 못한 전혀 새로운 피해가 발생할 수 있다는 것이다.

먹이사슬로 연결되어 있는 유기체는 다음과 같이 끝없이 순환하는 자연의 섭리에 따라 서로 영향을 미친다.

> 먹이사슬을 지탱하는 것이 바로 물이라는 관점에서 이 문제를 인식해야 한다. 마치 먼지처럼 작고 가벼운 식물성플랑크톤에서 물벼룩, 물속의 플랑크톤을 걸러 먹고사는 물고기, 이 물고기를 먹고사는 다른 물고기들과 조류, 밍크, 너구리 등 먹이사슬은 한 생명체에서 다른 생명체로 끝없이 연결되며 순환하고 있다. 우리가 물속에 흘려보낸 독극물도 이런 자연의 순환을 따라 움직이는 것이 아닐까?(카슨, 70-1).

그림 31) 프랑스에서 만든 네오사이드 시바 가이기 DDT 10% 함유 파우더 박스 50g의 상업용 제품[33]
출처: wikipedia public domain

그림 32) 네덜란드에서 판매되었던 DDT 7% 함유 래디컬 브랜드
출처: wikipedia public domain

화학물질 살포는 방제 대상이 아닌데도 불구하고 연쇄적 중독을 일으키며 부화를 방해하여 수를 급감시킨다. 뿐만 아니라 화학물질은 생명체의 유기론 적 순환구도로 인해 서로 영향을 끼치는데 그치지 않고 생물체 속에 유독성이 쉽게 제거되지 않고 장기간 축적된다. 이같이 연쇄적인 피해는 최초로 독극물을 받아들인 작은 식물체에서 비롯되었으나 먹이사슬의 끝에 있는 인간은 결과를 모르고 낚싯줄을 드리어 잔뜩 농축된 DDD 성분인 물고기를 잡아 저녁식사용으로 요리한다. DDD는 코르틴이라는 호르몬을 분비하는 부신피질의 외층 세포를 파괴하기 때문에 특별한 생리학적 문제를 인간에게 일으킨다. 그러니 인간이 살포한 살충제는 연결과 순환의 구조에 의해 고스란히 인간에게 돌아오는 것이다.

---

33 이 파우더는 발랑시엔(프랑스 북부)의 오래된 물건들을 판매하는 벼룩시장에서 발견되었으며, 다음과 같은 글귀가 있었다: 벼룩, 이, 개미, 빈대, 바퀴벌레, 파리 등의 기생충을 박멸합니다. 해충이 득실거리는 곳, 곤충이 있는 곳, 곤충이 드나드는 곳에 네오사이드를 뿌리십시오. 가루를 가능한 한 오랫동안 그대로 두십시오. 사람과 그 거주지의 기생충을 박멸합니다. • 죽음은 즉각적이지 않으며, 언젠가는 필연적으로 찾아옵니다. 프랑스 제조 • 인체 및 온혈동물에게 무해 • 확실하고 지속적인 효과. 무취. 파우더 박스.

『침묵의 봄』은 수중생물의 유기적 관련성에 이어 땅속 유기체들의 상호관련성도 상세하게 알려주고 있다. 토양식물계는 눈에 보이지 않을 정도로 작은 박테리아와 실처럼 미세한 땅속의 균들이 해조류와 함께 미세하게 이루고 있다. 박테리아와 균류와 해조류는 유기물을 썩게 만들어 동식물의 유체를 원래의 구성원소인 무기질로 환원시키는데 중요한 구실을 한다. 이들 미생물이 없다면 토양과 대기가 살아 있는 생물들을 통한 탄소와 질소의 순환은 이루어지지 않는다. 만약 질소 고정박테리아가 없다면 식물들은 질소부족으로 굶주려 죽을 것이고, 대기의 다른 유기체들이 만들어내는 이산화탄소는 바위를 부식시키는데 도움을 준다. 토양미생물은 산화와 환원과정을 거치면서 아연, 망간, 황 등 무기질을 식물이 사용할 수 있는 형태로 변형시킨다. 진드기와 톡토기는 크기가 작지만 식물을 분쇄하고 숲에 떨어진 각종 쓰레기를 토양으로 분해하는 일을 돕는다. 특히 진드기는 전나무에 살면서 그 잎의 나뭇잎을 부드럽게 만들어 내부조직을 소화하고 부패한 물질을 토양과 잘 섞어준다. 박테리아로부터 포유동물에 이르기까지 생명체가 기반으로 생활하는 토양 속에는 작은 미생물이나 곤충과 다른 생물들이 다양하게 존재한다. 이런 생물들은 토양 속에서 공기를 공급하고 식물로 덮인 토양에 물이 잘 투과하도록 돕는다.

특히 토양 속 생물인 지렁이는 토양에 중요한 역할을 한다. 지렁이는 바위가 대부분을 차지하는 지표면에 부드러운 토양을 토해내고 나뭇잎과 풀잎에 포함된 상당량의 유기물을 땅속 굴로 끌고 들어가서 다른 토양과 잘 섞어 준다. 지렁이가 파놓은 구멍을 통해서 토양에 공기가 공급되고 배수도 용이해지며 식물도 뿌리를 자유롭게 뻗는다. 지렁이 덕분에 토양 속 박테리아의 질소 화합능력이 배가되며 토양의 부식도 줄어들고 유기물은 지렁이의 소화관을 통해 분해되어 배출되는데 이 분비물 때문에 토양은 더욱 비옥해진다. 그러므로 토양은 서로 연결된 생물들로 촘촘하게 짜인 거미줄과 같다. 생물은 토양에 의지해 살며 토양 역시 공동체를 구성한 생물들이 번성할 때에만 이 지구상에 존재한다. 따라서 각자의 역할이 있는 토양 속 생물들은 주변 환경과의 관련 속에서 서로에게 도움을 주고받으며 더불어 살아가는 공동체이므로 만약 하나의 구성원과의 관계가 변하면 연쇄적으로 나머지 생물체에도 변화를 모면하기 어려운 것이다.

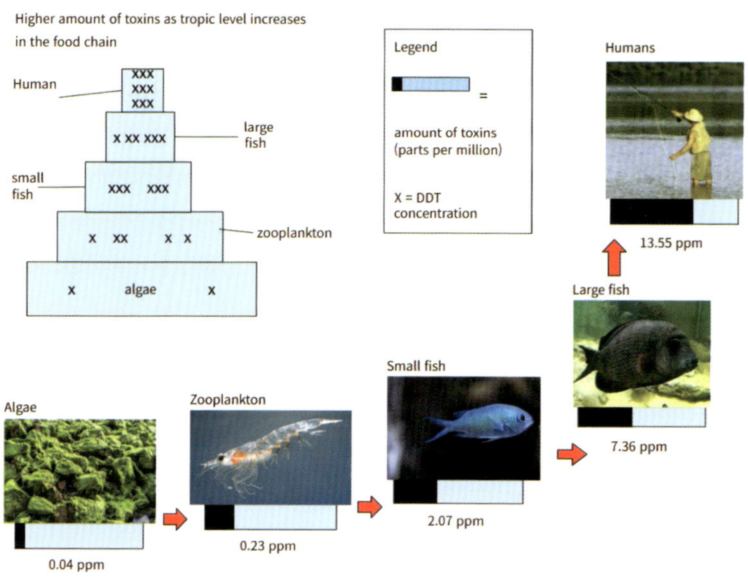

그림 33) 식품 사슬 내 독소 축적[35]
출처: wikipedia public domain

34 생물농축은 먹이사슬에 독소가 축적되는 현상이다. DDT 농도는 백만분의 일(ppm)로 표시된다. 먹이사슬에서 영양 단계가 증가함에 따라 독소 축적량도 증가한다. X는 영양 단계가 증가함에 따라 축적되는 독소의 양을 나타낸다. 독소는 생물체의 조직과 지방에 축적된다. 포식자는 피식자보다 더 많은 독소를 축적한다.

또한 봄을 알리는 울새가 자취를 감춘 이유도 먹이사슬에 의한 연쇄적 반응이다. 느릅나무 병충해 방제를 위해 적은 양의 화학약품 살포는 울새에게 직접 도포되지 않았다. 그러나 울새의 먹잇감인 지렁이를 먹음으로써 살충제에 간접적으로 중독되어 죽은 것이다. 먹이사슬은 한 생명체에서 다른 생명체로 끝없이 연결되며 순환하고 있다. 그러므로 생태계 연결망의 한 부분인 인간 또한 화학 살충제라는 독극물로부터 결코 자유로울 수 없다.

> 울새나 미러미시 강의 연어와 마찬가지로 인간 역시 주변 환경과 상호연관적·상호의존적 관계를 맺고 있다. 인간이 뿌린 화학물질 때문에 개울가의 날도래가 중독되고, 연어 역시 수가 점점 줄어 멸종에 이른다. 인간이 뿌린 화학물질 때문에 각다귀가 중독되고 이 물질이 먹이사슬을 따라 전파된 결과 호숫가의 새들이 희생된다. 느릅나무에 살충제를 뿌리면 이듬해 봄에는 아무런 새소리도 듣지 못하게 된다. 새들에게 직접 살충제를 뿌린 것은 아니지만 유독물질이 느릅나무 잎 –지렁이– 울새의 경로로 전달되기 때문이다. … 과학자들이 생태계라 일컫는 생명의 연결망 또는 죽음의 연결 때문에 일어나는 일이다(카슨, 217).

따라서 거미줄처럼 얽힌 생태학적 연결에 문제가 생길 때 그 피해는 고스란히 인간에게 돌아온다. 먹이사슬을 통한 전파와 축적으로 생명체에 미치는 독성은 인간의 신체에 그대로 전달된다. 그러므로 미생물에서 인간에 이르기까지 서로 긴밀하게 연결된 복잡한 생명네트워크의 보전이 절실하다. "인간은 아무리 안 그런 척 행동해도 인간은 자연의 일부이다. 이 세상 곳곳에 만연한 공해로부터 과연 인간은 도망칠 수 있을까?"(216). 우리가 유기론적 세계관에 입각하여 자연의 섭리를 따른다면 야생의 동식물과 조화로운 관계를 이루기에 야만적인 힘을 사용할 필요가 없을 것이다. "지금 우리에게 필요한 것은 겸손이다. 과학적 자만심이 자리

잡을 여지는 어디에도 없다”(304).

『침묵의 봄』에서 카슨은 농약이나 살충제와 제초제 같은 화학물질을 통해 해충을 박멸하는 방식의 부작용과 위험성을 강력하게 경고함과 동시에 자연 방제 방식을 제안한다. 앞서 언급한대로 화학물질의 무차별적 살포는 해충뿐만 아니라 익충까지 멸절시킨다. DDT의 보급 이래로 디엘드린, 알드린, 클로드데인, 헵타클로르 등 독성이 더욱 강한 여러 종류의 화학 물질이 살포되면서 곤충들은 나름대로 살충제에 내성이 생기게 되었다. 따라서 농업에 해로운 곤충 박멸을 위해서는 더욱 강력한 살충제가 개발되는 악순환이 벌어지게 된다. 살충제를 살포해도 웬만해서는 효력이 없고 해충들은 오히려 생존능력이 더 강해져서 숫자가 늘어나기만 한다. 결국 효력도 없는 살충제는 환경과 다른 생물체를 해칠 뿐이다.

> 화학 살충제 사용은 잘해야 임시변동일 뿐 진정한 해결책이라고 할 수 없다. 숲속 개울을 헤엄치는 물고기를 죽이고 모든 곤충에게 심각한 질병을 불러일으키며 자연의 기능을 완전히 파괴할 뿐이다(카슨, 324).

따라서 자연환경에 해를 입히지 않는 자연 방제법이 필요하다. 이는 자연의 힘을 이용하는 방법이다. “효과적인 곤충방제는 인간이 아닌 자연에 의해 이루어진다는 점이다”(275). 그러므로 방제 대상이 되는 유기체와 이 유기체가 속한 전체 생명계에 대한 이해를 바탕으로 하는 생물학적 해결법을 선택해야 한다. 생물학적 방제에는 자연의 천적을 이용하거나 소리나 미생물을 이용하는 방법이 있다. 즉, 바람직하지 않은 식물을 방제하는 가장 효과적인 방법인 특정 식물을 먹이로 하는 곤충을 이용하거나 삼림 생물 전체에는 해를 끼치지 않으면서 해충만 없애는 미생물을 활용하는 것이다. 또한 방향성 유인물질인 곤충의 분비물을 이용하거나 소리로 특정 개체를 직접 박멸할 수도 있다. 예를 들면 풍뎅이 퇴치를 위해 박테리아성 병원균(유화병 milky disease)을 이용하여 해충 방제를 하거나 장미의 선충 제거를 위해 뿌리에 선충류를 죽이는 물질이 분비되는 마리골드를 심거나, 돼지 풀을 없애려면 관목, 양치류, 다른 여러 해 살이 식물들을 빽빽이 심는다든지, 왕 바랭이를 없애기 위해 여러 식물을 함께 심어서 생존경쟁을 시키는 것이다. 또한 독풀 고추나물 제거를 위해 딱정벌레를 풀어놓거나 외래종 선인장의 확산을 방지하기 위해서는 곤충 천적 아르헨티나 나방을, 가문비나무벌레의 억제에서는 기생충을 활용하거나 매미나방의 침범을 막기 위해서는 외국에서 들여온 13종의 기생충과 천적 곤충을 이용하여 자연적 관리로 피해를 줄일 수 있다. 이와 같은 생물학적 방식의 이점은 확실하다. 그러므로 생물학적 방제가 널리 수용되기 위해서는 제대로 된 목표 곤충 연구가 성패를 좌우하므로 연구 지원이 필수적이며 기초조사, 인내력, 결단력이 뒷받침이 되어야 한다.

> 화학물질은 숲속에 사는 생물들의 공생관계를 완전히 교란할 뿐이며 해충으로 말미암은 재앙은 점점 더 짧은 주기로 되풀이 된다. … 창의적인 접근법은 이 세상이 인간만의 것이 아니라 모든 생물과 공유하는 것이라는 데에서 출발한다. … 생물들이 지닌 힘을 고려하고 그 생명력을 회의적인 방향으로 인도해갈 때, 곤충과 인간이 이해할 만한 화해를 이루게 될 것이다(카슨, 324-5).

인간이 자연을 통제 대상으로 여기고 자연이 인간의 편의를 위해 존재하여 군림하고자 하는 순간 바로 총부리를 인간 자신에게 돌리는 셈이 된다. "곤충을 향해 겨누었다고 생각하는 무기가 사실은 이 지구 전체를 향하고 있다는 사실이야말로 크나큰 불행이 아닐 수 없다"(325).

『침묵의 봄』은 아무도 환경문제에 주목하지 않던 약 60년 전, 무분별한 살충제 살포가 자연 생태계에 초래한 참혹한 결과를 다양한 실증 사례를 통해 추적하고 고발한 작품으로, 20세기 최고의 생태문학 고전으로 평가받는다. 언론의 비난과 책 출판을 막으려는 화학 기업들의 강한 반발에도 불구하고, 레이첼 카슨은 이 책을 통해 환경문제에 대한 새로운 대중적 인식을 이끌어냈으며, 정부의 정책 변화와 현대 환경운동의 출발점이 되는 기폭제 역할을 했다.

『침묵의 봄』이 촉발한 환경오염 논쟁은 1963년 존 F. 케네디 대통령이 환경문제를 다루기 위한 자문위원회 구성을 지시하게 했고, 이후 1964년에는 미국 의회가 야생보호법을, 1969년에는 국가 환경정책법(National Environmental Policy Act) 을 제정했다. 1970년에는 4월 22일이 '지구의 날(Earth Day)'로 제정되었으며, 1971년에는 초음속 여객기의 운행이 중단되는 등 구체적인 정책 변화로 이어졌다. 마침내 1972년에는 DDT 사용이 공식적으로 금지되었고, 뒤이어 1974년에는 디엘드린, 1975년에는 클로르데인과 헵타클로르 등 유기염소계 농약의 사용도 전면 금지되었다. 이들 농약은 카슨이 『침묵의 봄』에서 그 유독성과 오남용의 위험성을 집중적으로 경고했던 대표적인 화학물질들이다. 이후 전 세계적으로 환경운동이 확산되었으며, 마침내 1992년 리우 환경 회의로 이어지는 세계적 흐름을 만들어냈다. 『침묵의 봄』은 그 영향력과 중요성을 인정받아, '세계를 대표하는 100인의 석학들이 뽑은 20세기를 움직인 10권' 중 4위, 미국 랜덤하우스가 선정한 '20세기 100대 논픽션' 중 5위에 오르기도 했다.

무엇보다 이 작품은 독창적인 문체로 주목받았다. 전문적인 과학 지식과 문학적 감수성이 조화롭게 어우러진 카슨의 글쓰기는 단순한 환경 보고서와는 전혀 다른 깊이와 메시지를 전달한다. 그녀는 단순히 과학적 사실을 나열하는 데 그치지 않고, 시적이고 아름다운 언어로 자연의 경이로움과 그 파괴의 위협을 동시에 묘사한다. 이는 독자들이 과학적 내용을 보다 쉽게 이해하고, 정서적으로 공감할 수 있도록 돕는 중요한 요소다. 『침묵의 봄』이 단순한 경고문이 아닌 하나의 문학 작품으로도 높이 평가받는 이유이기도 하다.

이 책이 오랜 세월 동안 많은 이들의 사랑을 받아온 이유는, 생명에 대한 깊은 애정과 자연 생태계의 조화를 지키고자 한 카슨의 도덕적 용기에서 비롯된 감동 때문일 것이다. 안타깝게도 그녀는 책이 출간된 지 18개월 만에 유방암으로 생을 마감했으며, 죽음의 고통 속에서도 혼신의 힘을 다해 이 작품을 완성했다.

『침묵의 봄』에 담긴 다양한 사례는 오늘날 우리가 고민해야 할 중요한 문제들을 제기한다. 첫째, 카슨은 살충제의 무분별한 남용이 생태계 파괴의 주요 원인임을 지적하며, 산업 자본과 화학 기업들의 강한 반발에도 불구하고 이를 고발했다. 특히 비행기로 대량 살포되는 살충제를 바라보며, 인간이 자연에 대해 얼마나 무책임한 태도를 취하고 있는지를 강하게 비판했다. 이는 오늘날 환경 파괴와 산업 이익 사이의 갈등을 다시금 생각하게 만든다.

둘째, 그녀는 대부분의 발암물질이 인간의 활동으로 인해 만들어졌다고 경고하며, 암을 비롯한 다양한 질병들이 인간의 생활 방식과 산업 구조에서 비롯되었음을 강조한다. 이는 오늘날 우리가 추구하는 편리함이 어떤 대가를 치르고 있는지를 되돌아보게 하며, 인간과 자연의 관계를 다시 정립해야 함을 시사한다.

셋째, 카슨은 과학에 내재한 자만심을 경계한다. 과학기술은 때로 환경을 파괴하는 수단이 될 수 있지만, 동시에 그 해결책이 될 수도 있다. 핵심은 과학기술이 어떤 목적을 위해, 어떤 방식으로 사용되느냐에 있다. 지구온난화, 미세먼지, 수질오염 등 오늘날 우리가 직면한 다양한 환경 문제는 윤리적 책임과 생태적 감수성을 바탕으로 한 과학기술의 활용 없이는 해결될 수 없다.

넷째, 『침묵의 봄』에서 언급된 불임, 난임, 백혈병 등은 이제 특정 지역에 국한된 문제가 아닌 현대 사회 전체에 걸쳐 나타나는 보편적인 현상이 되었다. 환경오염은 더 이상 개인의 건강만의 문제가 아니라, 사회 전체의 지속 가능성에까지 영향을 미치고 있기에, 이제는 단순한 '경고'를 넘어선 구체적인 행동과 실천이 절실히 요구된다.

따라서, 『침묵의 봄』은 오늘날 우리가 직면한 환경 문제의 본질과 앞으로 나아가야 할 방향을 깊이 성찰하게 만드는 시대의 고전이다. 우리 모두가 생태 친화적인 삶을 선택하고, 과학기술을 바르게 사용하는 책임을 잊지 말아야 할 것이다.

그림 34) 우즈홀에 있는 레이첼 카슨 동상
출처: wikipedia public domain

그림 35) 피츠버그의 레이첼 카슨 다리,
펜실베이아주 피츠버그 다운타운의 앨러게니 강을 가로지르고 있다.
출처: wikipedia public domain

Chapter

02

베트남 전쟁[35]과 고엽제

1. 베트남 전쟁의 배경

레이첼 카슨이 『침묵의 봄』에서 경고한 제초제는 미국을 넘어 베트남 전쟁에서 고엽제로 사용되며 큰 피해를 초래했다. 이 피해를 이해하려면 당시 전쟁 상황을 먼저 살펴볼 필요가 있다. 베트남은 제2차 세계대전 후 프랑스의 재식민지화를 물리친 뒤, 이념에 따라 민주주의 남베트남과 공산중의 북베트남으로 분단되었다. 미국은 남베트남의 공산화를 막기 위해 지원했고, 1964년 통킹만 사건[36]을 계기로 본격적으로 참전했다.

---

35 베트남 전쟁은 1차와 2차가 있다. 1차 베트남전쟁은 1946년부터 1954년까지 해당되며 제1차 인도차이나 전쟁으로 불리기도 한다. 2차 세계대전이 연합국의 승리로 끝난 후 프랑스가 베트남을 다시 지배하려 하자 베트남이 프랑스에 항거한 독립전쟁이다. 1954년 프랑스군이 북베트남 디엔비엔푸에서 베트남군에게 대패하고 제네바 협정에 의해 베트남에서 완전 철수함으로서 1차 베트남전쟁은 끝이 났다. 2차 베트남전쟁은 1964년부터 1973년에 해당되며 제 2차 인도차이나 전쟁이라고 불리기도 한다. 프랑스군이 철수한 후 베트남은 남북으로 분리된다. 전쟁은 미국이 북베트남의 공산주의의 확산을 막기 위해 남베트남 편에 서서 직접 전투에 참여하여 본격화되었으므로 자유진영의 남베트남과 공산주의의 북베트남 간의 이념 전쟁이다. 대개 베트남 전쟁은 2차 베트남전쟁을 말한다.

36 1962년 8월 미국은 통킹만 공해상에 정박한 미군 함정이 북베트남 어뢰정의 공격을 받았다

남베트남은 미국, 한국, 호주 등 자유 진영의 지원을 받았고, 북베트남은 베트콩, 중국, 소련 등 공산 국가의 도움을 받았다. 이 전쟁은 냉전 시대의 이념 대립을 반영하며 9년 가까이 이어졌고, 미국 내 반전 여론이 커지면서 1973년 파리 평화 협정으로 미국은 철수했다. 1975년, 북베트남은 남베트남을 점령해 베트남사회주의공화국으로 통일했고, 이어 캄보디아와 라오스도 공산화되었다. 미군 철수 시[37], 남베트남은 독자적으로 공산화를 막아야 했기에 미국은 막대한 양의 무기를 남기고 떠났다. 당시 남베트남은 세계 4위 규모의 공군력을 포함해 북베트남과 비교할 수 없는 군사력을 갖췄지만, 1975년 북베트남의 총공세 앞에 한 달 만에 수도 사이공이 포위되고 붕괴되었다. 북베트남은 '민족 통일'이라는 명분 아래 강압적인 공산화 작업을 시작했고, 남베트남 정부 인사와 반공 인사들 및 고위층을 포함한 수많은 사람이 숙청 또는 학살당했으며 민간인조차 재판 없이 즉결처형[38]되었고, 100만 명 이상의 남베트남 국민이 망명하거나 보트피플[39]이 되어 탈출해야 했다. 남은 이들 중 많은 수는 노동수용

고 발표한 후 북베트남 항구시설을 포격한 사건이다.

37 미군은 철수 할 때 출구전략이라는 용어를 사용하였다. 출구전략(出口戰略, exit strategy)은 베트남 전쟁을 지속하기도 단번에 철수하기도 애매해진 미국이 굴욕적이지 않으면서도 별 피해 없이 전쟁을 끝내고 빠져 나오기 위해 찾던 전략으로 베트남 전쟁에서 처음 사용된 용어였다. 그러나 오늘날 경제정책에 관한 용어로 주로 사용되고 있다. '경기회복기에 부작용을 최소화하기 위해 정부가 취해야 하는 경제정책'(「동아일보」 2009. 10.10) 또는 좋지 못한 경제위기를 최소화하기 위해 일시적으로 바꾼 경제정책을 원래대로 복구하는 것 등을 뜻한다.

38 여러 목적으로 재판없이 즉결 처형된 사람은 약 6만 5천 명~10만 명 정도로 추산되며 베트콩 정권이 들어선 뒤 남베트남 정부 관련 인사, 고위 포로, 고위층들이 학살당했다고 알려져 있다.

39 보트피플(Boat people)은 해로를 통해 공산화된 베트남을 탈출하던 난민들을 가리키는 것으로 베트남 전쟁 때 처음 사용하게 된 용어이다. 남베트남의 정치인, 군인, 관료, 교사, 지식인, 종교인들은 보트를 타고 다른 나라로 망명을 가기 위해 배를 탔는데 이 배에 탄 사람들을 보트 피플이라고 하였다. 보트 피플 중 50만 명은 수장되었다고 알려져 있다. 베트콩은 1974년 남베트남 공화국을 수립하여 정권을 잡고 그들이 칭하는 소위 반동분자 색출에 나섰고 부유층, 중산층, 종교인들을 탄압했다.

소로 끌려가 사상교육을 받다 생을 마감해야 했다. 이후 베트남은 장기간 빈곤에 시달리는 국가로 남게 된다.

이 전쟁은 미국 역사상 유일한 패배로 평가된다. 미국은 네이팜탄, 고엽제 등 최신 무기를 동원하고 2차 세계대전보다 2배 이상 많은 755만 톤의 폭탄을 투하했지만, 약 58,300명의 전사자와 30만 명 이상의 부상자, 그리고 천문학적인 전비 손실을 입고 철수했다.[40] 전쟁 패배 원인으로는 남베트남 정부의 부패와 무기 밀거래, 전쟁 장기화에 따른 미군 기강 해이, 징병제의 문제점 등이 지적되었다. 이로 인해 미국은 이후 징병제를 폐지하고 모병제로 전환했다. 그러나 가장 근본적인 이유는 미국이 베트남인의 문화와 민족성에 대한 이해가 부족했다는 점이 큰 비중을 차지한다.

베트남인의 독특한 민족성은 구찌 땅굴과 호치민루트를 건설하는 사례에서 잘 드러난다. 바로 그들만의 단결된 공동체 의식이 다른 민족보다 월등하게 높다는 것이다. 남베트남 구찌 지역의 주민과 베트콩이 협력해 만든 구찌 땅굴은 깊이 약 300m, 총 길이 250km에 달하며, 병원, 부엌, 식당, 회의실 등 지하 도시처럼 구성되어 있었다. 이들은 낮에는 땅굴에 숨고 밤에는 나와 기습 공격을 반복하는 게릴라 전술을 사용했다. 땅굴 구조는 체구가 작은 베트남인에 맞게 좁게 설계되어 있었기에, 체격이 큰 미군은 진입조차 어려웠다. 미군은 이를 막기 위해 폭격과 고엽제를 대

---

40 미국은 111억 달러를 전비로 사용하여 재정이 악화되었다. 3백만 명 이상의 미국인이 베트남 전쟁에 참전하였고, 그 가운데 150만 명이 직접 전투를 치렀다. 베트남 전쟁으로 58,220명의 미군이 전사하였고, 15만 명이상 부상당하였으며, 그 가운데 21,000명은 장애를 갖게 되었다. 베트남 전쟁에 참전한 병사들 가운데 83만 명은 외상 후 스트레스 장애로 고통을 받았다. 오스트레일리아 경우 베트남 참전 병사의 총 누계는 60,000명 이상이었고, 그 가운데 521명이 사망하고 3,000명 이상이 부상당하였다. 뉴질랜드의 병력 누계는 3,000여 명이었고 사망 37명, 부상 187명이었다. 필리핀에서는 10,450 명이 의료와 기타 민간 평화 지원을 위해 남베트남으로 파견되었다.

량 투하했지만 큰 효과를 보지 못했다. 호치민 루트는 원래 험준한 산악과 밀림 속 오솔길이었지만, 베트남 국민이 남녀노소 총동원되어 손으로 길을 닦고 다져 전략적 보급로로 발전시켰다. 이 루트를 통해 북베트남은 병력과 군수물자를 남쪽으로 안정적으로 공급했고, 베트콩은 이를 통해 남베트남 및 미군 기지를 공격한 뒤 재정비와 휴식을 취하는 공간으로 삼았다. 미군은 이 보급망을 차단하기 위해 고엽제를 살포했지만, 베트남인들의 단결된 저항은 꺾이지 않았다.

결국 베트남은 지형을 최대한 활용한 게릴라전과 강한 민족적 결속력으로 미국의 압도적인 군사력을 극복하고 전쟁에서 승리하게 된다. 구찌 땅굴과 호치민 루트는 오늘날에도 베트남 민족의 상징적 장소이자 인기 있는 관광지로 남아 있다.

베트남인의 공동체 정신은 오랜 외세 지배의 역사 속에서 형성된 민족정신에서 비롯되었다. 과거 중국의 1,000년 식민지배, 100년에 가까운 프랑스의 지배, 일제 점령, 그리고 미국의 개입에 이르기까지, 베트남은 끊임없이 외세에 맞서 싸우며 강한 민족주의와 저항 정신을 발전시켜왔다(한관수, 135). 국가가 위기에 처했을 때 여성들까지도 전쟁에 참여해 싸웠던 전통은 그들의 단결력을 보여주는 상징적인 예이다. 또한 열대기후, 험준한 산악과 정글, 늪지대 등 특수한 작전 환경은 외국군에게 큰 장애물이 되었지만, 베트남인들은 이를 극복하며 오히려 전략적 이점으로 삼았다. 특히 미군에 대한 반감은, 과거 프랑스 식민지배의 고통이 깊게 각인된 역사와 연관되어 있다. 베트남인들은 미국, 호주, 뉴질랜드 등 서양 국가들을 프랑스와 같은 외세로 인식했으며, 서양인 전반에 대한 부정적인 감정을 갖게 되었다(유인선, 260). 베트남인들의 단결된 민족의식과 공동체 정신은 중국, 프랑스, 일본, 미국 등 수많은 외세에 맞서 싸운 독립 투쟁의 역사에서 비롯된 것이다. 이러한 경험은 그들에게 생사고락을 함께하며 고난을 이겨내고, 단결을 통해 어떤 강자도 물리칠 수 있다는 강한 신념을 심어 주었다(김현재, 181). 결국 이와 같은 결집력과 저항 정신은, 압도적인 공군력과 화력을 앞세운 미국이 단기간 내 전쟁을 끝낼 수 있으리라 믿었던 기대를 철저히 무너뜨리는 요인이 되었다.

베트남 전쟁은 단지 외국의 전쟁이 아니라, 대한민국이 직접 참전했던 역사이다. 당시 우리나라는 베트남 전쟁을 '월남전'이라 부르고, 남베트남은 '월남', 북베트남은 '월맹'으로 불렀다.[41] 수많은 한국 청년들이 이국 땅에서 목숨을 잃거나 부상을 당했으며, 지금도 고엽제 후유증과 전쟁 트라우마로 고통받고 있다. 한국의 참전은 1964년, 미국의 존슨 대통령이 한국을 포함한 자유 진영 국가들에 남베트남 지원을 요청하자, 한국 정부는 국회 동의를 거쳐 국군 창설 이후 최초의 해외파병을 결정했다. 미국은 한국군의 수당 지급과 경제적 지원을 약속하며 '브라운 각서(Brown Memorandum)'[42]를 통해 파병 조건을 명문화했다. 이에 따라 1964년 9월부터 1973년 3월까지, 총 32만 5,517명의 한국군이 베트남 전쟁에 파병되었고, 비둘기부대, 청룡부대, 맹호부대, 백마부대 등 다양한 부대가 평야, 해안, 산악, 정글 지대 등지에 주둔하며 작전을 수행했다. 이 기간 동안 전사자 5,066명, 부상자 11,232명, 실종자 4명의 희생이 있었으며, 현재까지도 많은 참전용사들이 고엽제 피해와 정신적 후유증으로 고통받고 있다.

---

41 월남전에 대한 국민의 인식은 당시 인기 있는 가요에서도 드러난다. 1969년 발표하여 대중적인 인기를 끌었던 가요 〈월남에서 돌아 온 김상사〉는 신중현이 작사 작곡하고 김추자가 불렀는데, 이 노래의 가사는 월남전에 파병 갔다가 무사히 돌아온 김상사를 온 동네가 환영하는 내용을 담고 있다. 이외에도 〈월남의 달밤〉 등의 가요가 있었다.

42 미국은 베트남에서 한국군에 대한 일체의 전투지원 및 전투근무지원을 책임지는 것은 물론 파병장병에게 일정액의 해외근무수당을 지급하며, 전 사상자에게 보상금을 지급하기로 했다. 당시 선례가 없는 파격적인 조건이었다(한관수, 142).

베트남 참전은 단지 군사적 개입에 그치지 않고, 한국 경제 성장의 중요한 전환점이 되었다. 당시 한국은 6.25 전쟁의 상흔 속에 기술과 자본 모두 부족한 최빈국이었으며, 베트남 파병으로 벌어들인 외화 수입은 약 50억 달러, 간접 효과까지 포함하면 100억 달러 규모로 평가되기도 한다(최용호, 2007). 특히 베트남 파병은 한국 방위산업의 출발점이 되었다. 미군과 함께 M16 소총을 사용한 경험을 바탕으로, 박정희 대통령은 미국에 M16 소총 공장 건설 지원을 요청하였고, 이를 통해 방위산업 육성을 위한 마스터플랜이 수립되었다. 이처럼 한국군의 효율적인 임무 수행과 파병 성과는 국가 위상 제고, 국내 정치 안정, 경제 기반 조성, 국방력 강화로 이어졌고, 결과적으로 베트남 전쟁 참전은 대한민국 전반에 걸쳐 지대한 영향을 미친 역사적 사건으로 평가된다(한관수, 144-5).

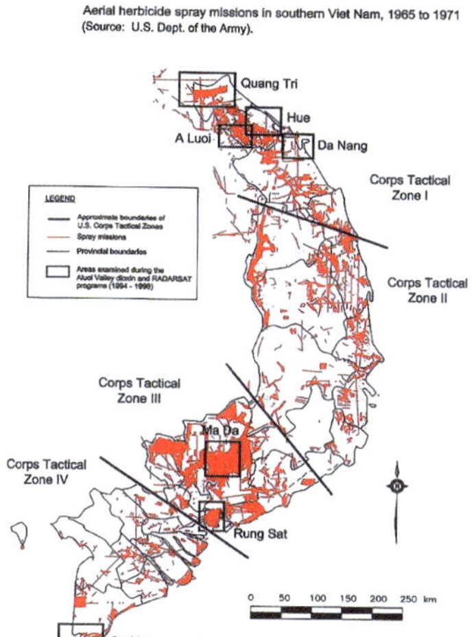

그림 36) 1965년부터 1971년까지 베트남 남부에 미군이 고엽제를 공중 살포한 지역 범위
출처: wikipedia public domain

그림 37) 메콩강 삼각주 정글에 고엽제를 살포 중인 미군, 1969
출처: wikipedia public domain

2. 전쟁이 낳은 고엽제

베트남 전쟁은 끝났지만, 고엽제 문제는 오늘날까지도 베트남 현지인들과 참전국인 미국, 한국, 호주, 뉴질랜드의 참전군인들 사이에서 계속 논란이 되고 있다. 고엽제(defoliant)는 미군이 베트남 밀림을 말리기 위해 살포한 맹독성 제초제로, 주로 북베트남군과 베트콩의 보급로 차단을 목적으로 사용되었다. 앞서 구찌 땅굴과 호치민 루트에서 확인할 수 있듯, 북베트남과 베트콩은 미군에 비해 장비와 무기가 열세였지만, 베트남 지형과 기후를 잘 활용한 게릴라전으로 강력한 미군에도 끈질기게 저항했다.

베트남은 남북으로 길게 늘어진 지형에 따라 기후도 지역별로 다르다. 사이공이 위치한 남부는 우기와 건기가 구분되는 열대 몬순 기후이고 하노이가 위치한 북부는 사계절 존재하는 아열대 기후이다. 연평균 강우량은 한국의 2.4배, 고온다습한 기후로 인해 식물이 빠르게 자라고 숲이 울창하다. 이러한 밀림은 베트콩에게는 전투에 유리한 공간이 되었고, 그들은 지하 땅굴을 통해 무기와 물자를 은밀하게 공급받으며 게릴라전을 전개했다. 밤에는 땅굴 밖으로 나와 기습 공격, 낮에는 다시 은신하는 방식은 미군의 기술력으로도 탐지와 대응이 어려웠다. 우거진 숲은 미군에게 적의 위치 식별과 보급로 차단을 어렵게 만드는 장애물이었다. 이에 따라 미군은 밀림을 제거하고 시야를 확보하기 위해 고엽제를 대량 살포하게 된 것이다. 그러나 이로 인해 수많은 민간인과 군인들이 건강 피해를 입었고, 고엽제는 오늘날까지 국제사회에서 환경·인권 문제로 거론되는 대표적인 전쟁 후유증이 되었다.

베트남 전쟁 당시, 미군은 울창한 밀림 속에 숨어있는 베트콩을 제거하기 위해 여러 방법을 시도했다. 가장 먼저 사용한 것은 네이팜탄[43]으로, 섭씨 3,000도에 달하는 고열을 발생시키며 낙하지점 반경 수십 미터를 불바다로 만드는 폭탄이다. 그러나 높은 습도와 촉촉한 식생으로 덮인 베트남 밀림은 네이팜탄의 화력에도 쉽게 불타지 않았다. 이에 미군은 보다 효과적인 수단으로 고엽제를 사용하기 시작했다.

고엽제는 나뭇잎과 식생을 고사시켜 베트콩의 은신처를 드러내고, 군수물자와 식량 보급로를 차단하는 것이 목적이었다. 정글이 있는 한 보급로를 차단하는 것이 불가능하다고 판단한 미군은, 결국 정글 자체를 제거하려 한 것이다. 남베트남의 정글은 게릴라전에 최적화된 지형이었고, 이는 연합군에게 큰 위협이 되었다. 이에 따라 고엽제는 다음과 같은 목적으로 사용되었다. 첫째 정글제거이다. 울창한 숲의 잎을 고사시켜 베트콩의 은거지, 보급창고, 매복지점 등을 노출시키고, 둘째 경계 강화이다. 전술기지, 도로, 수로 주변의 식생 제거로 아군의 경계 및 방어 작전을 수월하게 하기 위함이고 셋째 식량차단이다. 적이 사용할 농작물의 성장을 방해하고 식량 공급을 줄이기 위해 살포했다. 고엽제 살포의 90%는 밀림제거, 8%는 식량 수확 차단, 2%는 전술기지 주변 경계 확보를 위한 것이었다. 결국 고엽제는 정글을 제거함으로써 미군에게 유리한 전장 환경을 조성하려는 전략적 수단이었다(계운봉, 2007).

베트남 전쟁 당시 미군은 고엽제 살포기를 장착한 항공기를 이용해 정글 상공을 저속으로 비행하며 넓은 지역에 고엽제를 살포했다. 이 고엽제는 미 국방부의 위탁을 받아 발레로 에너지(Valero Energy), 다우 케미컬

43 네이팜탄 폭격으로 9살 베트남 소녀가 옷에 불이 붙어 전신화상을 입고 벌거벗은 채 도망치던 사진이 전 세계에 보도되면서 반전 여론을 확산시켰다. AP 통신의 사진기자 닉 우트(Nick Ut)는 이 사진으로 퓰리처상을 수상했다. 닉 우트는 아이를 담요에 싸서 즉각 병원으로 이송했다. 전신 30%에 3도 화상을 입은 소녀는 여러 차례의 피부이식 수술을 받고 14개월 만에 퇴원하였으며, 신체상의 모든 치료는 2022년까지 50년이 걸렸다.

(Dow Chemical), 허큘리스(Hercules), 몬산토(Monsanto) 등에서 제조되었다. 고엽제는 드럼통에 칠해진 색상 띠에 따라 구분되어, 흔히 '무지개 제초제'라 불렸으며, 대표적으로 에이전트 오렌지 (Agent Orange), 에이전트 화이트 (Agent White), 에이전트 블루 (Agent Blue), 에이전트 퍼플 (Agent Purple), 에이전트 핑크 (Agent Pink), 에이전트 그린 (Agent Green)이 있었으며, 이 외에도 모뉴론(Monuron) 등 다양한 제초제가 사용되었다. 이 중 몬산토가 생산한 에이전트 오렌지가 가장 많이 사용되어 전체 고엽제의 약 60% 이상을 차지했다. 에이전트 오렌지에는 '다이옥신'이라는 강력한 독성 물질이 포함되어 있었다. 청산가리의 1만 배, 비소의 3천 배 독성이 체내 축적되어 10~25년 후 암, 신경계 질환, 기형을 유발하며 유전 독성이 있어 2세에게까지 피해가 전달된다. 또한 지방에 쉽게 녹고, 분해가 어려워 인체 내 면역, 내분비, 생식계를 파괴한다. 그러나 살포 당시에는 이러한 위험성이 제대로 알려지지 않았고, 경고나 주의사항 없이 사용되었다. 당시 헬리콥터용 살포 장비가 없던 한국군은 수동식 장비를 이용해 가까운 거리에서 직접 고엽제를 분사해야 했다. 충전과 살포 과정 모두 수작업으로 이루어졌고, 살포 지역에서 복무하며 장기간 노출되었으며, 수색 후 의복과 피부에 남은 고엽제 잔여물도 제대로 제거되지 않았고, 무엇보다 당시에는 고엽제의 위험성에 대한 인식이 전혀 없었다.

3. 고엽제의 피해와 전쟁의 기억

베트남 전쟁 당시 고엽제의 치명적인 위해성조차 모른 채 무분별하게 살포된 독성 물질에 노출된 군인들은, 전쟁이 끝난 후 오랜 시간이 지나

원인을 알 수 없는 각종 질병에 시달렸다. 그러나 당시 의료진조차 명확한 진단을 내리지 못해 근본적인 치료를 받지 못하고 병원을 전전해야 했다. 이들이 겪은 주요 증상은 피부 질환, 위장 장애, 전립선암, 폐암, 다발성 골수종, 2형 당뇨병, 림프종, 중추신경계 장애, 뇌경색, 다발성 신경마비 등이었다. 또한 베트남에서 기형아 출산이 급증하자, 1972년 스톡홀름에서 열린 유엔 환경계획 회의에서는 고엽제 문제가 주요 의제로 다뤄졌다. 이후 다이옥신의 인체 영향에 대한 다수의 과학적 연구가 시작되었고, 고엽제 피해는 미군, 한국군, 호주군, 뉴질랜드군, 태국군, 남북베트남군 및 민간인에 이르기까지 광범위하게 퍼졌음이 밝혀졌다.

고엽제에 대한 체계적인 조사는 가장 먼저 미국에서 시작되었다. 1978년, 미 보훈부는 베트남전 참전 제대군인을 대상으로 등록과 건강 진단, 고엽제 노출 여부 조사를 시행하였고, 이후 사회적으로도 고엽제 문제가 점차 심각한 이슈로 부상하게 된다.

1979년, 다이옥신의 극심한 독성이 공식적으로 알려지면서 미국 환경보호청(EPA)은 고엽제 사용을 전면 금지했고, 우리나라도 1984년부터 고엽제 사용을 금지하게 되었다. 하지만 이러한 조치는 이미 수많은 군인과 민간인이 심각한 피해를 입은 뒤에야 이루어진 것이며, 고엽제의 후유증은 세대를 넘어 지속되고 있는 문제로 남아 있다.

1991년, 미국과 호주, 뉴질랜드의 베트남전 참전 군인들이 고엽제 제조사들을 상대로 손해배상 소송을 제기한 사실이 한국에 알려지면서, 국내에서도 베트남 참전 군인의 고엽제 피해 문제에 관심이 집중되기 시작했다. 1992년부터 신문과 방송이 고엽제 문제를 보도하면서, 이 이슈는 비로소 사회적 문제로 공론화되었다. 논란이 커지자 정부는 참전 용사들로부터 피해 신고를 접수하고, 1993년 역학조사를 시작해 「고엽제 후유의증 환자 진료에 관한 법률」을 제정, 본격적인 보상 제도를 마련했다. 현재 고엽제 피해자는 국가유공자로 인정받고 있으며, 국가보훈부는 상이 1급부터 7급까지 등급을 나누어 보훈급여금, 의료비 감면, 대부 및 수송 시설 이용 지원 등 다양한 복지 혜택을 제공하고 있다.

고엽제는 사람 뿐 아니라 자연 생태계에도 치명적인 영향을 미쳤다. 베트남 산림의 약 5분의 1이 파괴되고 수천 km에 이르는 논밭이 영구적으로 훼손되었으며 다이옥신은 동물과 미생물의 체내에 축적되어 먹이사슬을 통해 세포 손상과 유전적 돌연변이를 유발하고 생태계를 교란 또는 파괴시켰다. 그 결과, 수많은 동식물들이 질병, 기형, 폐사에 시달려야 했으며, 대표적으로 인도차이나호랑이는 베트남에서 거의 멸종 상태에 이르렀다.

전쟁이 끝난 후 베트남전은 대중문화 속에서 재현되었다. 수많은 소설, 영화, 드라마, 노래, 애니메이션, 게임 등의 창작물로 재구성되어 대중에게 소개되었다. 이들 작품은 전쟁의 참혹함, 참전 군인의 후유증, 인간성 상실, 그리고 반전주의적 메시지를 담고 있다. 대표적인 영화는 제51회 아카데미 시상식에서 5개 부문을 수상한 〈디어 헌터〉[44](*The Deer Hunter*, 1978)를 위시하여 〈지옥의 묵시록〉(*Apocalypse Now* 1979), 〈람보〉(*First Blood*, 1982), 〈플래툰〉(*Platoon*, 1986), 〈굿모닝 베트남〉(*Good Morning Vietnam*, 1987) 〈7월 4일생〉(*Born on the Fourth of July*, 1989) 등 수십 편이 있다. 뮤지컬로는 1989년 런던 웨스트엔드에서 초연된 〈미스 사이공〉(*Miss Saigon*)이 유명하며, 베트남전 당시의 비극적인 러브스토리를 그렸다. 베트남 전쟁을 주제로 한 노래는 대부분 반전적이고 시니컬한 분위기를 띠고 있다. 대표곡은 〈행운아〉(Fortunate

---

44 〈디어 헌터〉의 주제곡 〈카바티나〉(Cavatina)는 애잔한 선율로 잘 알려져 있다. 이 곡은 스탠리 마이어스(Stanley Myers)가 작곡했으나 클래식 기타리스트 존 윌리엄스(John Williams)의 연주로 녹음되어 유명해졌고 많은 클래식 기타리스트들의 레퍼토리가 되었다.

Son)가 있다. 이 노래는 베트남 전쟁 관련 기록영상에 배경음악으로 가장 자주 사용된 바 있다. 〈나는 겨우 19살이었어〉(I Was Only 19)는 전쟁 후 외상장애 스트레스와 고엽제 후유증에 시달리는 화자가 베트남 전쟁에 호주군으로 참전했던 경험을 의사에게 털어놓고 있다. 〈페인트 잇 블랙〉(Paint It Black)은 베트남전에 참전한 군인들이 겪는 극심한 외상 후 스트레스 장애를 다룬 곡으로, 베트남전을 배경으로 하는 미국 드라마 〈머나먼 정글〉 주제곡으로 쓰이기도 했다. 그 외에도 〈미국에서 태어나다〉(Born in the U.S.A.) 등이 있다.

한국에서는 채명신 장군이 쓴 『베트남 전쟁과 나』(2013)가 대표적이다. 이 책은 주월 한국군사령관으로 근무한 저자가 3년 9개월간의 베트남 전쟁 경험을 생생하게 담아낸 자서전적 기록물이다.

앞서 언급한 베트남 전쟁에서 사용된 맹독성 고엽제 에이전트 오렌지의 대표적인 제조업체인 몬산토에 대해 알아보자. 몬산토는 세계적으로 잘 알려진 농약 제조업체로, 불순물인 다이옥신이 포함된 고엽제를 제조해 베트남인과 참전 군인들에게 심각한 후유증을 남기며 큰 사회적 파장을 일으킨 바 있다.

몬산토는 1901년, 약제사였던 존 퀴니(John F. Queeny, 1859~1953)가 미국 미주리주 세인트루이스에 설립한 화학 기업으로 시작했다. 이후 1950년대에는 유럽 시장에도 진출하며 다국적 종합화학 기업으로 성장하였고, 1960년대부터는 종자 산업으로 사업 영역을 확대했다. 특히 1982년에는 세계 최초로 식물 유전자 조작에 성공하면서 생명공학 분야로 본격적인 전환을 시도했다. 1997년, CEO로 취임한 로버트 샤피로는 기존의 주력 분야였던 화학 부문을 매각하고 생명공학 회사로서의 정체성을 강화했다. 이어 2003년, 새 CEO인 휴 그랜트가 취임한 뒤 생명공학에 대한 투자가 더욱 확대되었고, 이후 몬산토는 유전자 변형 옥수수,

콩, 면화 분야에서 압도적인 점유율을 기록하게 된다. 2013년 기준, 몬산토는 전 세계 GMO 종자 특허의 90% 이상을 보유하고 있었으며, 세계 종자 시장의 약 25%를 점유하는 세계 최대 종자 기업으로 자리 잡았다.

우리나라에서는 1998년 외환위기 직후, 국내 최대 종자 회사였던 흥농종묘와 중앙종묘가 멕시코 종자 회사인 세미니스에 인수되었고, 2005년 몬산토가 세미니스를 인수하면서 몬산토가 한국 종자 시장까지 장악하게 되었다. 그 결과 국내 토종 씨앗과 육종 기술이 해외로 유출되고, 국내 농가가 부담하는 종자 로열티가 급증하게 되었다.

예를 들어, 무·배추·고추 등 토종 채소 종자의 50% 이상, 양파·당근·토마토의 80% 이상이 외국계 기업 소유가 되었다. 하지만 2012년, 동부그룹의 농업부문 계열사인 동부팜한농이 몬산토코리아의 종자 사업권을 일부 인수하면서 상황이 일부 변화했다. 동부팜한농은 몬산토코리아가 보유하던 종자의 약 80%에 해당하는 품목의 사업권을 넘겨받았지만, 청양고추, 시금치, 토마토, 파프리카 등 약 70개 품목에 대해서는 여전히 몬산토 본사가 판매권을 보유하고 있다. 이후 동부팜한농은 2015년 사명을 '팜한농'으로 변경, 현재 국내 최고의 종자 회사로 성장했다.

한편, 생명공학 기업으로 전환한 몬산토는 전 세계에 자사 종자와 제초제를 수출하면서 사업을 확장해 나갔다. 농부들에게 종자를 판매하는 것뿐만 아니라, 농약, 유전자조작식품(GMO), 종자 개량 등을 통해 연간 100억 달러 이상의 매출을 올렸다. 특히 미국 내에서 생산되는 콩의 97%가 몬산토 종자일 정도로 압도적인 시장 지배력을 확보했다.

그러나 2018년, 독일의 다국적 제약·화학기업 바이엘(Bayer AG)이 몬산토를 인수하면서, '몬산토'라는 이름은 공식적으로 폐기되었고, 이제는 역사 속으로 사라진 기업이 되었다.

VI

인간의 이기심이 부른 재앙, 과거와 현재의 전염병

Chapter

01

페스트: 죽음의 공포 흑사병

2019년에 발생한 코로나 바이러스는 처음에는 중국 우한이라는 특정 지역에서 전파되었으나, 곧 전 세계로 확산되며 팬데믹으로 번졌다. 이로 인해 우리는 전염병이 단지 개인의 일상을 넘어 사회, 경제, 문화 등 전 세계적인 구조 전반을 뒤흔들 수 있다는 점을 절실히 깨닫게 되었다. 의학과 과학 기술이 그 어느 때보다도 발전한 오늘날에도, 코로나19와 같은 전염병은 발병 이전과 이후의 삶을 비교해 보면, 우리의 생활 방식에 많은 변화를 일으켰다. 그렇다면 의료 과학기술이 미비했던 과거에는 전염병이 사람들의 삶에 어떤 영향을 미쳤을까? 이 장에서는 이러한 질문에 답하기 위해, 과거 전염병이 어떤 방식으로 전파되었고 사람들은 어떻게 대응했는지, 그리고 이러한 질병들이 과거 사람들의 삶을 어떻게 바꾸었는지 환경과 관련지어 살펴보고자 한다.

전염병이란 세균, 바이러스, 기생충 등 병원체가 사람과 사람 사이에 직접 또는 간접적으로 전파되면서 발생하는 질병이다. 조선 시대에는 '역병' 또는 '역질'이라고 불렀으며, 오늘날에는 돌림병, 감염병, 또는 유행병 등의 용어로도 불렸다. 전염병은 인간뿐만 아니라 동물과 식물에게도 영향을 미친다. 예를 들어, 조류독감이나 돼지콜레라와 같은 동물 전염병은 발병 시 대규모 폐사 처리를 하거나, 감염지역 인근의 가축들을 생매장하는 방식으로 확산을 막는다. 식물의 경우 탄저병이나 감자역병과 같은 전염병은 농작물의 생산량을 크게 떨어뜨려 식량 부족이라는 심각한 결과를 초래할 수 있다. 사람은 물론 동식물의 전염병 예방과 확산 방지를 위해서는 위생과 청결 관리가 매우 중요하다.

역사적으로 사람 사이에서 발생해 널리 퍼졌던 전염병에는 감기, 천연두, 장티푸스, 말라리아, 나병, 콜레라, 홍역, 흑사병, 뇌염, 코로나 등이 있다. 전근대 사회에서 이러한 전염병은 위생 상태, 영양 상태, 면역력 등 생활환경과 기후와 밀접한 연관이 있었다. 또한 무역과 교류의 활성화 등 인간의 경제 활동도 전염병 확산에 기여했다.

그러나 당시에는 병의 정확한 원인을 알지 못했고, 비위생적인 환경에 거주했던 탓에 전염병이 한 번 창궐하면 사회 전체가 회복 불가능할 정도의 큰 피해를 입었다. 전염병으로 인한 인구 감소는 오랜 시간이 지나도 쉽게 회복되지 못했다.

역사적으로 발생했던 수많은 전염병 중에서 가장 많은 감염자와 사망자를 발생시키며 인류를 공포에 떨게 만든 대표적인 질병은 페스트와 천연두라 할 수 있다. 이 두 전염병은 모두 생명을 위협하는 무서운 질병이라는 공통점을 지니고 있지만, 그 원인 병원체는 서로 다르다. 페스트는 박테리아가 유발하며, 급작스럽게 발병해 단시간 내에 많은 사람의 목숨을 앗아간 뒤 자취를 감추는 특징이 있다. 특히 호흡기를 통해 전염되는 페스트는 제때 적절한 치료를 받지 못하면 회복이 거의 불가능하다. 반면 천연두는 바이러스가 유발하는 질병으로, 감염된 숙주를 천천히 약화시키며 인구 집단 내에서 서서히 퍼져나간다. 단기적으로 보면 페스트가 사회에 입히는 피해가 더 크지만, 장기적으로는 천연두의 피해가 훨씬 더 심각하다. 천연두의 치사율은 페스트의 약 1/3 수준으로 생존 확률은 비교적 높지만, 심각한 후유증을 남긴다. 생존하더라도 얼굴에 곰보 자국이 남거나, 심할 경우 시력을 잃는 경우도 있다. 이러한 점에서 치명률은 페스트가 더 높고, 외관상의 고통이나 후유증은 천연두가 더 오래 지속되는 고통을 남긴다고 할 수 있다. 겉으로 보기엔 피부가 검게 변해 죽음에 이르게 하는 페스트가 더 무섭게 느껴질 수 있지만, 사회 전반에 미친 영향으로 볼 때는 천연두가 덜 위협적이라고만 보기는 어렵다.

그림 38) 피에르 두 티엘트의 미니어처,
1353년경 흑사병의 희생자들을 매장하는 벨기에 투르네 사람들
출처: wikipedia public domain

그림 39) 런던의 대 페스트,
1665, 10만 명이 희생된 대참사
출처: wikipedia public domain

페스트는 역사상 전 세계를 위협한 가장 치명적인 전염병 중 하나로 평가받으며, 국가와 사회 구조에까지 심대한 변화를 초래한 질병이다. 흑사병(The Black Death)이라고도 불리는 페스트는, 손끝·발끝·다리 등 신체 말단 부위에서 피부가 검게 썩어 들어가는 증상 때문에 그렇게 불리게 되었다. 의학적으로 페스트는 박테리아의 일종인 페스트균(Yersinia pestis)에 의해 발생하며, 이 균은 주로 감염된 쥐에 기생하는 벼룩을 통해 사람에게 전파된다. 원래는 들쥐, 다람쥐 같은 야생 설치류 사이에서 유행하던 동물성 전염병이었으나, 중세 유럽에서는 수차례 대규모로 발

생해 수많은 인명 피해를 초래한 인수공통 전염병으로 기록되었다.

유럽에서 쥐가 오랜 시간 골칫거리였다는 사실은 독일 도시 하멜른(Hameln)에 전해 내려오는 전설을 통해서도 알 수 있다. 이는 그림 형제가 재구성한 동화 『하멜른의 피리 부는 사나이』(*The Pied Piper of Hamelin*)로 널리 알려져 있으며 독일어 제목은 『하멜른의 쥐잡이』(*Rattenfänger von Hameln*)이다. 이 전설의 줄거리는 다음과 같다. 평화롭던 하멜른 마을에 어느 날부터 갑자기 쥐떼가 출몰하여 마을 전체에 큰 피해를 입히기 시작한다. 이를 해결하기 위해 고민하던 주민들 앞에 한 피리 부는 사나이가 나타나 자신이 쥐들을 사라지게 해주겠다며 금화 천 냥을 대가로 제안한다. 주민들은 이를 받아들이고, 사나이는 피리를 불며 쥐들을 이끌어 강으로 유인해 모두 익사시킨다. 하지만 약속했던 금화를 주기 아까웠던 주민들은 사나이와의 약속을 어긴다. 분노한 사나이는 다시 피리를 불고, 이번에는 마을의 아이들이 피리 소리에 이끌려 그를 따라간다. 사나이와 아이들은 마을 밖 언덕으로 향하고, 마지막 아이가 그 안으로 들어서자 언덕의 문이 닫히며 모두 사라지고 다시는 돌아오지 않는다. 뒤늦게 후회한 마을 사람들은 아이들을 돌려보내면 금화 천

그림 40) 〈하멜른의 피리 부는 사나이〉, 1592년 하멜른의 교회 스테인드글라스를 모사한 가장 오래된 수채화, 1660년 유실 후 복원
출처: wikipedia public domain

그림 41) 〈하멜른의 피리 부는 사나이〉, 석판화, 1902년경
출처: wikipedia public domain

냥을 주겠다고 했지만, 결국 사나이도 아이들도 돌아오지 않았다.

이 이야기는 단순한 민간전승을 넘어, 당시 쥐떼로 인한 고통과 전염병의 두려움, 그리고 공동체의 윤리적 책임을 상징적으로 드러낸 전설로 해석되기도 한다.

『하멜른의 피리 부는 사나이』는 약속을 지켜야 한다는 도덕적 교훈을 전하는 이야기지만, 1284년이라는 역사적 배경 속에는 당시 쥐떼들이 인간과 함께 생활하며 페스트를 전파하는 공포의 매개체였음을 암시하고 있다. 당시 쥐의 개체 수가 많았다는 점은, 페스트가 유행했을 때 사람들이 쥐에 노출되기 쉬운 환경에서 살았음을 보여준다. 특히 위생시설이 미비한 중세 유럽의 주거환경에서는, 집 안에 오래 머무르거나 음식을 다루는 역할을 하던 여성들과 아이들이 쥐에 기생한 벼룩에 감염될 가능성이 상대적으로 높았다. 그럼에도 당시 사람들은 페스트의 정확한 원인을 알지 못해, 전염의 경로와 예방 방법을 파악하지 못한 채 속수무책으로 고통을 겪었다.

중세 유럽을 휩쓸었던 흑사병은 유럽 내에서 자연적으로 발생한 것이 아니었다. 페스트는 본래 중국 남서부의 운남(雲南) 지방에서 풍토병으로 존재하던 질병으로, 이 지역의 들쥐 등 설치류 사이에서 자주 발생했다. 14세기 전후, 몽골 제국의 서진과 전쟁 활동을 계기로 페스트균은 아시아를 넘어 유럽으로 전파되었다. 특히 아시아와 유럽을 잇는 교역로인 실크로드의 발달이 쥐와 그 벼룩의 확산에 결정적인 역할을 했다. 무역상들과 동물, 특히 화물 속에 숨어든 쥐들이 유럽 곳곳으로 옮겨지면서, 중국에서 발생한 전염병이 유럽으로 퍼지게 된 것이다. 유럽 내에서 페스트균이 처음 상륙한 곳은 제노바(Genova)였고, 이후 불과 6년 만에 유럽 전역으로 확산되었다.

이처럼 빠른 확산은 당시 해상 교역의 활성화와 선박 기술의 발전, 국가 간 교류의 증가와도 밀접한 관련이 있다. 유럽은 14세기를 전후해 연중 항해가 가능한 기술적 기반을 마련했고, 이는 국가 간 이동과 상품, 사람, 그리고 전염병까지 빠르게 확산되는 통로가 되었다. 결국 6년이라는 짧은 시간 안에 유럽 전역이 페스트라는 전례 없는 공포와 대혼란에 휩싸이게 된 것이다.

전쟁과 실크로드를 통해 유럽 전역으로 확산된 흑사병이 빠르게 퍼질 수 있었던 또 다른 중요한 요인 중 하나는 당시 유럽을 강타한 '기근'이었다. 950년부터 1250년까지는 유럽 전역이 상대적으로 따뜻한 기후였던 중세 온난기(Medieval Warm Period)에 해당하며, 이 시기에는 농업 생산이 활발했고 인구도 증가했다. 그러나 14세기에 접어들면서 기후가 급격히 추워지는 '소빙하기(Little Ice Age)'가 시작되었고, 이로 인해 유럽은 극심한 기근을 겪게 된다. 흑사병이 발생하기 직전까지도 지속된 추운 날씨로 인해 농작물이 제대로 자라지 못했고, 수확량은 급감하며 곡물 가격은 폭등했다. 그 결과 수백만 명의 유럽 농민이 기아와 영양실조에 시달렸고, 이로 인해 면역력이 떨어지면서 흑사병이 퍼지기 쉬운 환경이 조성되었다. 영양 상태가 나쁜 인구는 감염에 취약했고, 감염 속도는 급격히 빨라졌다. 흑사병이 유럽 전역에 퍼지자, 그 충격은 단지 건강 문제에 그치지 않고 유럽은 물론 세계사의 흐름까지 바꿔 놓을 만큼 엄청난 영향을 끼쳤다. 가장 먼저 나타난 변화는 급격한 인구 감소였다. 1347년부터 1351년까지 불과 4년 사이에 유럽 인구의 약 3분의 1이 사망한 것으로 추정된다. 이는 곧 경제적 대혼란으로 이어졌다. 흑사병 이전, 유럽은 온난한 기후와 인구 증가에 힘입어 농업과 상업이 발전하고, 가톨릭 교회를 중심으로 한 사회 안정이 이루어지던 시기였다. 하지만 소빙하기로 인해 농업 생산성이 급감하고, 기근으로 인한 사회 불안이 커지던 와중에 흑사병이 발생하면서, 경제적·사회적 기반이 한꺼번에 무너지기 시작했다. 인구 감소로 인해 농업 노동력이 부족해졌고, 이로 인해 많은 농지는 방치되거나 유휴지가 되면서 농업 생산량이 더 줄어드는 악순환이 이어졌다.

상공업 부문 역시 큰 타격을 입었다. 상공업 종사자의 수가 줄어들면서 공산품 생산량이 급감했고, 이는 물가 상승으로 이어졌다. 공산품을 소비하고 노동자를 고용하던 귀족과 영주 계층도 경제적 손실을 피할 수 없었고, 노동 인구의 감소는 임금 상승을 불러왔다. 이는 곧 노동자들의 협상력 강화와 사회적 지위 향상으로 이어졌으며, 각지에서 발생한 소규모 봉기와 사회 운동은 봉건제 붕괴의 서막을 열게 된다. 또한, 흑사병으로 많은 사람들이 가족과 친척을 잃으며 상속을 통해 재산을 물려받는 경우가 늘어났고, 그 결과 자산을 갖춘 새로운 중산층이 등장하게 되었다. 이러한 변화는 훗날 근대 시민 계급의 형성으로 이어지는 중요한 기반이 된다.

흑사병의 또 다른 중요한 영향은 중세 가톨릭교회의 절대적인 권위를 약화시켰다는 점이다. 중세 시기, 교회법이 국법보다 우위에 있을 만큼 교회의 권력은 막강했다. 성직자들은 왕과 함께 중세 사회의 정신적·정치적 지배자로 군림했으며, 철학과 신학이 분리되지 않았던 당시에는 신학이 곧 학문의 중심이었다. 성직자들은 유일한 지식 계층으로서 수도원을 통해 교육과 문화를 주도했고, 교회는 세속적 권력보다 우월한 존재로 사회의 구심점 역할을 했다. 하지만 흑사병이 유럽 전역에 퍼지자, 이러한 교회의 절대적 권위는 흔들리기 시작했다. 성직자들은 흑사병을 신의 분노로 인한 '징벌'로 규정하고, 회개를 촉구하며 사람들을 성당으로 불러들였다. 그러나 기원을 알 수 없는 질병 앞에 기도도, 고해성사도 아무런 효과를 보이지 못했고, 수많은 성직자들조차 병에 걸려 죽어갔다. 이를 지켜본 신도들은 성직자도 일반인과 다를 바 없다는 사실에 충격을 받았고, 점차 교회 가르침과 권위에 의문을 품기 시작했다. 이러한 신뢰의 붕괴는 인간 중심의 사상, 즉 인문주의의 싹을 틔우는 계기가 되었고, 이는 곧 르네상스라는 거대한 문화운동으로 이어지게 된다. 또한 흑사병으로 인해 라틴어를 이해하고 사용하던 노년의 성직자와 학자들이 대거 사망하면서, 오랫동안 이어져 오던 라틴어 전통이 약화되었다. 대신 영어, 프랑스어, 독일어 등 자국어로 된 기록이 증가하며 각 지역의 언어와 문학이 발전하였고, 이는 민족주의의 형성과 근대국가의 토대로 작용하게 된다. 무엇보다 흑사병은 한 번의 유행으로 끝나지 않고, 반복적으로 재발하며 유럽을 오랜 시간 죽음과 공포 속에 몰아넣었다.[45] 이러한 반복적인 충격[46]은 중세 사회의 질서와 가치관을 뿌리부터 흔들어 놓았고, 유럽은 점차 중세적 세계관에서 벗어나 근대로 나아가는 결정적 전환점을 맞이하게 되었다.

중세의 흑사병이 단지 과거의 일이 아니라 20세기에도 여전히 인간 사회의 공포와 성찰의 대상으로 여겨졌음을 보여주는 대표적인 문학 작품

---

45 흑사병이 돌자 흑사병에 전염되지 않았던 유대인들이 박해를 받는 상황이 발생한다. 관습에 따라 손을 자주 씻는 유대인들이 페스트에 전염되지 않았다. 그러나 페스트의 원인이 규명되지 않았던 당시 중세사회는 비감염집단인 유대인을 지목하여 페스트의 발병을 그들의 탓으로 돌린다. 유대인들이 유럽의 우물을 오염시켜 전염병이 돈다는 근거 없는 소문을 퍼뜨렸고 수천 명의 유대인들이 고문을 당하거나 화형에 처하는 어처구니없는 일이 일어나기도 했다.

46 영국의 경우 1348년, 1361년, 1369년, 1374년 적어도 네 차례의 커다란 흑사병이 발병하였다. 1348년 이 후 15세기 말 사이에 프랑스의 파리에서는 흑사병이 40회 이상 발생했으며 독일의 괴팅엔에서는 흑사병이 발생했던 해가 20회를 초과하였고, 특히 1363-1366년 사이와 1393년과 1399년 사이에는 그 피해가 가장 광범위했다. 베네치아에서도 1348년 이래로 300년간 20회 이상의 흑사병이 발병하였다. 게다가 16세기 이후의 전염병도 심각하여 1575-1576년과 1630-1631년 사이의 흑사병은 각각 당시 인구의 약 1/3을 감소시켰다. 북유럽의 경우도 마찬가지이다. 러시아의 프스코프에서도 1350년 이래 16세기까지 17회의 전염병이 발생하였으며 노르웨이에서는 1350년 이래로 1650년 까지 약 26회의 흑사병이 발생하여 평균 10년 마다 반복된 셈이다. 흑사병은 일회적인 사건이 아니라 장기간 유럽 역사의 구조적 속성을 이루었으며 지역에 따라 뒤에 발생한 전염병의 피해가 제 1차 전염병의 피해에 못지않은 경우가 많았다. 따라서 흑사병의 진정한 파괴적인 성격은 최초의 전염병이 초래한 인구감소 그 자체보다도 흑사병이 짧은 주기를 간격으로 되풀이하여 발생함으로 인해 신속한 회복을 불가능하게 만들었던 점에서 찾아야 할 것이다(박흥식, 11-2).

이 바로 1947년에 발표된 알베르 카뮈(Albert Camus)의 장편소설 『페스트』(*La Peste*)이다. 이 작품은 쥐를 매개로 한 페스트균 전염의 공포와, 이에 직면한 인간이 어떻게 대응하고 극복하는지를 다룬 실존주의 문학의 대표작으로, 총 5부로 구성되어 있다. 1부는 1940년대 프랑스령 알제리의 북부 해안 도시 오랑에서 시작된다. 평온하던 도시에 갑자기 수천 마리의 쥐들이 길거리에서 죽기 시작하고, 이로 인해 페스트가 발병한다. 당국은 쥐가 전염의 원인이라는 인식이 부족한 채, 시민들에게 쥐를 수거하여 화장하라고 지시하고, 결국 공식적으로 페스트 발병이 선언된다. 2부와 3부에서는 전염병이 사회 전체를 잠식해 가는 과정이 묘사된다. 오랑시는 외부와 격리 조치되고, 도시의 출입구가 봉쇄되며 기차와 우편 등 모든 통신이 중단된다. 단절된 도시 안에서 사람들은 서로를 경계하며 불신이 커지고, 일상은 무너지고 우울감과 폭력이 번진다. 정부는 폭동과 탈출 시도를 막기 위해 통행금지령을 내린다. 이 가운데 주인공인 의사 리외는 친구 타루와 함께 사설 위생반을 조직, 감염자들을 치료하기 시작한다. 처음에는 비협조적이었던 신부와 기자도 점차 그의 인간적 헌신에 감동해 구호 활동에 동참한다. 4부에서는 전염병이 점차 소강 상태에 접어드는 가운데, 리외의 친구 타루가 페스트에 감염되고, 리외는 요양원에 있는 아내의 건강 악화 소식을 전해 듣는다. 그럼에도 그는 의사로서 자신의 사명을 다하며 끝까지 환자들을 돌본다. 5부에서는 마침내 페스트의 종식이 선언되고, 봉쇄되었던 성문이 다시 열리며 마을에는 축제 분위기가 감돈다. 그러나 타루는 끝내 병을 이기지 못하고 사망하고, 리외는 전보를 통해 아내의 죽음까지 접하게 된다. 이 작품은 단순한 전염병 묘사를 넘어, 모두에게 닥친 피할 수 없는 재난 앞에서 인간은 어떤 선택을 하는가를 묻는 실존주의 문학의 명작이다. 리외와 위생반의 활동을 통해 연대, 책임, 희생, 그리고 인간의 존엄성을 깊이 있게 그려내며, 재난소설이라는 장르의 효시로 평가받기도 한다.

『페스트』에서도 알 수 있듯이 흑사병이 빠르게 확산할 수 있었던 배경에는 당시의 환경적 요인이 크게 작용했다. 쥐가 들끓는 비위생적인 도시 환경, 높은 인구 밀도, 그리고 목욕을 자주 하지 않는 생활 습관 등은 흑사병이 퍼지기에 최적의 조건이었다. 또한 기후 역시 중요한 역할을 했다. 벼룩은 습도가 높은 환경에서 잘 번식하는데, 이 벼룩이 페스트균을 옮기는 주요 매개체이기 때문이다. 반면 건조한 기후는 벼룩의 생존에 불리하여 전염 확산이 덜했다. 실제로 건조한 스페인에서의 페스트 사망률은 습한 잉글랜드보다 훨씬 낮았다는 연구 결과도 있다(박흥식, 17~8).

과학기술과 의학이 발달한 오늘날에도 흑사병은 완전히 사라진 것이 아니다. 하지만 현대에는 초기 대응 체계와 항생제 치료법이 확립되어 있어 다양한 형태의 페스트는 치료 가능한 질병이 되었다. 특히 과거와 달리 전염 경로도 명확하게 밝혀져 있다. 페스트는 페스트균(Yersinia pestis)[47]에 의해 발생하지만, 감염되지 않은 사람에게 전파되는 방식은 다양하다. 대표적인 두 가지 유형 중 하나는 림프절 페스트라고도 하는 선페스트이다. 이는 감염된 쥐나 고양이, 또는 이들의 피를 빨아먹은 벼룩에게 사람이 물려 감염되는 '매개 전염' 방식이다. 또 하나 폐렴형 페스트는 감염자의 기침이나 재채기를 통한 비말 전염, 감염자와의 직접 접촉, 가래, 구토물, 배설물 등 오염된 체액과의 간접 접촉, 그리고 병원체가 공기 중에 퍼져 감염되는 공기 전염 등이 있다. 과거처럼 비위생적인

47 페스트의 어원은 전염병, 돌림병의 의미를 가진 라틴어 단어 'Pestis'이다. 그런데 14세기 때 페스트가 너무나 크게 유행하여 페스트라는 고유명사가 되었다. 1894년, 프랑스의 알렉산드르 예르신은 학계에서 최초의 페스트 병원체를 분리한 학자로 인정받고 있다. 학계에서 이 같은 예르신을 기념해 1967년 페스트균 "이에르시니아 페스티스"라고 명명했다. 또한 1898년 프랑스 학자 폴루이 시몬드가 쥐벼룩이 병의 감염 매개체라는 사실을 정립하고 페스트 감염자와 떨어져 있는 사람도 감염될 수 있음에 주목했다.

환경에서는 주로 쥐벼룩에 물려 감염되는 선페스트가 많았지만, 오늘날에는 사람 간 전염이 가능한 폐렴형 페스트가 더 큰 위협으로 간주된다. 특히 오염된 체액이나 공기를 통한 감염 가능성이 높아진 현대 사회에서는 이 유형의 감염이 더 우려된다.

한편, 많은 인명 피해를 낳았던 페스트는 전염병의 실질적인 치료 방안을 모색하는 계기가 되었다. 중세 사람들은 흑사병의 원인을 알지 못한 채 교회만을 의지했지만, 기도와 회개로도 병을 막지 못하자, 절대적이던 종교의 권위에 의심을 품기 시작했다. '왜 흑사병이 발생했는가?', '어떻게 치료할 수 있는가?'에 대한 질문과 회의는 사람들의 의식 변화를 이끌었고, 그 결과 의학의 발전으로 이어지는 계기를 마련했다.

Chapter

02

천연두: 아즈텍과 잉카 제국의 몰락 원인

페스트 못지않게 인류 역사에 깊은 흔적을 남긴 전염병으로는 천연두(smallpox)를 들 수 있다. 천연두는 기원전 10,000년경부터 인류를 괴롭혀 온 치명적인 전염병으로, 18세기 이전까지 유럽 지역에서만 매년 약 40만 명의 사망자를 발생시킬 정도로 무서운 병이었다. 회복된 환자들도 시력 상실, 관절염, 골수염 등의 후유증을 겪거나, 대부분의 경우 얼

그림 42) 에드워드 제너의 종두법을 둘러싼 논란을 보여주는 1802년 제임스 길레이의 만화. 우두를 이용한 종두 백신 때문에 소로 변하는 환자들의 모습을 묘사
출처: wikipedia public domain

굴에 곰보자국이 남아 평생 그 흔적을 안고 살아야 했다. 특히 어린이에게는 더욱 치명적이어서, 감염 시 약 80%가 사망할 만큼 유아와 아동들이 매우 취약했다. 백신이 개발되기 전에는 천연두로 인한 높은 유아 사망률을 고려해 많은 아이를 낳는 것이 일반적이었다. 천연두의 퇴치를 위한 다양한 시도가 이어졌고, 마침내 1796년 영국의 의사 에드워드 제너(Edward Jenner)가 우두(牛痘, cowpox)를 이용한 백신을 개발하며 접종의 효능을 입증하게 된다. 제너는 천연두에 관심을 가지고 연구하던 중, 소젖을 짜던 여성이 우두에 걸린 이후 사람에게 발생하는 천연두에 감염되지 않는다는 사실을 관찰했다. 이에 착안하여 그는 1796년, 한 소년에게 우두를 인위적으로 접종하는 종두(種痘) 실험을 실시했고 성공을 거두었다. 제너는 라틴어로 암소를 뜻하는 vacca에서 'vaccine(백신)'이라는 단어를 만들어냈으며, 'vaccination(백신 접종)'이라는 용어도 여기에서 유래되었다.[48] 수천 년 동안 수많은 생명을 앗아간 천연두는 결국 1977년을 끝으로 마지막 자연 발생 사례가 기록되었고, 인류가 최초로 완전히 박멸한 전염병으로 남게 되었다.

천연두는 하나의 병원체에 의해 발병하는 질병임에도, 역사상 가장 많은 사람의 목숨을 앗아간 전염병으로 평가받는다. 이 병은 전신에 붉은 발진이 돋고, 얼굴에 고름이 가득한 수포가 생기는 특징을 지닌다. 흑사병처럼 단기간에 급속히 퍼졌다가 사라지는 양상이 아니라, 천 년이 넘는 긴 세월 동안 유행과 재유행을 반복하며 인류를 끊임없이 위협해 왔다. 공기를 통해 전파되는 데다 전염력까지 강해, 단 한 명의 감염자가 발생

48 에드워드 제너가 라틴어로 소를 뜻하는 Vacca를 차용하여 쓰기 시작했으며, 루이 파스퇴르가 Vaccine이라 명명하여 영어와 프랑스어에서는 이 명칭으로 쓰고 있다. 독일어로는 Vakzin인데 20세기 중반까지 일본을 통해 들어온 독일어 Vakzin으로 인해 한국에서는 왁찐이라는 말을 널리 썼으나, 20세기 후반 이후에는 Vaccine에서 유래한 백신이라는 말이 퍼져 현재는 거의 백신이라는 말로 사용하고 있다. 북한은 여전히 예방주사를 왁찐이라 부른다.

하면 곧 지역사회를 넘어 국가 전체로 퍼져나갔다. 왕족과 천민을 가리지 않고 목숨을 앗아가는 무서운 병이었기에, 세계 곳곳에서 천연두는 '역병신'으로 여겨졌다. 사람들은 이 공포의 존재에게 최대한 예를 갖추며 피해를 적게 주고 속히 떠나달라고 기도하고 애원했다.

우리나라에서도 삼국시대 이전부터 천연두가 존재했던 것으로 보이며, 민간에서는 이를 '마마', '역신', '손님' 등으로 불렀다. 홍역이나 수두를 '작은 마마', '작은 손님'이라 칭한 반면, 치사율이 훨씬 높았던 천연두는 '큰 마마', '큰 손님'으로 불리며 더욱 공포의 대상으로 인식되었다. 조선시대에는 천연두가 가장 두려운 전염병으로 여겨졌으며, 병을 몰아내기 위한 굿이나 제의도 흔하게 이루어졌고 '마마신'에게 제사를 올리는 풍습도 있었다. 천연두는 '두창 바이러스'에 의해 감염되므로 '두창'이라 불리기도 했는데, 조선 중기 박진희가 편찬한 『두창경험방』에는 이 병의 원인, 증상, 치료법이 체계적으로 정리되어 있다(정연식, 110-1). 또한, 조선시대 초상화 전통에서는 인물의 외모뿐 아니라 정신과 인격까지 담아내려는 사실주의적 특징이 강했다. 이로 인해 초상화에는 얼굴의 점, 상흔, 피부병변까지 세밀하게 그려졌으며, 〈오명항의 초상〉을 비롯한 여러 선비들의 초상화 속에서 천연두의 흔적을 찾아볼 수 있다. 이러한 기록들은 천연두가 단지 병리학적 존재를 넘어, 한 시대 사람들의 삶과 정신, 미의식에까지 깊이 관여한 전염병이었음을 보여준다.

16세기, 유럽인들의 식민지 개척을 위한 대항해시대가 본격적으로 시작되면서 천연두는 유럽인들과 함께 전 세계로 퍼지기 시작했다. 이 무렵 천연두는 인도, 중국, 유럽 등지에서 이미 주요 사망 원인으로 자리 잡고 있었으며, 특히 아즈텍 제국과 잉카 제국의 몰락에는 천연두의 확산이 결정적인 영향을 끼쳤다. 1492년, 콜럼버스가 신대륙을 발견한 이후, 유럽의 군사적 침략과 더불어 천연두라는 보이지 않는 바이러스의 침략도 동시에 시작되었다. 유럽인들이 아메리카 대륙을 탐험하고 정복해 나가던 15세기 말부터, 아메리카 원주민들은 이 낯선 병원체에 대한 면역이 없어 엄청난 피해를 입었다. 스페인의 탐험가 에르난 코르테스는 그 대표적인 사례다. 그는 1519년, 약 550명의 군사를 이끌고 오늘날 멕시코 지역에 위치한 아즈텍 제국을 침략했다. 당시 아즈텍 제국은 테노치티틀란이라는 거대한 수도를 중심으로 뛰어난 문명을 꽃피우고 있었다. 아즈텍 문명은 14세기 초부터 16세기 초까지 약 200년 동안 번성한 중미 지역의 대표적인 고대 문명으로, 그 문화적·정치적 영향력은 막대했다. 테노치티틀란은 오늘날의 멕시코시티에 해당하며, 아즈텍은 이 도시를 중심으로 도시 국가 체제를 구축하고, '칼풀리(Calpulli)'라 불리는 공동체 조직을 통해 경제적 자급자족과 효율적인 행정을 유지했다. 또한 코코아, 원석, 염료 등 희귀 자원을 이용한 상업과 무역을 통해 국가의 부를 축적했고, 강력한 군사력과 종교적 체계를 바탕으로 중미 지역에서 가장 강력한 문명 중 하나로 성장하였다. 그러나 천연두의 유입은 이 찬란한 문명을 한순간에 무너뜨리는 결정적 요인이 되었으며, 수많은 원주민의 목숨을 앗아가며 제국의 붕괴를 앞당겼다.

그림 43) 크리스토프 바이티츠가 그린 코르테스의 모습, 1529년경
출처: wikipedia public domain

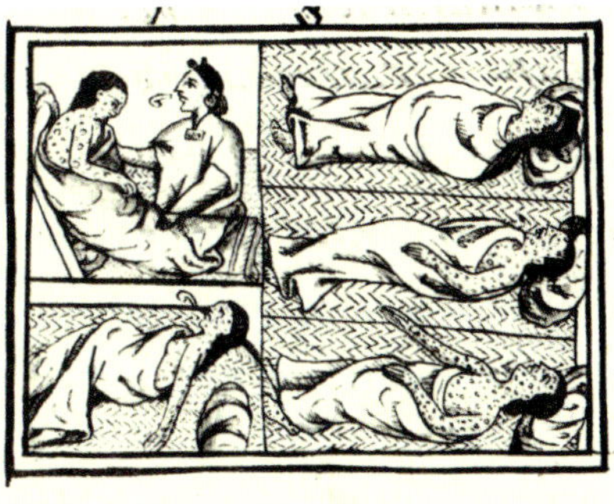

그림 44) 〈피렌체 코덱스〉의 삽화, 1540-1585, 멕시코 중부에서 정복 시대에 천연두로 고통 받는 나후아족의 모습을 묘사한 그림
출처: wikipedia public domain

1519년, 스페인의 정복자 에르난 코르테스(Hernán Cortés)가 아즈텍 제국의 수도 테노치티틀란에 도착했을 때, 그는 천연두에 감염된 흑인 노예를 동행하고 있었다. 이 노예를 통해 천연두 바이러스가 아즈텍 원주민들 사이에 퍼지기 시작했고, 그 결과는 참혹했다. 아즈텍인들은 소와 같은 대형 가축을 사육하지 않았기 때문에, 동물로부터 유래된 인수공통감염병에 대한 면역력이 거의 없었다. 반면, 유럽인들은 오랜 세월 천연두의 유행을 겪으며 어느 정도 항체를 지니고 있었다. 아즈텍인들에게 천연두는 생전 처음 접하는 치명적인 전염병이었고, 면역력이 전무한 상황에서 속수무책으로 희생될 수밖에 없었다. 실제로 당시 중남미 원주민의 약 90%가 천연두로 사망한 것으로 추정된다. 병에 대한 공포와 혼란 속에서 원주민들은 전의를 상실했고, 인원상 열세였던 스페인 정복군은 큰 저항 없이 정복을 진행할 수 있었다. 천연두의 전염은 단기간에 끝나지 않고, 정복 이후에도 원주민들의 저항 의지를 약화시키는 지속적인 요인이 되었다. 결국 1521년, 코르테스는 테노치티틀란을 함락시키고 아즈텍 제국을 무너뜨렸다. 이는 스페인의 군사력뿐 아니라, 바이러스라는 비가시적 무기의 영향이 결정적이었던 순간이었다. 천연두는 단지 한 문명을 병들게 한 것이 아니라, 아즈텍 문명을 붕괴시키는 데 있어 결정적인 역할을 한 '역사 속의 침입자'였던 셈이다.

콜럼버스의 신대륙 발견 이후, 유럽인의 침략과 함께 전파된 전염병 천연두는 아즈텍 제국에 이어 잉카 제국까지 역사 속으로 사라지게 만들었다. 잉카 제국은 콜럼버스 도래 이전, 아메리카 대륙에서 가장 거대한 제국으로, 현재의 페루, 에콰도르, 콜롬비아, 아르헨티나, 칠레, 볼리비아 등 6개국에 걸쳐 광대한 영토를 지배했으며, 남미 태평양 연안 대부분을 통치했다. 사실상 남아메리카 전체를 아우르던 거대한 제국이었다. 약 100년에 걸친 영토 확장을 통해 막대한 부와 황금을 축적하고, 행정 체계를 통일한 잉카 사회는 아즈텍보다도 더 부유하고 조직적이었다. 또한, 1911년에 발견된 마추픽추[49]가 보여주듯, 잉카 문명은 선진 기술과 정교한 장비를 활용한 고도로 발전한 문명이었다.

그러나 잉카 제국의 몰락은 아즈텍과 유사한 양상을 띠면서도, 천연두의 영향력이 훨씬 더 치명적이었다. 중앙아메리카에서 시작된 천연두는 남쪽으로 확산되어 에콰도르 지역에 이르렀고, 이곳에서 반란을 진압하던 황제 우아이나 카팍(Huayna Capac)이 감염되어 사망하게 된다. 이어서 그의 후계자로 지명된 장남 니난 쿠요치와 장군 사파 잉카, 그리고 다른 왕족들까지 감염되며, 제국 전역으로 병이 퍼지게 된다. 이로 인해 잉카는 후계자 문제로 내전에 휘말렸고, 내부 갈등 속에서 병력은 소진되고 국력도 급격히 약화되었다. 바로 이 혼란한 시기를 틈타, 스페인 콩키스타도르[50](Conquistador) 프란시스코 피사로(Francisco Pizarro González)[51]가 남아메리카로 진입했다. 피사로는 잉카 영토까지 진격했으며, 황제 아타우알파는 스페인의 침입을 받아들이지 않았으나, 1532년 피사로 일행에게 포로로 잡히고 만다. 상황이 불리해지자 아타우알파는

---

49 마추픽추(machu picchu)는 15세기에 남아메리카를 지배했던 잉카 제국에 의해 지어진 오늘날 페루에 있는 잉카 문명의 고대 요새 도시이다. 고고학자들은 잉카 제국의 파차쿠티 황제가 이 요새 도시를 건립한 것으로 추정한다. 잉카 문명을 상징하는 마추픽추는 1450년 즈음 지어졌고, 약 100년 후 스페인의 침략으로 버려졌다. 이 도시가 약 80년간 사용된 흔적을 보아, 마추픽추의 거주민들이 스페인에서 전해 온 천연두로 모두 사망했다고 추론되고 있다. 마추픽추는 1911년에 미국의 탐험가 하이럼 빙엄이 발견하여 세상에 알려졌다. 잉카 고전양식으로 지어진 마추픽추는 접착제나 모르타르 등을 전혀 사용하지 않은 채 돌과 석재들을 쌓아 올려 만들어졌다. 1983년에 유네스코 세계문화유산으로 지정되었고 2007년에는 새로운 세계의 7대 불가사의들 중 하나로 선정되었다.

50 콩키스타도르(Conquistador)는 스페인어로 정복자라는 뜻으로 15~17세기에 아메리카 대륙으로 진출한 스페인인을 일컫는다. 아메리카를 침략한 스페인계 정복자를 말한다.

51 프란시스코 피사로 곤살레스(Francisco Pizarro González, 1471 또는 1476~1541)잉카 제국을 정복하였으며, 현재 페루의 수도인 리마의 건설자이다. 아스텍 제국을 멸망시킨 에르난 코르테스와 6촌이다.

자신의 생명을 구하기 위해 황금으로 방을 가득 채우겠다는 제안을 하고 실제로 이행했지만, 결국 1533년 피사로에 의해 처형당하고 만다.

이 당시 스페인 군대는 고작 168명에 불과했지만, 천연두로 인해 국력이 약해진 잉카 제국은 8만 명의 병력을 보유하고 있었음에도 불구하고 패배하고 만다. 이는 단순한 병의 전파를 넘어서, 제국의 몰락을 초래한 결정적인 사건이었다. 실제로 스페인 군대에 의해 아즈텍 지역에 유입된 천연두는 급속히 확산되며 수많은 아즈텍인의 생명을 앗아갔고, 과테말라와 남아메리카의 잉카 제국으로까지 퍼졌다. 천연두를 한 번도 경험해 본 적 없던 잉카 원주민들은 면역력이 전무하여 속수무책으로 희생되었고, 이 혼란을 틈타 유럽인들은 남아메리카의 다른 지역들까지 손쉽게 정복해 나갔다. 당시 아즈텍과 잉카 문명은 유럽 사회 못지않은 고도화된 사회 조직, 뛰어난 건축술, 천문학, 과학 지식 등을 자랑하는 고도로 발달된 문명이었다. 그러나 천연두가 침입하면서 이들 문명은 13~15세기경 남아메리카에서 원주민들이 꽃피웠던 마지막 고대 문명으로 역사 속에 기록될 뿐, 그 실체는 사라지고 말았다.

콜럼버스의 항해로 인해 남아메리카에 전파된 천연두는 아즈텍과 잉카 문명을 붕괴시킨 뒤, 북아메리카로까지 확산되어 원주민 사회에 치명적인 피해를 남겼다. 천연두 바이러스를 처음 접한 북미의 원주민 인디언들은 면역력이 전혀 없어 대규모로 희생되었으며, 특히 북미에서는 1775년부터 1782년, 그리고 1836년부터 1840년까지 두 차례에 걸쳐 천연두가 대유행하여 인구가 급감하고 회복할 수 없는 상처를 남겼다. 18세기 중반이 되자 천연두는 북미를 포함한 전 세계 대부분 지역에서 주요한 풍토병으로 자리 잡았다. 18세기 후반부터 인두법이 부유층 사이에서 널리 사용되면서 천연두의 위협은 다소 완화되었지만, 19세기 후반 종두법이 일반화되기 전까지는 여전히 주요 사망 원인으로 남아 있었다. 북미에 식민지를 세운 영국은 천연두 확산을 막기 위해 다양한 조치를 시행했다. 1731년, 식민지 미국에서는 '천연두 은닉 방지법(An Act to Prevent Persons From Concealing the Smallpox)'이 통과되었고, 외부에서 들어오는 선박의 탑승객을 격리하기 위한 시설도 마련되었다. 1700년대 후반에는 거의 모든 영국 식민지에서 검역법이 시행되면서, 천연두의 무역 및 여행 경로를 통한 유입 가능성이 점차 줄어들었다.

그러나 이러한 유럽인들의 보건 조치는 북미 원주민에게는 효과가 없었다. 천연두에 대한 면역이 전혀 없었던 인디언들은 감염되면 사망률이 매우 높았고, 특히 1763년 '폰티액 전쟁(Pontiac's Rebellion)' 당시, 북미 영국군 사령관 제프리 에머스트(Jeffery Amherst)는 천연두에 감염된 담요를 인디언 야영지에 퍼뜨리는 비인도적인 전술을 사용했다.[52] 이 사건은 대규모 감염과 사망을 초래하며, 열세에 있던 영국군이 전세를 역전시키는 계기가 되었다. 1775년부터 1782년까지 이어진 첫 번째 대유행 동안, 천연두는 북미 대륙 전역의 인디언 부족에 영향을 미쳤다. 미 서부 지역에서는 약 3만 7천 명이던 원주민 인구가 2만 6천 명으로 줄며, 약 1만 1천 명이 사망한 것으로 추산된다(Snodgrass, 97). 한편, 이미 천연두를 경험한 유럽계 백인들은 반복된 유행 속에서 공중 보건과 위생 대응 능력을 발전시켰다. 1796년 천연두 백신이 개발되며 백인 사회는 예방접종의 혜택을 누릴 수 있었지만, 인디언 사회는 1830년대까지도 체계적인 접종을 받지 못한 채 질병에 노출되었다. 인디언 사회가 두 번째로 큰 타격을 입은 시기는 1837년 '대평원 천연두 유행(The 1837 Great Plains Smallpox Epidemic)'이었다. 1836년부터 1840년까지 이어진 이 전염

52 에머스트는 지역 사령관에게 다음과 같이 말했다. "이런 감염되지 않은 인디언 부족들 사이로 천연두를 퍼뜨리려는 시도가 저질러질 수 없는 걸까? 이럴 경우 우리는 인디언들을 줄이기 위해 우리 힘 닿는 데까지 모든 방법을 써야만 한다"(Fenner, 239).

병은, 1837년 미국 모피회사의 증기선이 천연두 감염자를 미주리 계곡으로 실어 나르면서 시작되었다. 이후 미주리 강을 따라 천연두가 급속히 퍼지면서 수많은 평원 부족들 사이에서 대규모 감염과 사망이 발생했고, 부족 간의 전파로 인해 인구가 급감하는 비극을 초래했다. 이에 따라 1832년 미국 의회는 인디언들을 위한 백신 접종법을 통과시켰지만, 정부는 접종을 방만하고 비체계적으로 시행했다. 결국 1840년이 지나 다수의 인디언이 사망하고 난 뒤에야, 천연두에 대한 집단 면역이 형성되며 전염병은 점차 종식되었다. 이처럼 천연두는 북미 원주민 사회에 막대한 인명 피해를 남긴 비극의 상징이었으며, 동시에 미국 백인 사회에는 공중 보건 시스템과 질병 대응 능력을 향상시키는 계기가 되었다.

전염성이 높은 천연두 바이러스의 생존력은 기후와 밀접한 관련이 있다. 천연두는 비교적 전파 속도가 느린 편이며, 춥고 습한 환경보다는 따뜻하고 건조한 기후에서 더 오래 생존한다. 온대 기후 지역에서는 주로 겨울과 봄철에 감염이 많이 발생했으며, 열대 기후 지역에서는 계절에 상관없이 연중 지속적으로 유행하는 경향이 있었다.

과거 천연두의 위력은 단순히 생명을 앗아가는 데 그치지 않고, 기후 변화에까지 영향을 줄 정도로 강력했다. 감염으로 인해 수많은 사람이 목숨을 잃으면서 이산화탄소(CO_2)의 배출량이 감소했고, 결과적으로 지구 기온이 낮아지는 현상이 일어났다는 것이다. 인간 활동은 이산화탄소 배출과 밀접하게 연관되어 있다. 사람이 줄면 그만큼 농경 활동이 축소되고, 경작지가 숲으로 되돌아가면서 이산화탄소 흡수량이 증가한다.

생태학자들은 인구 감소가 지구 자원 고갈을 늦추고, 온실가스 배출을 줄이는 효과가 있다고 주장한다. 농경 활동이 줄면 자연은 회복되고, 삼림이 우거지면서 공기를 정화하고 탄소를 흡수하는 자연 순환이 가능해진다는 것이다. 실제로 유럽인들이 아메리카 대륙에 도착했을 때, 원주민들은 많은 인구를 부양하기 위해 계단식 밭, 관개 농업 등 다양한 농법을 활용하고 있었다. 그러나 유럽인이 전파한 천연두로 인해 원주민 인구가 급감하자, 경작지가 방치되고 숲이 다시 자라나면서 재산림화가 일어났다. 그 결과 대기 중 이산화탄소 농도가 눈에 띄게 감소하였고, 지구 기후에까지 영향을 미쳤다. 미국 예일대의 메슬린 교수에 따르면, 16~17세기 '소빙하기'의 주요 원인 중 하나가 바로 천연두로 인한 인구 감소였다고 한다. 이는 자연 기후 변화가 아닌, 인간 활동의 축소가 빚어낸 결과라는 해석이다. 결국, 미주 대륙 원주민의 대량 멸종은 18세기 산업혁명이 본격화되어 대기 중 이산화탄소 농도가 다시 급격히 증가하기 전까지 지구 기후에 결정적인 영향을 끼쳤다. 이처럼 전염병은 단순히 인류사의 국면을 바꾸는 것을 넘어, 지구의 기후를 변화시키는 변수로 작용해 왔다.[53] 오늘날도 기후변화로 인해 여름철 폭염 발생 가능성이 커지면서, 말라리아나 뎅기열과 같은 감염병이 재확산할 우려가 높아지고 있다. 이는 과거와 마찬가지로, 기후와 전염병이 서로 깊이 연결되어 있다는 점을 다시금 상기시켜 준다.

전염병이 인간의 부 추구 또는 경제적 발전과 밀접한 관계를 맺어왔다는 사실은 분명해 보인다. 유럽의 '발전'을 이끈 이들은 생산 과정을 끊임없이 변화시켰고, 그로 인해 점점 더 많은 세계인들이 그 생산 체계에 종속되었다. 이러한 '발전'의 의도하지 않은 결과 중 하나는, 포르투갈인들이 처음 구축한 세계 무역 네트워크처럼 전 세계를 아우르는 '질병의 네트워크'가 형성되었다는 점이다. 콜럼버스의 대서양 횡단 이전까지 신대륙에는 전염병이 존재하지 않았다. 그러나 금과 은을 대량으로 채굴하려

53 YTN 사이언스[날씨학개론] "역사로 살펴본 전염병과 기후변화의 관계" https://science.ytn.co.kr › program › program_view(검색일: 2025.03.10)

는 유럽 백인들의 탐욕과 함께, 유럽인들이 아메리카 대륙에 발을 디딘 지 불과 수십 년 만에 그들과 동반한 전염병은 신대륙의 인종 구성을 근본적으로 뒤바꾸어 놓았다(와츠, 15-6). 과거에는 대륙 간 이동 시간이 오래 걸리고, 백신이나 치료 기술이 미흡했기 때문에 전염병의 확산 속도는 느렸지만, 그럼에도 많은 사상자와 사회적 혼란을 초래했다. 오늘날에는 의학 기술이 비약적으로 발전했음에도 불구하고, 항공기와 고속 교통수단처럼 빠른 이동 수단의 발달로 전염병의 확산 속도는 오히려 더 빨라졌다. 인간의 생활이 편리해진 만큼, 우리는 전염병의 빠른 확산이라는 새로운 대가를 치르게 된 것이다. 이처럼 과거든 현재든 전염병은 인간에 의해, 그리고 인간의 활동을 통해 전파되고 확산되었음을 알 수 있다. 전염병은 단지 생물학적 현상이 아니라, 인간의 역사, 경제, 문화와 깊이 연결된 사회적 현상인 것이다.

Chapter

03

영화 〈컨테이젼〉을 통해 본 현대의 전염병

2019년 말 발병한 코로나바이러스는 COVID-19 팬데믹으로 이어지며 전 세계인들에게 전염병의 공포를 실감하게 만들었다. 전염병의 위세에 세계가 압도당하면서, 사람들은 과거에 전염병을 어떻게 극복했는지에 대한 지혜를 얻고자 코로나와 유사한 호흡기 전염병 사례에 관심을 갖게 되었다. 그중 1918년에 발생하여 약 2년 동안 전 세계적으로 5,000만 명의 목숨을 앗아간 '스페인 독감'은 20세기 최악의 감염병으로 재조명받게 되었다.

스페인 독감은 제1차 세계대전 중이던 1918년부터 1919년까지 전 세계를 강타한 독감이다. 1918년 미국 시카고 인근에서 처음 발병한 것으로 추정되며, 프랑스에 주둔하던 미군 병영에서 발생했지만 전시 상황으로 인한 언론 검열로 인해 확산을 방지할 기회를 놓치고 말았다. 반면, 전쟁에 중립을 유지하던 스페인에서는 언론의 자유로 인해 이 전염병이 집중적으로 보도되었고, 그 결과 '스페인 독감'이라는 이름이 붙게 되었다. 전 세계 여러 나라에서 온 군인들이 참전하고, 선박과 철도 같은 교통수단으로 이동하면서 스페인 독감은 빠르게 전 세계로 확산되었다. 전쟁이 끝난 뒤 귀환 병사들을 통해 미국에는 50만 명, 영국에는 15만 명의 사망자가 발생했고, 우리나라에서도 '무오년 독감'이라는 이름으로 약 15만 명의 사상자가 생겼다. 만약 전쟁이 없었다면, 이 전염병은 팬데믹으로까지 확산되지 않고 조용히 사라졌을 수도 있었을 것이다. 스페인 독감은 높은 감염력과 비교적 낮은 치사율, 그리고 유사한 증상으로 인해 COVID-19와 여러모로 닮은 점이 있다. 이러한 역사적 사례는 현대 사회가 팬데믹에 대응하는 데 중요한 교훈을 제공해준다.

코로나19가 발생한 이후, 전염병으로 인한 팬데믹 상황에서 벌어지는 혼란을 놀랍도록 정확하게 예견한 영화가 재조명을 받았다. 바로 2011년 9월에 개봉했고 스티븐 소더버그가 감독한 영화 〈컨테이젼〉(*Contagion*)이다. 이 작품은 전염병이 인류에게 가져올 위기와 영향을 사실적으로 그려내며 주목받았으며, 보이지 않는 호흡기 바이러스가 어떻게 전 세계인의 삶을 뒤흔들 수 있는지를 섬세하게 묘사한 전염병 아포칼립스 장르의 수작으로 평가받고 있다. 이 영화는 개봉 당시보다 오히려 코로나19 발생 이후에 그 예측력과 경고 메시지로 더 큰 울림을 주었다. 또한, 전염병 확산이 초래하는 사회적 혼란을 생생하게 그려내며 팬데믹의 실체를 미리 보여준 셈이다.

2019년 중국 우한에서 시작된 코로나19가 팬데믹으로 확산되자, 영화 속 장면들이 실제 상황과 놀라울 정도로 흡사하게 전개되면서 〈컨테이젼〉은 다시 조명을 받았다. 특히 영화에 출연한 배우들이 손 씻기와 개인위생의 중요성을 알리는 캠페인 영상에 참여해 큰 관심을 끌기도 했다. 단지 영화 속 상상이라 여겨졌던 이야기들이 9년 후 현실에서 그대로 벌어졌다는 사실은 많은 사람들에게 충격과 함께 경각심을 안겨주었다.

특히 영화 〈컨테이젼〉은 코로나19와 놀라울 만큼 유사한 장면들을 담고 있다. 박쥐로부터 시작된 인수공통전염병, 정체불명의 바이러스가 걷

잡을 수 없이 순식간에 퍼지는 모습, 그리고 바이러스 자체보다 더 무서운 공포의 확산은 결국 인간의 인성과 사회적 관계마저 파괴시키는 극단적인 상황으로 이어진다.

고열과 기침 증세를 보이며 치료약을 구하기 위해 병원 앞에 줄을 서는 사람들, 백신에 대한 불신과 백신 확보를 둘러싼 각국의 경쟁, 정부의 도시 봉쇄 조치, 슈퍼마켓에서의 생필품 사재기와 약탈, 의료진의 파업, 감염된 환자를 돌보다 스스로 감염되는 의료인들까지 — 모두가 코로나 팬데믹 당시 우리가 실제로 겪은 현실이다. 여기에 더해, 방역에 방해가 되는 가짜 뉴스와 근거 없는 치료제 루머, 특정 선동가에 쉽게 현혹되는 수백만의 블로그 회원들까지, 영화는 바이러스보다 빠르게 확산되는 정보 전염과 사회적 혼란을 사실적으로 그려낸다. '아무 것도 만지지 마라! 누구도 만나지 마라!'라는 포스터 속 문구는 전 세계가 사회적 거리두기를 실천하던 팬데믹 초기의 불안과 공포를 고스란히 반영한다.

〈컨테이젼〉은 전염병의 발생과 확산을 과장 없이 다큐멘터리처럼 담담하게 그려내며, 인류가 마주한 위기 속에서 드러나는 물리적, 심리적 전염 양상과 사회적 반응을 냉철하게 조명한다. 이 영화는 단순한 재난 블록버스터가 아니라, 전염병이라는 전 지구적 재앙 앞에서 인간성과 공동체 의식을 되돌아보게 하는 사회적 경고장이었다.

이 영화의 줄거리는 다음과 같다. 주인공 토마스(맷 데이먼)의 아내 베스(기네스 펠트로)는 다국적 기업인 에임 앨더슨사(AIMM Alderson)에 근무하고 있다. 그녀는 홍콩 출장을 마친 후 귀가한 지 얼마 되지 않아 갑작스럽게 경련과 발작 증세를 보이며 사망한다. 남편 토마스가 아내의 죽음에 대한 충격에서 벗어나기도 전에, 베스와 포옹했던 어린 아들도 같은 증세로 목숨을 잃는다. 이후 베스가 출장 중 접촉했던 사람들이 홍콩, 런던, 일본, 파리 등지에서 연이어 사망하면서 그녀는 '슈퍼 전파자'로 여겨지게 된다. 얼마 지나지 않아 세계 각지에서 동일한 증상을 보이며 사망하는 사례가 속출하고, 바이러스는 일상적인 접촉을 통해 급속도로 퍼진다. 초기에는 한 명에서 네 명, 다시 열여섯 명으로, 이후 수백 명, 수천 명으로 기하급수적으로 감염자가 늘어나면서 사회 전반에 전염병에 대한 극도의 불안이 퍼진다. 시민들은 공포에 떨며 사회 질서가 점차 붕괴되는 상황에 이른다. 그러나 절망적인 상황 속에서도 희망의 끈을 놓지 않은 의학 연구자들과 공중 보건 전문가들은 바이러스의 정체와 구조를 밝혀내기 위한 노력을 이어간다. 미국 질병통제예방센터(CDC)는 현장에 전문가를 급파하여 감염 경로를 조사하고, 세계보건기구(WHO) 또한 최초 발병지에 대한 추적을 시작한다. 이처럼 전염병 해결을 위해 헌신하는 사람들이 있는 반면, 이 난국을 이용해 자신의 이익을 챙기려는 인물도 있다. 프리랜스 저널리스트 앨런(주드 로)은 개나리 추출액이 전염병 치료제라고 주장하며 가짜 뉴스를 퍼뜨린다. 그는 백신이 개발된 이후에도 「사람들은 나를 믿고 백신을 맞지 않을 것이다」라고 말하며, 현실에서 백신을 거부했던 사례들처럼 백신 불신을 조장한다. 앨런은 정부가 진실을 은폐하고 있다고 그럴듯한 음모론을 제기하며, 전염병만큼이나 빠르게 불안을 확산시킨다. 그는 블로그와 수백만 명의 팔로워를 통해 자신이 주장하는 '개나리 액'을 홍보하며 거액의 수익을 얻는다. 심지어 이를 구매하려는 사람들 사이에서 폭력과 약탈까지 벌어진다. 이는 코로나19 팬데믹 당시 실제로 떠돌던 수많은 허위 정보, 근거 없는 유튜브 영상, 블로그 글들과 유사하다. 영화 속에서도 방역당국보다 블로그의 말을 믿는 사람들이 등장하듯, 현실에서도 사람들은 진실을 가려내지 못하고 혼란에 빠지곤 했다.

또한, 영화에서는 전염병의 경로를 추적하던 질병통제센터 소속 에린 미어스(케이트 윈슬렛)가 감염되어 사망한다. 이는 실제로 코로나 초기,

감염 위험 속에서도 환자를 돌보다 목숨을 잃은 우한의 젊은 의사나 과중한 업무에 시달리던 의료진들의 현실을 떠올리게 한다. 팬데믹 동안 전 세계적으로 의료 인력 부족과 번아웃 현상이 심각한 문제로 대두되었다. 영화 속에서 고위직 질병통제센터 박사인 치버(로렌스 피시번)는 도시 봉쇄 정보를 약혼녀에게 누설해 윤리적 비판을 받으며, WHO에서 파견된 리어노르 오랑테스(마리옹 꼬띠아르)는 중국 농촌 마을 주민들에 의해 백신 확보를 위한 인질로 억류되는 상황도 발생한다. 이는 위기 상황 속에서 발생할 수 있는 도덕적 갈등과 생존의 본능이 충돌하는 인간 군상의 다양한 양상을 보여준다. 영화는 '감염 1일, 2일, 3일 … 133일' 식으로 시간의 흐름에 따라 감염자 수가 폭발적으로 증가하는 과정을 통해 바이러스의 무시무시한 전염 속도를 시각적으로 보여준다. 그럼에도 불구하고, 숙주 균의 배양과 백신 개발을 끈질기게 시도한 끝에 결국 백신이 완성되어 보급되며 팬데믹은 진정 국면에 들어선다. 백신 접종 방식은 주사 외에도 코를 통해 흡입하는 형태로도 제공된다. 영화의 마지막 장면은 역으로 전염병의 기원을 추적하며, 이 재앙이 어떻게 시작되었는지를 밝히는 데에서 끝난다. 박쥐, 돼지, 인간의 접촉을 통해 발생한 바이러스의 최초 전파 경로가 드러나며, 인간과 자연 간의 균형이 깨졌을 때 어떤 대가를 치르게 되는지를 암시한다.

바이러스 전파의 시작은 다국적 기업 애임 엘더슨(AIMM Alderson)이 개발을 위해 숲을 파괴하면서 비롯된다. 서식지를 잃은 박쥐는 인가 인근의 한 농가로 날아들고, 그곳의 비위생적인 돼지 축사로 들어간다. 박쥐는 먹고 있던 바나나 조각을 축사에 떨어뜨리고, 축사에 있던 돼지가 그 조각을 먹는다. 오로지 식용을 위한 대량생산을 목적으로, 제대로 된 위생 관리조차 없는 축사에서 사육된 돼지는 유통을 거쳐 식당으로 판매되고 도축된다. 이후 해당 식당의 주방장이 비누로 손을 씻지도 않은 채 앞

치마에 손을 문지르고, 같은 손으로 베스(기네스 펠트로)와 악수를 한다. 카메라 앞에서 포즈를 취하며 이 악수가 이루어지는 순간, 바로 그것이 '감염의 시작', 즉 day 1이다. 이 장면은 영화의 결말부에서 회상 장면으로 등장하며, 팬데믹의 최초 발생 원인을 명확히 보여준다. 또한 베스가 애임 엘더슨사의 문서에 서명하고, 그 문서를 일본인이 받아 확인하는 장면은 일본으로의 전염 가능성을 암시한다. 실제로 영화 속에서 일본인은 이후 비행기를 통해 고국으로 돌아가고, 이로 인해 전염병이 국제적으로 확산되기 시작한다. 이 장면은 팬데믹이 단지 개인의 문제가 아닌, 세계적 확산을 불러올 수 있는 구조적 현실임을 상징한다.

결국 베스를 죽음으로 이끈 바이러스는 인간이 자연을 파괴하고, 동물을 비위생적으로 다루며, 전 지구적 연결망 속에서 무분별하게 움직인 결과로 발생한 것이다. 〈컨테이젼〉 팬데믹이 결코 우연이 아닌 인간의 '자업자득'임을 강하게 암시하며, 개발 중심적 산업화와 인간 중심 사고에 대한 깊은 성찰을 요구한다.

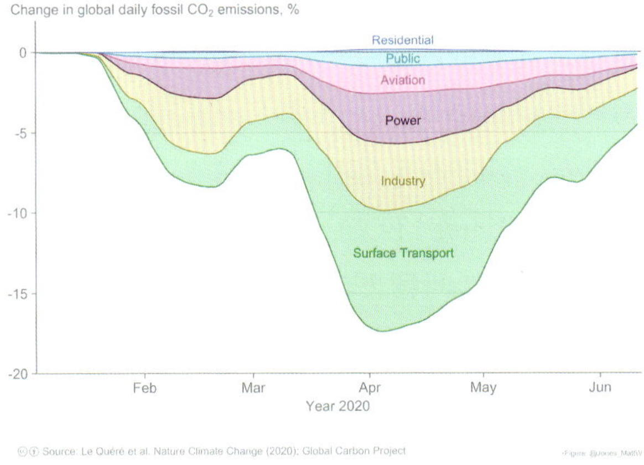

그림 45) COVID-19 대유행 중 전 세계 일일 화석 CO_2 배출량의 변화
출처: wikipedia public domain

깊은 산골짜기에서 살던 박쥐가 개발로 인해 서식지를 잃고 인가로 내려오게 되면서, 본래 동물에게만 존재하던 바이러스가 사람과 접촉하며 변이를 거쳐 인수공통전염병으로 진화하게 된다. 이 바이러스는 결국 전 세계로 퍼져 팬데믹을 유발하며 수많은 사망자를 낳는다.

영화 〈컨테이젼〉에서 바이러스의 발원지는 홍콩으로 설정되어 있지만, 현실의 코로나19 팬데믹이 중국 우한에서 시작되었다는 점만 다를 뿐, 바이러스의 확산 방식과 사회적 여파는 놀라울 정도로 흡사하다. 바이러스는 무차별적으로 전파되며 사람들을 극도의 불안과 공포에 몰아넣는다. 언제 누구에게 감염될지 알 수 없는 상황 속에서 사람들은 가족 외의 모든 이들과의 접촉을 피하고, 서로를 불신하며 의심의 눈초리로 대하게 된다.

영화는 바이러스 전염병이 유행할 때 인간이 느끼는 공포, 혼란, 고립, 그리고 사회 전반의 붕괴 양상을 마치 실제 상황처럼 생생하고 현실감 있게 묘사한다. 단순히 육체에 치명적인 피해를 주는 데 그치지 않고, 바이러스는 인간의 정신과 영혼까지 병들게 만든다. 실제 코로나 시기 많은 사람들이 겪었던 '코로나 블루'와 같은 심리적 질병 역시 영화 속 인물들을 통해 실감 나게 표현된다. 〈컨테이젼〉은 전염병이라는 위기를 통해 인간성과 사회의 민낯을 들추며, 그 어떤 액션보다 현실적인 공포를 담담하게 그려낸 작품이다.

영화 속 정체불명의 신종 바이러스는 코로나19와 마찬가지로 과거의 전염병들과는 본질적으로 다른 특성을 지닌다. 전염병 아포칼립스는 역사 속에서도 반복적으로 일어났으며, 그 대표적인 사례로는 흑사병, 천연두, 그리고 앞서 언급한 스페인 독감을 들 수 있다. 천연두와 흑사병은 엄청난 사망자를 발생시킨 전염병이었지만, 주로 유럽 대륙이나 남아메리카 대륙 등 특정 지역에 국한되어 있었다. 당시에는 교통과 통신이 발달하지 않았고, 의학 기술과 생명과학 수준도 낮았기 때문에 백신 보급은 매우 제한적이었으며, 공중위생과 보건체계도 제대로 갖춰져 있지 않았다. 따라서 전염병의 확산 속도도 지금과 비교할 수 없을 만큼 느렸다.

그러나 영화 속 바이러스와 코로나19는 전파 속도 면에서 과거 전염병들과는 비교할 수 없을 정도로 빠르다. 이는 현대 사회가 '세계화(Globalization)'로 깊이 연결되어 있기 때문이다. 고속 열차, 비행기, 자동차 등의 교통수단 발달로 인해 사람들은 하루나 이틀 만에 지구 반대편으로 이동할 수 있게 되었고, 이는 곧 전염병이 국경을 넘어 빠르게 퍼질 수 있는 조건을 제공한다. 이처럼 전염병은 더 이상 특정 국가나 지역에 한정되지 않으며, 빠르게 팬데믹으로 확산되어 인류 전체가 '전염병 운명공동체'가 되는 시대가 되었다. 다시 말해, 바이러스 팬데믹은 세계화의 그림자이며, 그 대가라고 할 수 있다. 실제로 코로나19 팬데믹 당시 중국 우한이 도시 전체가 봉쇄되었던 것처럼, 영화에서도 감염이 급속히 퍼지는 시카고가 봉쇄된다. 지역 주민의 이동은 철저히 통제되며, 이 과정에서 시민들은 자유와 안전 사이의 딜레마에 직면하게 된다. 현대의 신종 전염병은 과거의 천연두나 흑사병과는 또 다른 특징을 지닌다. 그 핵심 차이는 경제 개발의 수준과 속도다. 과거에도 인간 중심의 이기심과 탐욕이 전염병 확산의 원인이 되었지만, 그것이 오늘날처럼 급격하고 대규모적인 개발로 이어지지는 않았다. 오늘날의 전염병은 지나친 경제 발전의 부산물이다. 인간의 무분별한 개발은 야생동물의 서식지를 파괴했고, 이로 인해 야생동물은 인가와 가까워졌으며, 인간과 동물 간의 접촉이 빈번해지면서 인수공통전염병의 위험이 증가하였다. 이러한 바이러스는 기존에 인간에게는 없던 유형이며, 인간의 면역 체계로는 감당하기 어려운 경우가 많다.

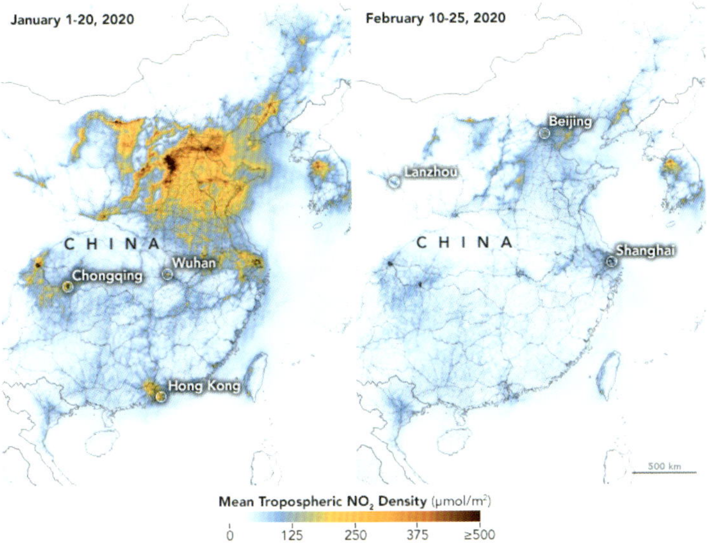

그림 46) 코로나바이러스로 인한 중국의 이산화질소 밀도 변화
출처: wikipedia public domain

과거에는 새로운 전염병이 등장하더라도 비교적 단발성으로 그쳤다. 그러나 현재는 도시화와 세계화, 그리고 생태계 질서의 붕괴로 인해 전염병의 전파는 기하급수적으로 빠르고 광범위하다. 인간이 생활 반경을 넓히며 자연을 침범하고, 기존 생태계를 무너뜨림으로써 사람과 동물의 생활 경계가 모호해진 것이다.

〈컨테이젼〉과 코로나19 팬데믹 모두에서 그 원인을 거슬러 올라가 보면, 역설적으로 도시화와 세계화라는 인간 문명의 발전이 핵심적인 원인으로 작용하고 있음을 알 수 있다. 깊은 오지에서 서식하던 동물들이 터전을 잃고 인간과 접촉하게 되면서, 동물에게만 존재하던 바이러스가 변이를 일으켜 인수공통전염병으로 발전한다. 그 결과, 전 세계적으로 수많은 사람들의 목숨이 위협받는 사태가 발생하게 되는 것이다.

도시화나 세계화뿐 아니라, 현대 전염병이 과거의 천연두나 페스트와 근본적으로 다른 또 하나의 중요한 차이는 지구온난화라는 환경적 위기이다. 과거 전염병이 유행하던 시기에는 오늘날처럼 과학기술이 발달하지 않았고, 인간의 활동이 자연환경에 미치는 영향도 상대적으로 적었기 때문에 지구온난화와 같은 기후 변화 현상은 존재하지 않았다. 하지만 현대 사회는 극도의 인간중심적 편리주의와 산업화로 인해 막대한 양의 화석연료를 사용하고, 이로 인해 대기 중에 탄소가 과다하게 배출되어 지구의 온도가 점차 상승하고 있다. 온실가스를 대량으로 배출하는 우리의 생활 방식이 기후 위기를 초래하고 있으며, 이러한 이상기후는 전염병의 발생 가능성과 전파 속도를 더욱 높이는 요인이 되고 있다.

기온이 상승함에 따라 세균과 바이러스는 더 빠르게 증식하며, 그 종류도 점점 다양해지고 있다. 특히 열대 및 아열대 지역에서만 서식하던 모기 같은 매개 곤충들이 이제는 온대 지역으로 확산되면서, 황열병, 뎅기열, 말라리아 등 과거 특정 지역에 국한되었던 질병들이 새로운 지역으로 퍼지고 있다.

지구온난화로 인해 북극과 남극의 빙하가 빠르게 녹고 있다. 이 과정에서 수천 년 동안 얼어 있던 고대 세균이나 바이러스가 빙하와 함께 풀려나오며, 이들이 다시 활성화될 가능성이 제기되고 있다. 이러한 병원체는 현대 인류가 면역력을 갖추지 못한 생물종이기 때문에, 새로운 유형의 전염병 발생으로 이어질 수 있다는 우려도 커지고 있다. 빙하는 오랜 시간 동안 다양한 미생물을 포함한 채 형성되어 왔으며, 기후변화로 인해 이들이 활동할 수 있는 환경이 조성되고 있는 것이다.

또한 기후 변화는 전 세계적으로 이상기후 현상을 심화시키고 있다. 한 지역에서는 가뭄이, 다른 지역에서는 홍수가 발생하고 있으며, 이러한 극단적인 기후는 물의 오염과 전염병의 확산으로 이어질 수 있다. 특히 홍수가 발생하면 오염원이 물에 섞여 범람하면서 각종 세균과 바이러스가 퍼지게 되며, 이는 인간의 건강에 큰 위협이 된다. 이처럼 오염된 물을 통해 퍼지는 수인성 질병으로는 콜레라, 장티푸스 같은 세균성 감염병이 대표적이다. 기후 변화로 인해 수질 오염이 심화되면, 이러한 질병이 더 쉽게 확산될 수 있다. 뿐만 아니라 기온 상승이 장기간 지속될 경우, 사람들은 일사병, 열사병 같은 온열 질환에 더 쉽게 노출된다. 여기에 더해, 대기 중 미세먼지가 증가하면 호흡기 질환까지 유발할 수 있다. 기후 변화는 우리의 먹거리 체계에도 악영향을 미친다. 기상이변은 곡물 생산량을 감소시키고, 생산된 농산물의 품질 저하를 가져올 수 있다. 이는 식량 안보와 건강 문제까지도 연결되는 심각한 문제이다. 기후변화는 야생동물이 옮기는 인수공통 전염병의 증가로 이어질 수 있다. 도시화뿐 아니라 가뭄, 산불 등 기후변화로 인해 야생동물의 서식지가 줄어들면서, 이들과 인간의 접촉 빈도도 높아지고 있다. 이로 인해 동물에게만 존재하던 바이러스가 인간에게 전염될 가능성이 커지고 있으며, 인간은 이러한 신종 바이러스에 대한 면역이 없어 높은 치사율을 보일 수 있다.

이상기후로 인해 발생한 전염병은 단순히 건강 문제에 그치지 않고, 사회적 문제로까지 번질 수 있다. 특히 전염병이라는 위기 상황에서 가장 큰 피해를 입는 계층은 사회적 약자들이다. 이들은 기후위기로 인한 피해 계층과도 거의 일치한다. 자원이나 경제력이 있는 사람들은 기후위기 상황에서도 비교적 안전하게 대처할 수 있지만, 그렇지 못한 사람들은 피해를 고스란히 떠안게 된다. 예를 들어, 열사병 피해자의 다수는 에어컨 조차 없는 쪽방에 사는 빈곤층 노인들이며, 폭염 속에서도 야외에서 일해야 했던 노동자들이다. 이는 단순한 자연재해가 아니라, 사회 구조의 문제이기도 하다. 결국, 기후위기로 인한 악영향은 사회적 불평등 속에서 더 극단적으로 드러날 수 있다.

현대의 전염병은 과거와는 그 전개 양상이 분명히 다르다. 과거에 발생했던 전염병과 달리, 오늘날의 전염병은 사회, 경제, 생태 등 다양한 분야에 걸쳐 광범위하고 복합적인 영향을 미치며, 인류의 생존 자체를 위협하고 있다. 이러한 바이러스의 재앙은 자연을 지배의 대상으로 보고 인간의 편의와 이익을 위해 자연을 통제하려 해온 인간의 교만에서 비롯된 결과라 볼 수 있다. 이에 대해 레이첼 카슨은 일찍이 이렇게 말했다. "지금 우리에게 필요한 것은 겸손이다. 과학적 자만심이 자리 잡을 여지는 어디에도 없다"(카슨, 304). 인간은 자연 생태계의 주인이 아니라, 동식물과 마찬가지로 자연을 구성하는 요소 중 하나일 뿐이다. 이를 자각할 때 우리는 자연 앞에서 겸손해질 수밖에 없다. 실제로 코로나 팬데믹은 인간이 자연을 무분별하게 파괴해 온 결과가 결국 인간 자신에게 되돌아온다는 사실을 분명히 보여주었다.

따라서 이제 우리는 단순히 생활수준의 향상만을 추구하기보다, 자연과 생명의 내재적 가치를 인식하고 이를 존중하는 태도로 전환해야 할 시점이다. 앞으로 코로나와 같은 재앙이 반복될지, 혹은 멈출지는 전적으로 우리가 지금 무엇을 실천하느냐에 달려 있다.

나가며

• • •

여름을 앞두고, 올여름의 더위를 어떻게 견딜지 벌써부터 걱정이 앞선다. 매년 최고치를 경신하는 폭염은 이제 단순한 기후 온난화를 넘어 '기후 열작화'라는 말이 어울릴 만큼 극단적인 양상을 띠고 있다. 이상기후는 누구나 체감하고 있지만, 우리는 이를 극복하기 위해 어떤 노력을 하고 있는가. 혹시 '지금만 괜찮으면 된다'는 안일한 생각으로, 달리는 기후 재앙의 열차에 올라 타 있는 것은 아닐까? 코로나19 팬데믹 시기에 비대면 일상이 확산되자 대기의 미세먼지 농도가 급격히 낮아지고, 공기의 질이 눈에 띄게 좋아졌던 것을 우리는 기억한다. 이 사실은 환경문제의 주요 원인이 인간의 활동에 있음을 여실히 보여준다. 자연을 고려하지 않은 인간 중심의 과도한 경제활동과 소비 패턴이 문제의 본질이다.

앞서 다룬 문학작품과 다양한 사례들이 보여주듯이, 자연과의 공존과 조화는 우리가 추구해야 할 지속 가능한 삶의 유일한 길이다. 만약 인류가 이러한 진리를 더 일찍 인식하고 실천에 옮겼더라면, 오늘날 우리가 직면한 환경 문제는 훨씬 더 완만하게 진행되었거나, 그 피해 또한 지금보다 훨씬 덜했을 것이다. 자연은 인간의 정복 대상이 아닌, 함께 숨 쉬며 살아가야 할 동반자임을 우리는 더 늦기 전에 깊이 깨달아야 한다. 예로부터 인디언들은 인간을 자연의 일부로 보았고, 만물이 신 앞에 동등하다는 믿음 아래 자연을 존중해 왔다. 백인들의 탐욕과 문명이 그들의 전통문화를 파괴하고 자연을 훼손하기 전까지, 인디언들은 전염병 없이 건강한 삶을 누렸다. 자연을 무분별하게 개발하여 문명의 편의만을 추구한 결과, 세인트로렌스 강은 죽음에 이르렀고, 그 속의 생명들도 함께 희생되었다. 소로우는 문명이 인간 정신에 유익하지 않다고 말하며, 간소하고 소박한 생활을 통해 '깨어있는 삶'을 살아야 한다고 충고했다. 이 메시지는 19세기에만 해당되는 것이 아니라, 오늘을 사는 우리에게도 유효한 삶의 방식이다. 환경에 대한 관심이 부족하던 시절, 레이첼 카슨은 『침묵의 봄』을 통해 과학의 자만심을 비판하고, 인간의 겸손과 자연과의 유기적 관계를 강조했다. 전염병 역시 과도한 경제활동과 연결되어 있다. 흑사병은 실크로드를 통해 유럽에 퍼졌고, 대항해시대에는 천연두가 아메리카 대륙의 원주민들에게 치명적 영향을 끼쳤다. 오늘날의 전염병은 세계화로 인해 곧장 팬데믹으로 확산된다. 편리해진 세상이 우리에게 요구하는 대가는 크다.

그러나 희망은 있다. 엘제아르 부피에는 죽은 산을 살리겠다는 일념으로 30년 이상동안 나무를 심어 숲을 되살렸고, 템즈 강은 인간의 노력으로 다시 연어가 돌아오는 생명의 강이 되었다. 인간의 활동이 문제의 원인이라면, 그 해결 또한 인간의 실천에 달려 있다. 더 이상의 악화는 막아야 하며, 그것은 우리 선택에 달려 있다.

수업에서는 다루지만 이 책에 포함시키지 못한 몇 가지 키워드가 있다. 그 중 하나가 바로 '음식'이다. '당신이 먹는 것이 바로 당신이다'(You are what you eat), 또는 '그의 마음을 얻고자 하면 그의 위를 즐겁게 하라'는 말이 있듯이, 음식은 단순한 먹거리를 넘어 인간의 감정과 관계를 연결하는 매개체로 작용한다. 음식을 통해 소통과 화해, 용서와 사랑을 표현한 영화 〈바베트의 만찬〉(*Babettes Feast*, 1987)은 이러한 의미를 잘 보여준다. 가공되지 않은 자연 최고의 식재료로 만든 한 끼의 만찬은 얼어붙은 사람들의 마음을 열고, 음식의 맛에 황홀하게 빠진 이들의 얼굴에는 행복한 미소가 넘쳐난다. 이 영화는 음식을 통해 감사와 사랑, 용서와 화해를 이야기한다. 실제로 〈바베트의 만찬〉은 로마 교황청이 선정한 '언제 보아도 좋은 영화 45편' 중 하나로 꼽히기도 했다. 또한, 한국 영화 〈리틀 포레스트〉(2018)에서는 소박한 음식을 직접 만들어 먹으며, 음식이 과거와 현재의 상처를 치유하고 건강한 생태적 삶으로 이어지는 과정을 담아낸다. 농촌의 자연 속에서 함께 나누는 한 끼 식사의 소중함을 일깨우는 작품이다.

또 하나는 '전쟁'이다. 전쟁은 단순한 인명 피해나 물질적 파괴를 넘어, 생존자의 '마음의 생태'까지 파괴하는 비극이다. 그 대표적인 사례로, 한국의 6.25전쟁 중 흥남철수 작전이 있다. 1950년 12월, 중공군의 개입으로 인해 유엔군이 철수해야 했을 때 미군은 군사물자 수송을 위해 준비한 전용 선박에 무기를 버리고, 대신 무려 10만 명의 민간인을 태워 남한으로 피난시켰다. 이 감동적인 인도적 결단은 '한국의 쉰들러 리스트'로 불리는 현봉학 박사의 설득과 주도 덕분에 가능했다. 특히, 민간인 약 1만 4천 명을 태운 '메러디스 빅토리호(Meredith Victory)'는 단일 선박으로는 역사상 가장 많은 인명을 구조한 기록을 세워 기네스북에도 등재되었다. 이 작전은 단순한 전투 철수가 아닌, 인간 생명과 희망을 지켜낸 사건이자 전쟁이 생태와 인간성에 어떤 영향을 미치는지를 보여주는 상징적인 사례다. 참고 영상자료로 KBS 지식실험 프로그램에서 제작한 다큐멘터리 〈한국의 쉰들러 현봉학과 흥남철수〉의 일부도 소개한다.

마지막으로 생태와 관련된 문학작품을 '에코페미니즘(ecofeminism)' 관점에서 분석해 볼 수 있다. 여성을 가공하지 않는 순수한 자연으로, 남성을 문화와 문명으로 인식해 온 것은 오랜 관습이었다. 페미니즘에 생태주의를 결합시킨 '에코페미니즘'의 핵심은 자연과 여성을 동일시하고 문명과 남성을 동일시한다. 문명에 의해 자연이 파괴되는 현상이 남성들에 의해 여성이 억압되는 사회현상과 같으므로, 자연과 여성 문제를 해결하고 자연과 여성성의 복원을 촉구한다. 19세기 영국소설 토마스 하디의 『테스』(*Tess of the d'Urbervilles*, 1891)는 가부장제 사회에서 남녀에게 다르게 부과된 성의 이중 잣대를 비판하며, 남성 중심적인 가치관에 대한 문제점을 지적한다. 따라서 주인공 테스가 자연과 여성성을 통해 억압받는 모습은 에코페미니즘적 관점에서 해석이 가능하다. 테스의 순수성과 생명력, 고통받는 모습은 곧 파괴되고 소외된 자연의 이미지와도 겹쳐지며, 이는 에코페미니즘의 핵심 개념과 맞닿아 있다. 그녀가 겪는 고통과 운명은 단지 개인의 비극이 아니라, 당시 사회가 억압해 온 자연과 여성의 목소리를 대변하며, 이를 통해 하디는 독자들에게 문명 중심 사회의 윤리와 구조에 대한 성찰을 촉구한다고 볼 수 있는 것이다.

수업에서 다루는 위 주제들은 생태문학의 본질을 탐구하는 데 큰 의미가 있다. 만약 생태문학과 관련하여 집필의 기회가 주어진다면, 위 주제들을 다음 책에서 꼭 소개하고 싶다. 인간과 자연의 관계를 재조명하는 이러한 논의들이 더 많은 독자들과 공감대를 형성하길 바란다.

참고문헌

I. 생태문학이란

강용기. 『생태비평의 이론과 실제』 전남대학출판문화원, 2020.

김용민. "생태문학의 정의와 분류를 위한 하나의 시도", 『독일언어문학』. 12 (1999): 195-213.

_____. 『생태문학』. 책 세상, 2003.

_____. 『문학생태학』. 연세대학교 대학 출판문화원, 2014.

김욱동. 『문학생태학을 위하여』. 민음사, 1998.

_____. 『환경인문학과 인류의 미래』 나남출판, 2021.

김향숙. "생태감수성 함양을 위한 균형교양교과목 운영방안:〈생태문학의 이해〉운영사례" 『학습자중심교과교육연구』 20.7(2020): 771-787.

김해옥. 『생태문학론』. 새미, 2005,

정경민. "동향과 전망: 생태문학 연구의 동향과 전망", 『한국문화연구』, 11 (2006): 397-414.

정선영. 『자연이 표정을 바꿀 때』 북랩, 2023.

홍성암. "한국 생태문학 연구", 『한민족문화학회』. 17 (2005): 1-34.

최동오. "미국의 생태문학 연구-릭 베스의 『화이버』를 중심으로", 『인문학연구』. 79 (2010): 89-112.

김성도 외. 『생태복원의 인문학적 상상력』 집문당, 2017.

이명희, 정명란. 『모빌리티 생태인문학』 앨피, 2020.

Devall, Bill & Sessions, George. *Deep Ecology*. Salt Lake City: Gibbs Smith, 1985.

Freeman, Jennifer. *Science 101: Ecology*, 강호감 옮김, 『생태학』. Bookshill 이치사이언스, 2010.

Meeker, Joseph W. *The Comedy of Survival: Studies in Literary Ecology*. New York: Charles Scribner's Sons, 1974.

Murphy, Patrick D. *Literature, Nature, and Other: Ecofeminist Critiques*, Albany: State U of New York P,1995.

II. 생태복원의 희망

김향숙. "『나의 안토니아』(*My Antonia*)에 내포된 생태주의적 비전" 『신영어영문학』 68(2017):113-131.

베네딕도 미디어.〈라디오-캐나다 애니메이션: 프레데릭의 선물〉 DVD2, 베네딕도회 왜관수도원, 2007.

장준현. 장 지오노의 『나무를 심은 사람』에 대한 생태문학 적 연구, 성균관대학교 박사논문. 2015.

전승일. "사유의 확장과 상상력을 위하여-애니메이티드 다큐멘터리의 세계" 미디액트
https://www.filmmakers.co.kr/?document_srl=17982510&mid=pr&act=dispBoardContent

최돈일. "〈위대한 강〉의 생명의 유동성 표현 연구", 『만화애니메이션 연구』. 63 (2021): 215-233.

Back, Frederic. *The Mighty River*, 햇살과 나무꾼 옮김, 『위대한 강』. 두

레아이들, 2002.

Giono, Jean. The Man Who Planted Trees. Dublin; Penguin Random House UK, 2022

______. *The Man Who Planted Trees*. 김경온 옮김. 『나무를 심은 사람』. 두레, 2004.

Ⅲ. 인디언 다시 읽기: 야만인에서 생태주의자로

김욱동. 『생태학적 상상력』. 나무 심는 사람, 2003

김 철. 『인디언의 길; 노스 아메리카 인디언의 500년 수난사』. 세창미디어, 2015.

김향숙. "북아메리카 원주민의 연설문에 내포된 인디언의 생태인식" 『신영어영문학』. 81 (2022): 57-76.

시애틀 추장 외. 『나는 왜 너가 아니고 나인가』. 류시화 엮음, 서울; 도서출판 더숲, 2017.

서정록. 『지금은 자연과 대화할 때』. 열린 책들, 2003.

이우학. 『인디언 설화』. 한국학술정보, 2006.

여치헌. 『인디언 자치 공화국』. 이학사, 2017.

최기호. "아메리카 인디언 언어와 동북 아시아어족의 관계", 『몽골학』. 5 (1997):1-30.

최재인. "포카혼타스 이야기들을 통해서 본 인종과 젠더", 『미국학』. 30, (2007): 207.

Bartek, Jan. "LIDAR Discovers Huge, Sophisticated Ancient Native American Farming System In The Sacred Anaem Omot Area

In Michigan", AncientPages.com | June 6, 2025, https://www.ancientpages.com/2025/06/06/lidar-discovers-huge-sophisticated-ancient-native-american-farming-system-in-the-sacred-anaem-omot-area-in-michigan/ (검색일: 2025년 6월 7일)

Bureau, Jean Paul. *American Indian*. 이세욱 옮김, 『아메리카 인디언』. 도서출판 이레, 2002.

Curtis, Edward S. *The North American Indian*. 이주영 옮김, 『북아메리카 인디언』. 눈빛 출판사, 2011.

Joseph, *Native American Wisdom*. 이현숙 옮김, 『흙 한줌의 물 한 모금의 가르침 아메리카 인디언의 지혜』. 씨앗을 뿌리는 사람, 1999.

Zimmerman, Larry J. *Native North America*. 김동주 옮김, 『북아메리카 원주민』. 서울: 창해, 2001.

Vanderworth, W. C. *Indian Oratory: Famous Speeches by Noted Indian Cheiftains*. 김문호 역, 『인디언추장 연설문; 인디언의 눈으로 말하다』. 그물코, 2004.

IV. 고전과 현대문학에 나타난 생태적 소비생활

김향숙. "생태문학의 고전 『월든』(*Walden*)에 나타난 생태적 소비생활 미니멀리즘", 『미국학논집』. 51.1, (2019): 23-44.

박종무, 천경호. "소로우의 『월든』과 법정의 『무소유』 그리고 '생명존중', " 『문학과 종교』. 26. 1 (2021): 43~69.

법 정. 『무소유』. 서울: 범우사, 2002.

______. 『산에는 꽃이 피네』. 류시화 엮음, 서울: 문학의 숲, 2010.
신문수. "소로우 『월든』에 나타난 생태주의적 사유", 『영어영문학』 48.1(2002): 169-191.
신두호. "자연과 언어-생태문학의 의인화기법과 문학생태학의 녹색언어 탐색",『영어영문학』 46.2(2001): 847-867.
오용석. "불교생태학을 통해 본 생태적 전환 그리고 무소유" 『세계불학』. 2 (2023): 5~36.
유인호. "소로우의 『월든』에 나타난 초월적 사유", 『인문학지』 26 (2003): 99-122.
이병승. "소로우의 생태주의적 사유와 실천의 교육적 의의: 『월든』을 중심으로",『교육철학』 61(2016): 79-103.
최재천. 『생태적 전환, 슬기로운 지구 생활을 위하여』, 김영사, 2021.
Miliburn, J Fields. & Niccodemus, Ryan. *Minimalism : Essential Essays*, 고빛샘 옮김. 『작은 생활을 권하다』. KPI출판그룹 책읽는 수요일, 2018.
______. *The Minimalists*. 신소영 옮김. 『미니멀리스트』 이상, 2015.
Thoreau, Henry David. *Walden*, 이덕형 옮김, 『월든』. 문예출판사, 2011.

V. 제초제 사용과 생태환경의 붕괴

구자현. "레이철 카슨의 침묵의 봄의 수사 비평" 『수사학』. 35(2019): 5~32.
계운봉. 『베트남전쟁 중 한국군의 고엽제 살포와 역학조사에 관한 연구』. 경기대학교 정치전문대학원 석사논문, 2008.
김향숙. "침묵의 봄(*Silent Spring*)에 나타난 생태인식", 『신영어영문학』. 76

(2020): 33-53.
김현재. “베트남 속담의 유형과 그에 내재된 전통 관념의 특징 고찰”, 『인문논총』. 43 (2017): 157-187.
유인선. 『새로 쓴 베트남의 역사』. 이산. 2002.
윤재현. “고엽제에 노출된 월남전 참전군인의 삶의 재편성”, 『한국산학기술학회논문지 JKAIS』. 23. 7 (2022):127-144.
이기섭. “다국적 거대 종자기업이 국내 종자산업에 미치는 영향”, 『한국국제농업개발학』. 31.1 (2019): 82-89.
임경순. “레이철 카슨의 침묵의 봄 (1962) 출현의 역사적 배경 및 그 영향”, 『의사학』5.2(1996) : 99- 109.
최재천. 『생태적 전환, 슬기로운 지구 생활을 위하여』. 김영사, 2021.
최용호. “베트남파병 한국군의 재해보상에 관한 연구”. 『한국보훈논총』. 5.25. (2006): 117-153.
한관수. “한국군 베트남 파병의 영향과 남겨진 과제”. 『한국보훈논총』. 10.3 (2011): 131-156.
Carson, Rachel. *Silent Spring*. 이은령 옮김, 『침묵의 봄』. 에코리브르, 2013.
High, Peter B. *An Outline of American Literature*. Longman Inc, New York, 2005.

VI. 인간의 이기심이 부른 재앙, 과거와 현재의 전염병

박흥식. “흑사병과 중세 말기 유럽의 인구문제”, 『서양사론』. 93 (2007): 5-12.

이상건. “스페인 독감 이야기”, *Epilia: Epilepsy and Community*. 3.1 (2021): 21-28.

정연식. “조선시대의 천연두와 민간치료”, 『인문논총』. 14(2005):97-116.

Camus, Albert, *LaPeste*. 김화영옮김 『페스트』. 책세상, 2023.

Curtis, Edward S. *The North American Indian*. 이주영 옮김, 『북아메리카 인디언』. 눈빛 출판사, 2011.

Fenner, Frank. *The History of Smallpox and its Spread around the World*. Geneva ; WHO, 1988.

Snodgrass, Mary Ellen. *World epidemics : a cultural chronology of disease from prehistory to the era of Zika*. 2ed. North Carolina : McFarland & Company, 2017.

Quammen, David. *Spillover: Animal Infection and Next Human Pandemic*. 강병철 역『인수공통 모든 전염병과 열쇠』 꿈꿀자유, 2017.

Waters Mark Jerome. *Six Modern Plagues-and How We Are Causing Them*. 이한음 옮김, 『자연의 역습, 환경전염병』 책세상, 2008.

Watts, Sheldon. *Epidemics and History*. 태경섭, 한창호 공역, 『전염병과 역사』. 모티브북, 2010.

Zimmerman, Larry J. *Native North America*. 김동주 옮김, 『북아메리카 원주민』. 서울: 창해, 2001.

도판 저작권 및 링크

그림 1) 세인트로렌스강 하류 전경 © Joël Truchon, CC BY-SA 3.0
https://en.wikipedia.org/wiki/St._Lawrence_River#/media/File:Pont_de_l'ile_2.JPG

그림 2) 엘리자베스 심코, 〈퀘벡의 세엔트로렌스 강〉
https://en.wikipedia.org/wiki/St._Lawrence_River#/media/File:A_bend_in_the_St._Lawrence,_Quebec_(I0006891).tif

그림 3) 테오필 하멜, 〈자크 카르티에〉
https://en.wikipedia.org/wiki/Jacques_Cartier#/media/File:Jacques_Cartier _1851-1852.jpg

그림 4) 세인트로렌스강 그랜드 카누 리셉션 © The Illustrated London News
https://en.wikipedia.org/wiki/St._Lawrence_River#/media/File:Grand_canoe_reception_given_to_the_Prince_of_Wales_on_the_St._Lawrence_-_ILN_1860.jpg

그림 6) 볼트 성, 사우전드 아일랜드 © Sergey Ashmarin
https://en.wikipedia.org/wiki/Boldt_Castle#/media/File:1000_Islands._Boldt_Castle_-_St_Lawrence_River,_USA_-_panoramio.jpg

그림 7) 외젠 마르텔, 〈장 지오노의 초상〉, 1937

https://commons.wikimedia.org/wiki/File:Eug%C3%A8ne_Martel_Portrait_de_Jean_Giono_en_1937.jpg

그림 8) 데니스 자비스, 〈나무를 심은 사람〉, 2018 ⓒ Dennis G. Jarvis, CC-BY-SA-2.0
https://commons.wikimedia.org/wiki/File:DSC02236_-_The_Man_Who_Planted_Trees_%2844107366064%29.jpg

그림 10) 시몬 반 드 파세, 〈포카혼타스〉, 1616년 영국 여행
https://ko.wikipedia.org/wiki/%ED%8F%AC%EC%B9%B4%ED%98%BC%ED%83%80%EC%8A%A4#/media/%ED%8C%8C%EC%9D%BC:Pocahontas_by_Simon_van_de_Passe_1616.jpg

그림 11) 존 개스비 챕맨, 〈포카혼타스의 세례〉
https://ko.wikipedia.org/wiki/%ED%8F%AC%EC%B9%B4%ED%98%BC%ED%83%80%EC%8A%A4#/media/%ED%8C%8C%EC%9D%BC:Baptism_of_Pocahontas.jpg

그림 12) 디트로이트의 탄소 공장에 쌓인 미국 들소 두개골
https://en.wikipedia.org/wiki/Bison_hunting#/media/File:Bison_skull_pile_edit.jpg)

그림 13) 칼 보드머, 〈들소를 사냥하는 인디언들〉, 1839
https://en.wikipedia.org/wiki/Bison_hunting#/media/File:Tableau_31_Indians_hunting_the_bison_by_Karl_Bodmer.jpg

그림 14) 엘리자베스 브라운 스테픈즈, '눈물의 길'을 걸었던 체로키족 인디언 여인, 1903
https://commons.wikimedia.org/wiki/File:Stephens.jpg

그림 15) 1900년 경 펜실베이니아주 칼라일 인디언 산업학교의 모습
https://en.wikipedia.org/wiki/American_Indian_boarding_schools#/media/File:Carlisle_pupils.jpg

그림 16) 북아메리카 앗시나 족 인디언 ⓒ Edward S. Curtishttps://commons.wikimedia.org/wiki/File:Edward_S._Curtis_Collection_People_013.jpg?uselang=ko#%EB%9D%BC%EC%9D%B4%EC%84%A0%EC%8A%A4

그림 17) 총을 든 전쟁주술사 제로니모 ⓒ Ben Wittick-The U.S. National Archives
https://commons.wikimedia.org/wiki/File:Goyaale.jpg?uselang=ko#%EB%9D%BC%EC%9D%B4%EC%84%A0%EC%8A%A4

그림 18) 조지 캐틀린, 〈독수리의 춤〉, 스미소니안 아메리칸 미술관
https://commons.wikimedia.org/wiki/File:George_Catlin_-_Eagle_Dance_-_1985.66.386,440_-_Smithsonian_American_Art_Museum.jpg?uselang=en#Licensing

그림 19) 조지 캐틀린, 〈두 젊은이〉, 스미소니안 아메리칸 미술관
https://www.ancientpages.com/2025/06/06/lidar-discovers-huge-sophisticated-ancient-native-american-farming-system-in-the-sacred-anaem-omot-area-in-michigan/

그림 20) 헨리 데이비드 소로우
https://en.wikipedia.org/wiki/Walden

그림 21) 1854년에 발행된 『월든』 초판

https://ko.wikipedia.org/wiki/%EC%9B%94%E B%93%A0#/media/%ED%8C% 8C%EC%9D%BC:Walden_Thoreau.jpg

그림 22) 앤드류 J. 러셀, 〈마지막 레일을 놓으며 악수하는 동서 철도〉, 1869년 5월 10일
https://en.wikipedia.org/wiki/Transcontinental_railroad#/media/File:East_and_West_Shaking_hands_at_the_laying_of_last_rail_Union_Pacific_Railroad_-_Restoration.jpg

그림 23) 1830년 피터 쿠퍼가 볼티모어와 오하이오에 시범운행한 최초의 증기기관차 탐썸
https://upload.wikimedia.org/wikipedia/commons/9/ 9d/Tom_Thumb_locomotive_20c_replica.jpg

그림 24) 1885년에 스트라스코나 경(Lord Strathcona)이 캐나다의 첫 번째 대륙 횡단 철도인 캐나다 태평양 철도(Canadian Pacific Railway)의 마지막 못질을 하는 장면
https://commons.wikimedia.org/wiki/File:LastSpike_Craigellachie_BC_Canada.jpg

그림 25) 작자미상, 1881년의 탈곡기
https://en.wikipedia.org/wiki/Mechanised_agricul ture#/media/File:Batteuse_1881.jpg

그림 26) 1914년 9월 Gas Power 저널에 실린 Detroit Tractor Company 광고
https://en.wikipedia.org/wiki/Mechanised_agriculture#/media/File:Detroit_Tractor_advert_in_Gas_Power_1914-09.png

그림 27) 레이첼 카슨, 미국 어류 및 야생동물 관리국 직원 사진, 1940

https://en.wikipedia.org/wiki/Silent_Spring#/media/File:Rachel-Carson.jpg

그림 28) 가문비나무 싹벌레 방제 프로젝트의 일환으로 오리건주 베이커 카운티에 DDT를 살포하는 비행기, 1955
https://en.wikipedia.org/wiki/DDT#/media/File:1955._Ford_tri-motor_spraying_DDT._Western_spruce_budworm_control_project._Powder_River_control_unit,_OR._(32213742634).jpg

그림 29) 해충용 농축 DDT, 1960년대
https://en.wikipedia.org/wiki/DDT#/media/File:DDT_Powder.jpg

그림 31) 프랑스에서 만든 DDT 파우더 박스
https://en.wikipedia.org/wiki/DDT#/media/File:DDTDichlordiph%C3%A9nyltrichlor%C3%A9thane7.JPG

그림 32) 네덜란드에서 판매된 DDT 7% 함유 레디컬 브랜드
https://en.wikipedia.org/wiki/DDT#/media/File:Radical_DDT.JPG

그림 33) 식품 사슬 내 독소 축적
https://en.wikipedia.org/wiki/DDT#/media/File:The_build_up_of_toxins_in_a_food_chain.svg

그림 34) 우즈홀에 있는 레이첼 카슨 동상
https://en.wikipedia.org/wiki/Rachel_Carson#/media/File:Rachel_Carson_Monument.jpg

그림 35) 피츠버그의 레이첼 카슨 다리
https://en.wikipedia.org/wiki/Rachel_Carson#/media/

File:HAER_PBG_9thStreet_361504pv.jpg

그림 36) 1965년부터 1971년까지 베트남 남부에 미군이 고엽제를 공중 살포한 지역 범위
http://theorangestripe.org/agent-orange-spray-map-large.html

그림 37) 메콩강 삼각주 정글에 고엽제를 살포 중인 미군
https://commons.wikimedia.org/wiki/File:Aerial-herbicide-spray-missions-in-Southern-Vietnam-- 1965-1971.jpg?uselang=ko#%EB%9D%BC%EC%9D%B4%EC%84%A0%EC%8A%A4

그림 38) 피에르 두 티엘트의 미니어처, 1353년경 흑사병의 희생자들을 매장하는 벨기에 투르네 사람들
https://en.wikipedia.org/wiki/Black_Death#/media/File:Doutielt3.jpg

그림 39) 런던의 대 페스트, 1665, 10만 명이 희생된 대참사
https://en.wikipedia.org/wiki/Black_Death#/media/File:Great_plague_of_london-1665.jpg

그림 40) 〈하멜른의 피리 부는 사나이〉, 1592년 하멜른의 교회 스테인드글라스를 모사한 가장 오래된 수채화, 1660년 유실 후 복원
https://en.wikipedia.org/wiki/Pied_Piper_of_Hamelin#/media/File:Pied_piper.jpg

그림 41) 〈하멜른의 피리 부는 사나이〉, 석판화, 1902년경
https://en.wikipedia.org/wiki/Pied_Piper_of_Hamelin#/media/File:Hameln1.jpg

그림 42) 에드워드 제너의 종두법을 둘러싼 논란을 보여주는 1802년 제임

스 길레이의 만화

https://en.wikipedia.org/wiki/Edward_Jenner#/media/File:The_cow_pock.jpg

https://en.wikipedia.org/wiki/Smallpox#/media/File:The_cow_pock.jpg

그림 43) 크리스토프 바이티츠가 그린 코르테스의 모습, 1529년경

https://en.wikipedia.org/wiki/Hern%C3%A1n_Cort%C3%A9s#/media/File:Weiditz_Trachtenbuch_077_Hernan_Cort%C3%A9s.jpg

그림 44) 〈피렌체 코덱스〉의 삽화, 1540-1585, 멕시코 중부에서 정복 시대에 천연두로 고통 받는 나후아족의 모습을 묘사한 그림

https://en.wikipedia.org/wiki/Smallpox#/media/File:FlorentineCodex_BK12_F54_smallpox.jpg

그림45) COVID-19 대유행 중 전 세계 일일 화석 CO_2 배출량의 변화

https://commons.wikimedia.org/wiki/File:Change_in_global_daily_fossil_CO%E2%82%82_emissions,_%25_during_the_COVID-19_pandemic.jpg

그림 46) 코로나바이러스로 인한 중국의 이산화질소 밀도 변화

https://commons.wikimedia.org/wiki/File:Nitrogen_dioxide_Density_Change_In_China_Due_To_Coronavirus.png

저자 소개

김향숙

저자 김향숙 교수는 계명대학교 영어영문학과 졸업 및 동대학원에서 박사학위를 취득하고 현재 계명대학교 Tabula Rasa College 교수로 재직하고 있다. 전공영역인 영미소설 이외에 연구 분야를 확장하여 2013년부터 개화기 내한 미국 여성선교사와 생태문학 연구에 집중하고 있다. 관련 논문으로는 "여성선교사의 일지를 통해서 본 개화기 여성주의의 태동 배경"(2021), "미국기독여성금주협회(WCTU)와 1920년대 내한 여성선교사의 초기금주운동"(2024) 등 다수가 있으며 생태문학 분야로는 "『나의 안토니아』(*My Antonia*)에 내포된 생태주의적 비전"(2017), "『침묵의 봄』(*Silent Spring*)에 나타난 유기론 적 세계관"(2020)외 다수가 있다. 저술로는 공저로 『근대로 가는 대구의 풍경』(2015), 『낭만주의와 삶의 낭만성』(2022) 외 다수가 있다.